现。中国四大发明先后传到西方，对于促进西方工业社会发展和形成，起到了重要作用。

中华文化的力量，已经深深熔铸到我们的生命力、创造力和凝聚力中，是我们民族的基因。中华民族的精神，业已深深植根于绵延数千年的优秀文化传统之中，是我们的精神家园。

总之，中国文化博大精深，是中华各族人民五千年来创造、传承下来的物质文明和精神文明的总和，其内容包罗万象，浩若星汉，具有很强的文化纵深，蕴含着丰富的宝藏。我们要实现中华文化的伟大复兴，首先要站在传统文化前沿，薪火相传，一脉相承，弘扬和发展五千年来优秀的、光明的、先进的、科学的、文明的和自豪的文化现象，融合古今中外一切文化精华，构建具有中国特色的现代民族文化，向世界和未来展示中华民族的文化力量、文化价值、文化形态与文化风采。

为此，在有关专家指导下，我们收集整理了大量古今资料和最新研究成果，特别编撰了本套大型书系。主要包括巧夺天工的古建杰作、承载历史的文化遗迹、人杰地灵的物华天宝、千年奇观的名胜古迹、天地精华的自然美景、淳朴浓郁的民风习俗、独具特色的语言文字、异彩纷呈的文学艺术、欢乐祥和的歌舞娱乐、生动感人的戏剧表演、辉煌灿烂的科技教育、修身养性的传统保健、至善至美的伦理道德、意蕴深邃的古老哲学、文明悠久的历史形态、群星闪耀的杰出人物等，充分显示了中华民族厚重的文化底蕴和强大的民族凝聚力，具有极强的系统性、广博性和规模性。

本套书系的特点是全景展现，纵横捭阖，内容采取讲故事的方式进行叙述，语言通俗，明白晓畅，图文并茂，形象直观，古风古韵，格调高雅，具有很强的可读性、欣赏性、知识性和延伸性，能够让广大读者全面触摸和感受中国文化的丰富内涵，增强中华儿女民族自尊心和文化自豪感，并能很好地继承和弘扬中国文化，创造具有中国特色的先进民族文化。

习近平总书记在党的十九大报告中指出："深入挖掘中华优秀传统文化蕴含的思想观念、人文精神、道德规范，结合时代要求继承创新，让中华文化展现出永久魅力和时代风采。"同时习总书记指出："中国特色社会主义文化，源自于中华民族五千多年文明历史所孕育的中华优秀传统文化，熔铸于党领导人民在革命、建设、改革中创造的革命文化和社会主义先进文化，植根于中国特色社会主义伟大实践。"

我国经过改革开放的历程，推进了民族振兴、国家富强、人民幸福的"中国梦"，推进了伟大复兴的历史进程。文化是立国之根，实现"中国梦"也是我国文化实现伟大复兴的过程，并最终体现在文化的发展繁荣。博大精深的中国优秀传统文化是我们在世界文化激荡中站稳脚跟的根基。中华文化源远流长，积淀着中华民族最深层的精神追求，代表着中华民族独特的精神标识，为中华民族生生不息、发展壮大提供了丰厚滋养。我们要认识中华文化的独特创造、价值理念、鲜明特色，增强文化自信和价值自信。

如今，我们正处在改革开放攻坚和经济发展的转型时期，面对世界各国形形色色的文化现象，面对各种眼花缭乱的现代传媒，我们要坚持文化自信，古为今用、洋为中用、推陈出新，有鉴别地加以对待，有扬弃地予以继承，传承和升华中华优秀传统文化，发展中国特色社会主义文化，增强国家文化软实力。

浩浩历史长河，熊熊文明薪火，中华文化源远流长，滚滚黄河、滔滔长江，是最直接的源头，这两大文化浪涛经过千百年冲刷洗礼和不断交流、融合以及沉淀，最终形成了求同存异、兼收并蓄的辉煌灿烂的中华文明，也是世界上唯一绵延不绝的古老文化，并始终充满生机与活力。

中华文化曾是东方文化摇篮，也是推动世界文明不断前行的动力之一。早在五百年前，中华文化的四大发明催生了欧洲文艺复兴运动和地理大发

中华文化大博览丛书

中华文化大博览

源远流长的
历史文化

鹿军士 编著

中国出版集团　现代出版社

图书在版编目（ＣＩＰ）数据

源远流长的历史文化 / 鹿军士编著. -- 北京 ： 现代出版社，2018.1
　　ISBN 978-7-5143-6555-9

　Ⅰ．①源… Ⅱ．①鹿… Ⅲ．①中国历史－通俗读物 Ⅳ．①K209

中国版本图书馆CIP数据核字(2017)第284978号

源远流长的历史文化

作　　者：鹿军士
责任编辑：李　鹏
出版发行：现代出版社
通讯地址：北京市定安门外安华里504号
邮政编码：100011
电　　话：010-64267325 64245264（传真）
网　　址：www.1980xd.com
电子邮箱：xiandai@vip.sina.com
印　　刷：天津兴湘印务有限公司
字　　数：380千字
开　　本：710mm×1000mm　1/16
印　　张：30
版　　次：2018年5月第1版　　2018年5月第1次印刷
书　　号：ISBN 978-7-5143-6555-9
定　　价：128.00元

战事演义

历代战争与著名战役

春秋战国是中国历史上的上古时期。在先秦众多战争中，以诡诈为特色的战争现象已露出端倪，并逐渐走向成熟。

如鸣条之战、牧野之战、长勺之战、城濮之战、桂陵和马陵之战、长平之战等，都在不同侧面、不同程度上体现了诡诈作战的基本特点：避实就虚、出奇制胜、设伏诱敌、奇正相生等。

这种战争指导思想和作战艺术的形成，是和春秋战国时期的诸侯争霸背景分不开的。战争是政治的延续，先秦时期战争的特点，恰恰体现了时代文化特色。

出奇制胜

上古时期

以计制胜的复国之战

■ 少康画像

少康是中国夏朝的第六代天子，其父相被敌对的寒浞派人杀死。

少康是遗腹子，他凭借个人魅力，得到有仍氏、有虞氏的帮助，广施德政而得到夏后氏遗民的拥护。

经过周密的策划，少康通过用间等手段，以弱胜强，最终战胜了寒浞父子，成功复国，夺回了夏王室政权。史称"少康中兴"。因此，少康是一位有作为的君王。

■ 夏代出行马车

　　夏王太康时期，太康终日田猎，不理民事，国力日衰。一次，他游猎于洛水（今河南境内），竟然十旬不归，引起民众的极大不满。于是，东夷有穷氏部族首领后羿，率领部族军乘虚夺取夏王室政权，拒绝太康回都。

　　后羿代夏之后和太康一样不修民事，自恃其善射而终日耽于田猎游玩，置贤臣武罗、伯因、熊髡、龙圉等人的意见于不顾，而任用谗臣寒浞。

　　寒浞是寒国伯明氏的后代，因挑拨离间、花言巧语的恶行被驱逐，后来，有穷氏的后羿收留了他，还信任他并加以重用。

　　得此机会，寒浞一方面收罗、培植自己的势力，一方面使后羿醉心于田猎而不返。最后，当时机成熟，他与后羿之妻共同谋划，在后羿田猎将归之时，策动众家将后羿除掉。

后羿 又称"夷羿"，是夏代东夷族有穷氏首领、有穷国国君。他也是一个射术高超的英雄。夏王仲康死后，其子相继位。不久，后羿驱逐了相，篡夺了夏朝王位，是夏朝第六任帝王，后被家臣寒浞所杀。这里的后羿不是神话传说中的后羿。

寒浞画像

寒浞灭后羿时，曾为后羿所用的夏遗臣靡逃到有鬲氏（今山东省德州市东南）。从此，寒浞代夏。

太康失国后不久死去，族人立其弟仲康，流落于洛水附近，仲康死，其子相立，相在后羿的追杀下，逃往帝丘（今河南濮阳），依同姓之诸侯于斟鄩氏以及斟灌氏。

寒浞有浇、豷二子，他为防止相势力复兴，命浇率军进攻斟灌氏、斟鄩氏，最后消灭了相。然后，寒浞封浇于过（今山东莱州西北）；封豷于戈（今河南中部）。

当寒浞攻杀相时，相的妻子后缗氏东逃到鲁西南母家有仍氏之地，生下了遗腹子少康。

少康长大后，做了有仍氏的牧正（专管放牧的官）。寒浞的儿子浇继续追杀少康，少康就逃到了有虞氏（今河南虞城县西南），在这里做了庖正，（掌管饮食的官）。

有虞氏首领虞思将两个女儿嫁给少康，并把他们安置在纶邑（河南夏邑县），给他们土地和人民。《左传·哀公元年》中记载说，少康这时"有田一成，有众一旅"。在当时，方圆10里为一成，500人为一旅。从此，少康获得了稳定的根据地。

后缗氏 夏朝第五代君王相的妻子，有仍国首领有仍氏的女儿。公元前2002年，相被寒浞的儿子浇所灭，当时后缗氏已经怀孕，她从墙洞中爬了出来，逃至母家有仍氏，始免于难，后来生下遗腹子少康。少康后来成功复国。

有了方圆10里之地和500人之众，少康开始谋划复国。他和逃亡到有鬲氏的夏臣靡建立了联系，收抚斟灌氏、斟鄩氏逃散的族人，抚恤招纳散亡的夏遗民旧部，加以组织和训练，建立了一支精锐的复国大军。

在管理纶邑期间，少康关心百姓疾苦，与部下一起耕耘、狩猎、习武，深受部下的拥戴。在安抚人心的同时，他还经常向百姓讲述先祖夏禹的功德，鼓舞士兵和争取人们对其复国的支持。

少康一直把夺回夏王室政权记在心上。但是仅凭一小片土地和500人要想复仇绝非易事，少康思来想去，想到了使用间谍。

少康把自己的想法对手下仆人女艾说了，让她打入浇的势力内部刺探情报。女艾欣然赴行。随后，少康又派自己的儿子季杼想办法诱杀寒浞之子豷。女艾

虞思 姚姓，商均之子，被封于商（今陕西商县）。曾为少康提供避难场所，使少康有了一块稳定的根据地，最终得以复国。虞思的后裔遏父，又称瘀父、阏父，做陶的本领首屈一指，在西周时担任了周族陶正之官。

■ 后羿雕塑

夏朝象征权力的鼎

和季杼的活动，为少康复国创造了极为有利的条件。

少康通过女艾和季杼汇总的情报，终于掌握了寒浞及其子的活动规律。他采取先除其羽翼，后击其首的方略，先利用浇田猎放犬逐兽的机会，率有虞氏大军突然攻打从浇的封地过的有过氏军，一举灭浇。又命其子季杼领兵于戈的戈地击败了豷军。

少康剪除了寒浞的两翼，又率领大军从根据地起兵，对寒浞大举进攻。夏军沿黄河一路挺进河洛地区，直指夏故都斟鄩，攻入寒浞的巢穴。

寒浞曾顽固抵抗，但为时已晚，最终被少康捉住，被绑住拖到靡面前。靡历数寒浞各项罪状。少康将他处死。接着，少康在老臣靡的协助下，乘胜追击，横扫寒浞残余势力。

天下初定后，靡和许多夏遗民一致拥立少康为帝。少康回到夏的初都阳翟（今河南禹州），夺回了夏政权。

少康还朝后，勤于政事，采取了一系列休养生息的政策。他勤政爱民，专心农业水利，社会经济得到了长足发展，夏出现了中兴的大好局面。

少康在位46年，是夏代诸王中在位时间最久的君主。他曾经创造

源远流长的历史文化

的辉煌，已经写入了中华民族灿烂的历史长卷。

少康在复国的过程中，运用了卓越的政治智慧。

少康在国破家亡后四处漂泊，备受苦难。他生于异乡，没有受过父辈的教诲，没有强大、贴近的亲人，生在背井离乡的战乱之中，流离失所。

后羿、寒浞先后代夏，夏代祖先的遗业，对少康来说已很渺茫。但是他能在艰辛坎坷的丧乱之际，胸怀远大志向，不忘奋斗。

少康利用女艾和季杼进行间谍的活动说明，善于运用谍报对于一个集团来说是很重要的。可以说，没有女艾、季杼等人的情报搜集工作，他是很难在信息十分闭塞的情况下做到知己知彼，并最终取得胜利的。

同时，少康在军事上重视谋略，对寒浞的窃国集团，采用先除其羽翼，后击其首的方略，终于以弱胜强，夺回了夏政权。少康具备了这样的远见卓识，表明他确实是一位出色的政治家。

阅读链接

女艾是少康手下一位忠心耿耿的仆人。她不仅对少康忠贞不贰，而且智勇双全。她为了帮助少康夺回王位，乔装打扮来到寒浞的儿子浇统辖的地方，并取得了浇的信任。

在浇这里，女艾打探消息，了解民情，源源不断地把浇的情况报告给少康，为少康提供了宝贵的情报。并为少康拟订了灭浇的行动计划，终于一举消灭了浇。少康回到故园，恢复了夏王朝政权。

女艾由此成为中国历史上第一位女间谍，而且也是世界上最早有记载的女间谍。

汤武革命的鸣条之战

■ 商代开创者汤

鸣条之战是汤灭夏的战争，大约发生在公元前1600年。在商灭夏的战争中，汤率领商部落士兵与夏军在鸣条进行了一场决战。

这场战争成为夏王朝灭亡的转折点，从此，汤建立了中国的第二个王朝，即商朝。

鸣条之战是中国古代通过"伐谋""伐交""伐兵""用间"的全面运用，最终达到战争速胜的战例。

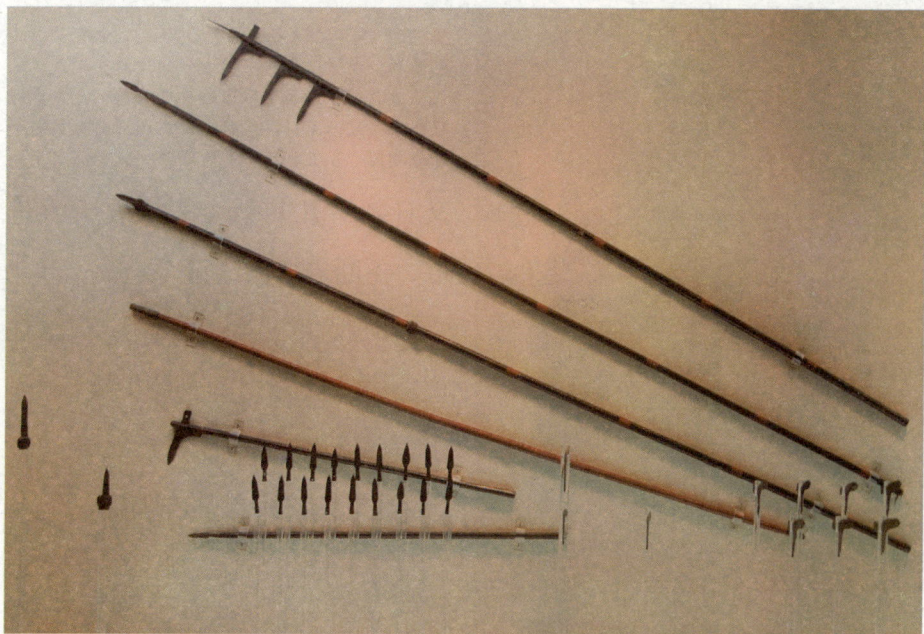

■ 古代兵器

夏朝的桀即位以后，把国都迁到了太康住过的斟
鄩。桀很聪明，无论什么东西，很快就能学会，但
他只把聪明用在吃喝玩乐上；他很勇武，力气大得能
把铜钩扳直，把鹿角折断，但他却把劲头使在游猎征
战上。

有个大臣实在为夏朝的命运担心，就进宫边哭边
劝道："大王，如果再这样下去，我们的国家就要灭
亡了！"

桀却说："我拥有天下，就好比天上有太阳一
样。如果太阳能从天上消失，或许我才会亡国。"

夏政每况愈下，而此时由殷迁至亳的商族，在其
首领汤的率领下逐渐强大起来。

汤当商族首领时，商人只有35平方千米那样大的
一小块地盘，但汤能够励精图治，奋发图强。他在自
己日常使用的一个铜盘上，刻了"苟日新，日日新，

汤（？—约前
1588），子姓，名
履，庙号太祖，
为商太祖，河南
商丘人。商朝的
创建者，公元
前1617—前1588
年在位，在位30
年，其中17年为
夏朝商国诸侯，
13年为商朝国王。
今人多称商汤，又
称武汤、天乙、成
汤、成唐，甲骨文
称唐、大乙，又称
高祖乙，商人部落
首领。

■ 伊尹 是商初大臣。生于伊洛流域古有莘国的空桑涧。伊尹一生对中国古代的政治、军事、文化、教育等多方面都做出过卓越贡献，是杰出的思想家、政治家、军事家。是中国历史上第一个贤能相国、帝王之师和中华厨祖。

又日新"几句话，表示要天天进取，不断进取。

汤很关心民众的疾苦，他说："人见水才能照出自己的影子，一个国家只有观察民众的情况，才能知道治理的好坏。"

以民众生活作为施政得失的标准，无疑会使国家昌盛、发达起来，所以商族在汤时代，力量得到了迅速增强。

汤很重视人才。有才德的人，不论出身贵贱，皆可得到重用。伊尹和仲虺就是他的左右手，一个出身低微，一个出身贵族，都被汤任命为相国。

仲虺的祖先世代在夏代做官，很有地位，因不满桀而投奔了汤，汤早就知道他的才能，遂任命其为左相。伊尹为有莘国的奴隶，汤娶有莘国国君女儿时，他作为陪嫁跟随了汤。

伊尹在向汤进献饭菜食物时，乘机向他讲述如何治国安邦、统一天下的道理。汤觉得伊尹很有本事，就把他从奴隶中提拔出来，做自己的助手，任命其为右相，地位更在仲虺之上。

汤重才的名声传扬开去，不少有才能的人纷纷前

葛国 夏代封国之一，位于今河南省宁陵县葛伯屯。此地以"葛伯之乐"闻名于商、周，是历史上记载葛氏得姓的源发之地。夏属葛国被汤所灭。

来投奔，商汤如虎添翼。

夏桀看见商在汤的治理下很快强大起来，就任命汤为方伯，即东方诸侯长，还授予他掌有讨伐诸侯的权力，可代自己执行"王命"。夏桀的本意是想笼络汤，却没想到正好使汤有了扩大势力、剪除异己的方便条件。

汤为推翻夏朝，进行了深远谋划和长期准备。他首先利用中原百姓崇拜天帝的宗教思想，广布仁德，以争取人民的拥护。在征伐葛国时，汤就是这样做的。

在汤地盘的西边紧紧相邻的是葛国，它横亘在汤通向夏的要道上。葛国的葛伯对汤怀有敌意，不服从商而忠于夏桀，作风也与桀相同，不理国政。葛国在他的统治下，各方面都搞得十分糟糕。葛伯由于无心治理国家，连天地鬼神也不愿意祭祀了。

当时的人们都很迷信，认为天地鬼神都是主宰人命运的，必须经常用牛羊和稻谷去祭祀他们。

葛伯不祭神灵，这在当时的人们心目中是犯了不可饶恕的弥天大罪。汤看准了这个弱点，就派兵把葛国给灭了。

为了安抚葛国的民心，汤又从自己管辖的地方运

方伯 古代诸侯中的领袖之称，称一方之长。殷周时代，天子在所分封的诸侯国中，委任王室功臣、懿亲为诸侯之长，代表王室镇抚一方，称为"方伯"。至春秋时代，诸侯漫无统纪，起而互相兼并，进而发展成了大国争霸，形成了取代王权的霸主政治，又称"方伯政治"。

■ 商代青铜剑

来大批粮食救济葛国平民，并组织他们开荒种地，让他们只向商国交纳收成的十分之一。

这一系列的富民政策，不仅使汤取得了实际利益，而且对周围的邻国也产生了巨大的影响，归顺汤的诸侯日益增多。

汤在征伐葛国的同时，为不让夏桀对自己起疑心，还让伊尹去夏桀处供职。

伊尹带着贵重的礼品去拜见夏桀，并告诉他说，汤绝没有谋反之心。夏桀看见那么多礼物高兴极了，连声称赞汤的忠心，并把伊尹留在朝内。

伊尹则利用这个机会，仔细观察夏政，调查中原地形，并在夏臣中宣传商汤的好处，对他们进行策反。有了伊尹，商汤对夏桀的一举一动，都了如指掌。

汤灭葛以后，便开始了大规模的铲除夏桀党羽的战争。最后只剩下韦国和顾国两个死心塌地地跟着桀的诸侯国。这两个小国都在汤伐桀的进军路上。于是，汤伐桀时，先灭掉了这两国，然后挥军直逼夏的都城斟鄩。

■ 象征王权的鼎

■ 古代武士俑

公元前1600年，汤终于兴兵伐夏了。会战开始之前，商汤召集了参加会战的商军和前来助商伐夏的诸侯、方国的军队，宣读了一篇伐夏的誓词。这就是《尚书》中的《商汤誓》。

在誓词中，商汤揭露了夏朝政治的黑暗和夏桀的残暴，声称要替天行道，代表天意去讨伐他。《商汤誓》是商汤在鸣条会战前的动员令，极大地振奋了士气。

誓师后汤挑选良车70乘，士兵5000人，联合各地军队，采取战略大迂回策略，绕道至夏都以西突袭夏都。

桀仓促应战，西出抵挡，同汤军队在鸣条展开战略决战。在决战中，汤军奋勇作战，一举击败了桀的主力部队，桀败退归依了属国三朡。

汤随后又乘胜攻灭了三朡，桀率少数残部逃往南

顾国 据《元和姓纂》和《唐书·宰相世系表》等所记载，相传帝颛顼有个孙子叫吴回。吴回有个孙子名樊，赐己姓，封在昆吾国，后代便是昆吾氏。夏代时，昆吾氏有子孙被封于顾国，世称顾伯，是夏的重要同盟国之一。夏末顾国被商汤攻灭。

商代青铜戈

巢（今安徽巢湖市），不久饿死。汤回师西亳，在这里召开了有众多诸侯参加的"景亳之命"大会，得到3000诸侯的拥护，取得了天下之主的地位。从此夏代宣告灭亡。

鸣条之战是中国军事历史上一篇辉煌的杰作。它是中国古代通过"伐谋""伐交""伐兵""用间"的全面运用，最终达到战争速胜的最早的成功战例。对后世战争的发展，军事理论的构筑，都产生过相当深远的影响。

阅读链接

据说，有一次，汤看见一个人四面张着罗网，跪在地上祈祷："天上的和地上的所有猎物，都快快收进我的罗网吧！"

他便走到那个人的面前说："你这不是和夏桀一样，要把世上万物都一网打尽吗？"

汤替他收掉了三张网，只留下一面，并教那人重新祈祷说："想往左的，就往左；想往右的，就往右；不听命令的，才进我的罗网。"这就是商汤"网开一面"的故事。

周围各小国诸侯一看商汤对鸟兽都这么友好，就大都归顺了商。

中古时期

秦汉至隋唐是中国历史上的中古时期。

这一时期，由于朝代更迭，特别是在群雄割据的情况下，战争成为多极竞争格局中重要的军事手段。

秦汉至隋唐的战争水平已发展到相当成熟的阶段，像垓下之战的分进合击、漠北大战的长途奔袭、官渡之战的奇兵偷袭、淝水之战的以弱胜强、太原之战的积极防御等。

从这些战役中我们看到，骑兵已逐渐成为战争的中坚力量，军事统帅更注重发挥谋士的智囊作用，因而将用兵韬略发挥得淋漓尽致。

破釜沉舟的巨鹿之战

巨鹿之战是反秦义军项羽摧毁秦军主力章邯、王离所部的重要战役，战役时间是公元前208年至公元前207年。

项羽破釜沉舟，以大无畏的精神在各诸侯军畏缩不进时率先猛攻秦军，带动诸侯义军一起最终全歼王离军，并于数月后迫使章邯率领的另外20万秦军投降。

从此项羽确立了在各路义军中的领导地位。经此一战，秦朝主力尽丧，名存实亡。

■ 西楚霸王项羽塑像

■ 楚汉战争蜡像

公元前209年陈胜、吴广领导的农民起义爆发，这是中国历史上的第一次农民起义，影响极为深远。之后，经过连年的反秦战争，到了公元前207年，秦朝最终被推翻。

陈胜和吴广牺牲后，项梁召集各路义军在薛地（今山东滕县东南）计议，并接受谋士范增建议，立楚怀王之孙熊心为王，仍称楚怀王。接着项梁率领起义军大败秦军于东阿（今山东阳谷东北）。

刘邦、项羽也在城阳（今河南范县城濮城东南）和雍丘机（今河南杞县）等地打败秦军，消灭了秦三川郡守李由。

项梁在取得胜利后骄傲轻敌，被秦将章邯偷袭以至牺牲。章邯破项梁军后，认为楚地农民军主力已被消灭，于是就渡河北上，移兵邯郸，攻击以赵歇为王的河北起义军，赵歇退守钜鹿（今河北平乡西南）。

秦派王离率几十万边防军包围钜鹿，章邯在钜鹿以南筑甬道，以运粮供给王离军。赵歇粮少兵单，危

项梁（？—前208），楚国贵族后代，项燕之子，项羽的叔父。秦末著名起义军首领之一。在反秦起义的战争中，因轻敌，在定陶被章邯打败，战死。

范增（前277—前204），秦末居鄛人。秦末农民战争中为项羽主要谋士，被项羽尊为"亚父"。刘邦被困荥阳，用陈平计离间楚君臣关系，被项羽猜忌，范增辞官归里，途中病死。

钜鹿 汉时置县，晋时为国。钜鹿还是历代兵家必争之地，著名的楚汉"钜鹿之战"即发生于此，西汉末王莽与刘秀之争，东汉末黄巾起义，明王朱棣的"靖难之役"，明末的明清兵"贾庄大战"，清末的景廷宾头寺起义等，都给这片沃土留下了历史的一页。

■ 项羽蜡像雕塑

在旦夕，便遣使者向楚怀王求救。

楚怀王与起义军首领在彭城（今江苏徐州）召开紧急军事会议，决定分兵两路，一路由刘邦率领向西直指关中，另一路以宋义为上将军，项羽为次将，范增为末将，率起义军主力北上救赵。

援赵大军进至安阳（今山东曹阳东南）后，宋义被秦军的气焰所吓倒，逗留46天不敢前进。项羽痛斥宋义的怯懦行为并杀死了他。楚怀王遂封项羽为上将军，并令英布和蒲将军两支起义军也归其指挥。

公元前207年，项羽率起义军到达钜鹿县南的漳水，立刻派遣英布和蒲将军率2万义军渡过漳水，援救钜鹿，初战告捷。

接着，项羽率领全军渡过漳水，命令全军破釜沉舟，只带三日粮，以示不胜则死的决心，以迅雷不及掩耳之势直奔钜鹿，断绝秦军粮道，包围王离军队。

项羽的决心和勇气，对将士起了很大的鼓舞作用。楚军把王离的军队包围起来，越打越勇。一个人抵得上10个秦兵，10个就可以抵上100个。经过九次激烈战斗，活捉了王离，杀死了秦将苏角，其他的秦军将士有被杀的，也有逃走的，围钜鹿的秦军就这样瓦解了。

汉高祖刘邦画像

当时，各路将领来救赵国的有十几路人马，可是他们害怕秦军强大，都扎下营寨，不敢跟秦军交锋。每次听到楚军震天动地的喊杀声，都挤在壁垒上看。

他们看见楚军横冲直撞杀进秦营的情景，吓得伸着舌头，屏住了气。等到项羽打垮了秦军，请他们到军营来相见的时候，他们都跪在地上爬着进去，连头也不敢抬起来。

大家颂扬项羽说："上将军的神威真了不起，自古到今没有第二个。我们情愿听从您的指挥。"

从那时候起，项羽实际上就成了各路反秦军的首领，各路诸侯军均服从项羽号令。

钜鹿解围后，章邯军在钜鹿南的棘原，项羽军驻漳水之南，两军对峙。秦军的连续失败使章邯不见信于秦朝廷，秦二世数次派人责问章邯。项羽抓住时机，派军击秦军于漳水南岸，章邯军退却。

章邯派部将司马欣向秦廷请求指示并求援。在当时，秦朝廷赵高专权，猜忌将相，司马欣到咸阳，在宫外等候了三日，赵高也不见，有不信任之意。司马欣恐惧，于是从小路逃回，而不敢走来时的大路。赵高果然派兵从大路追赶。

司马欣潜回棘原，劝章邯早图良谋。赵将陈馀也致书章邯，以秦将白起、蒙恬功多却被诛之事劝说章邯。章邯在降楚和退军之间犹豫不决。

项羽军粮少，为尽快彻底打破章邯的幻想，派蒲将军率军日夜兼程渡三户津（今河北滋县西南古漳水渡口），断秦军归路，自率主力大败秦军。

在项羽的沉重打击下，章邯进退无路，不得不于公元前207年在现在的河南安阳洹水南殷墟率部20万投降项羽。项羽封章邯为雍王，并封司马欣为上将军，率领投降的秦军为前锋先行，开始了消灭秦军残部的战斗。

秦国最后的名将章邯倒戈降敌，终于使秦国步向了灭亡，刘邦迅速地攻破关中。

钜鹿之战是秦末农民战争所取得的一场巨大胜利。它基本上摧毁了秦军的主力，扭转了整个战局，奠定了反秦斗争胜利的基础。而项羽以3万兵破30万兵力，如此悬殊而终能取胜，令无数后人对其充满了好奇与景仰。

阅读链接

公元前208年，秦将章邯指挥秦军主力合围钜鹿，项羽率兵前往解救。

为了表现置之死地而后生的决心，项羽带领全部军队渡过漳河，凿沉战船，打破釜甑，烧掉庐舍，命士兵仅带三日粮，以示士卒必死无还之心。项羽率军断秦军粮道，与秦军进行了九次激烈的较量。

在项羽的带领下，楚军将士无不以一当十，奋勇冲杀，秦军损兵折将。项羽乘胜追击，最后迫使章邯率其残部投降。项羽破釜沉舟，勇战秦军，威震诸侯。

巧用火攻的赤壁之战

赤壁之战是指三国形成时期，孙权、刘备联军大破曹操大军的著名战役，时间是208年。

这是中国历史上以少胜多的著名战争之一，也是三国时"三大战役"中最为著名的一场。

它也是中国历史上第一次在长江流域进行的大规模江河作战，标志着中国军事政治中心不再限于黄河流域。最后以火攻大破曹军，曹操北回，孙刘双方亦各自夺去荆州的一部分而告终。

■ 刘备塑像

■ 赤壁之战场景

乌桓 中国古代民族之一。亦作乌九。乌桓族原为东胡部落联盟中的一支。原与鲜卑同为东胡部落之一。乌桓自被曹操击破后，势渐衰落。当时除辽东、辽西、右北平三郡乌桓内迁外，其他诸郡乌桓大多留居原地，并保有一定实力。

曹操经官渡之战和北征乌桓，完成了统一北方的战争。208年正月回到邺城后，立即开始了向南用兵的军事上和政治上的准备。

曹操于邺城凿玄武池以练水军；派遣张辽、于禁、乐进等驻兵许都以南，准备南征；令马腾及其家属迁至邺，以减轻西北方向的威胁；罢三公官，置丞相、御史大夫，自任丞相，进一步巩固了统辖地位，维护了自己的权威。

208年8月，刘表病逝，曹操接受了荀彧的意见，先抄捷径轻装前进，疾趋至宛城、叶城，另以赵俨为章陵太守，护张辽、于禁、张郃、朱灵、李典、冯楷、路招七军。刘表之子、继位荆州的刘琮知道这个消息后，投降了曹操。9月，曹操到达新野。

曹操南下的消息，依附刘表、屯兵樊城的刘备一直不知道，直至曹军到达宛城附近时才发现，而刘琮已向曹操投降，却不敢告诉刘备。

刘备发现状况，既惊骇又气愤，只好立即弃樊南逃。诸葛亮向刘备自荐与鲁肃同回柴桑，向孙权求救。

诸葛亮到达柴桑游说孙权。孙权不愿受制于曹操，但又担心曹操势强，不能匹敌，于是诸葛亮先说明刘备的军力尚有精甲数万，然后分析出曹操劳师远征士卒疲惫、北人不习水战，以及荆州之民尚未心服曹操的弱点。结论是如果孙刘联合，肯定可以取胜，并明示而后三分天下。

曹操的弱点坚定了孙权抗曹的决心。孙权排除主和派张昭等人的干扰，命周瑜为大都督，程普为副都督，鲁肃为赞军校尉，率3万精锐水兵，与刘备合军

周瑜（175—210），字公瑾，人称"美周郎"，庐江郡人，东汉末年三国时期孙吴名将，他指挥的赤壁之战，是中国历史上著名的以少胜多的战役，直接决定了三国时代魏蜀吴三国鼎立的局面。但他于战后两年即病逝，年仅36岁。

■ 赤壁之战场景

共约5万人，逆江水而上，进驻夏口。

曹操的总体部署是，从江陵和襄阳两地出发，向夏口前进。同时在后援、支军及后勤保障方面也做了安排。然后送信恐吓孙权，声称要决战吴地。

208年冬，曹操亲自统军顺长江水陆并进。周瑜率领的军队在夏口与刘备会合，然后两军逆水而上，行至赤壁，与曹军在赤壁相遇。

曹军步骑面对大江，失去威势，新改编的荆州水兵，战斗力差，又逢疾疫流行，以致初战失利，慌忙退向北岸，屯兵乌林即今湖北洪湖境，与孙刘联军隔江对峙。曹操下令将战船相连，减弱了风浪颠簸，利于北方籍兵士上船，想加紧演练，待机攻战。

周瑜鉴于敌众己寡，久持不利，决意寻机速战。这时，周瑜部将黄盖针对曹军连环船的弱点，建议火攻。周瑜采纳了黄盖的建议，并立即决定让黄盖用诈降接近曹操战船。

黄盖立即遣人送伪降书给曹操，随后带船数十艘

赤壁 史界对于"赤壁"之战发生的地点多有讨论，一般统计，至少有七种"赤壁说"：蒲圻说、黄州说、钟祥说、武昌说、汉阳说、汉川说、嘉鱼说。从当代观点来看，争论的焦点在蒲圻说和嘉鱼说之间，而历史学出版物和已发现文物证据更偏向于蒲圻说。

出发，前面10艘满载浸油的干柴草，以布遮掩，插上与曹操约定的旗号，并系轻快小艇在船后，顺东南风驶向乌林。

接近对岸时，戒备松懈的曹军皆争相观看黄盖来降。黄盖择机下令点燃柴草，各自换乘小艇退走。火船乘风闯入曹军船阵，顿时一片火海，迅速延及岸边营屯。

孙刘联军乘势攻击，曹军伤亡惨重。曹操深知已不能挽回败局，下令烧掉战船，引军退走。

孙刘联军水陆并进，追击曹军。曹操引军离开江岸，取捷径往江陵，经华容道遇泥泞，垫草过骑，得以脱逃。

曹操至江陵城下，恐后方不稳，自还北方，曹仁等继续留守，而以满宠屯于当阳。

孙刘联军取得了赤壁之战的胜利。

华容道 指华容县城。古华容县城位于现在的监利县城以北的周老咀附近。这一带有古代的沼泽湖泊。据县志记载，曹操逃到太平桥时，人马陷入泥泞之中，不得不扔掉马鞭，下马步行，这里尚有"曹鞭港"古地名。

027

■ 诸葛亮与周瑜蜡像

赤壁之战场景

赤壁之战后，曹操带兵退回北方，从此致力于经营北方，再未有机会如此大规模南下荆州。同时也失去了在短时间内统一全国的可能性。而孙刘双方开始发展自己的势力，进而三分天下，奠定了三国鼎立的基础。

在赤壁之战中，曹操自负轻敌，指挥失误，加之水军不强，且军中出现瘟疫，最终导致战败。而孙权、刘备在强敌面前，冷静分析形势，结盟抗战，扬水战之长，巧用火攻，创造了中国军事史上以弱胜强的著名战例。

阅读链接

赤壁之战前，孙权对联合抗曹信心不足。

周瑜给孙权综合分析了曹操率北军南下的诸多弱点："曹操舍弃了车马，驾起舟船，来和东吴争高低，再加上天气寒冷，马吃不上水草，中原的士兵从中原赶到这里，在大江上作战，水土不服，肯定是会生疾病的，这几点都是用兵的大忌。我请求你拨5万精兵给我，保证大破曹操的军队。"

孙权听罢，抽刀猛砍桌角，说："有谁再敢说迎接曹操，就和这桌子一样！"

后来孙刘联军终于在赤壁打败了曹操。

近古时期

从五代十国至元代是中国历史上的近古时期。

这一时期，各民族政权为了问鼎江山，战争不断。诸如宋辽间的澶州之战，宋金间的采石之战，还有宋元间的襄樊之战和崖山海战。

战争之后的议和活动，从某种意义上来说，有利于各族经济文化的发展，为国家的统一准备了条件。

这一时期的战略战术均发展到空前高度。战略上主张集中兵力，每战选择要害目标并力求全歼，战术上常常以步兵抗击骑兵。但两宋抗击骑兵的战略，因时有议和而变为消极防御。

罢战言和的澶州之战

　　澶州之战是宋辽两国之间规模最大的一场战争，也是辽宋关系从长期对抗走向和平相处的转折点，发生于1004年。

　　此战双方参战军队多达数十万，结果以订立"澶渊之盟"而结束，从军事角度上看是打成了平手。而在政治角度上，有利于双方开展经济文化交流。

　　"澶渊之盟"订立后，两国之间百余年间不再有大规模的战事，礼尚往来，通使殷勤。辽朝边地发生饥荒，宋朝会派人在边境赈济，宋真宗崩逝的消息传来，辽圣宗"集蕃汉大臣举哀，后妃以下皆为沾涕"。

■ 宋真宗画像

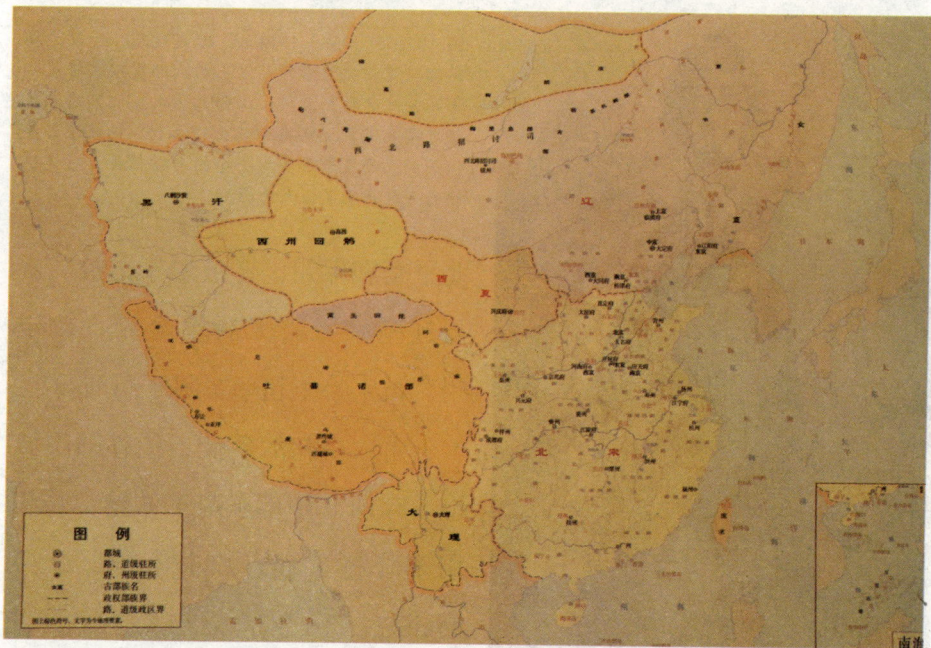

■ 辽宋时期全图

宋太宗赵炅在位时，为夺回燕云十六州，两次进攻契丹均告失败，被迫转攻为守。

宋真宗赵恒继位后，为防御辽攻略河朔一带，宋集重兵于定州、天雄军等纵深要地，依托黄河天险，屏蔽都城东京。并在边地广开方田、河道为阻障；缮完城堡，募壮勇扼守，以抗拒辽戎骑的攻略。

1004年8月，辽为赢得有利结局，决计大举攻宋。辽军先以游骑深入祁州（今河北安国）、深州（今河北深州市南）两州境内，探察宋军防御部署。继而，辽圣宗耶律隆绪偕其母承天太后萧绰亲至幽州（今北京）进行谋划。

宋察觉辽的企图后，命河北、河东诸路积极部署，做好准备。

9月12日，辽军会集固安。15日，辽大将萧挞凛率先锋军南进，分兵攻宋藩镇威虏军和顺安军，以及

宋太宗（939—997），赵炅，本名赵匡义，后改名为赵光义，他即位后，继续进行统一事业，鼓励垦荒，发展农业生产，扩大科举取士规模，编纂大型类书，设考课院、审官院，加强对官员的考察与选拔，进一步限制节度使权力，力图改变武人当政的局面，确立文官政治。这些措施顺应了历史潮流，为宋朝的稳定做出了重要贡献。

■ 杨延昭（958—1014），本名延朗，后改为杨延昭，辽国把他看作是天上的六郎星宿"将星"下凡，故亦称杨六郎，山西太原人。北宋前期将领。是北宋抗辽名将杨继业的六子。杨继业舍身保国的高尚气节和身先士卒的勇猛精神，对杨延昭的一生产生了极大的影响。

北平寨和保州，皆被宋军击败。旋与辽圣宗、萧太后军会合，攻定州，被宋将王超率军阻于唐河。

萧太后初战受挫，遂移师阳城淀（今河北望都东南）休整，并利用宋降将王继忠致书宋帝，试探媾和。

辽军的大举进攻，引起宋朝廷上下恐慌，参知政事王钦若、签书枢密院事陈尧叟等劝说宋真宗暂避金陵或成都。宰相寇准据理相争，力请宋真宗亲征御敌。宋真宗采纳寇准的建议，遣将加强各路的防御。

10月初，萧挞凛南下祁州、深州；萧太后率主力围攻瀛洲即今河北河间，亲自击鼓督战，遭宋知州李延渥顽强抗击，十余日未克，反丧师三万余众。后撤围南下，会合萧挞凛攻冀州、贝州和藩镇天雄军。

宋军根据战况，将防御重点南移，分定州兵一部赴澶州，并命各路增援天雄军。

11月初，辽军自瀛洲南趋天雄军，沿途遭宋军抗击。同时，宋以李继隆、石保吉分任驾前东西两面排阵使，加强澶州及黄河沿岸的防御指挥。12日，宋真宗离京师赴澶州督战。

王钦若（962—1025），字定国，临江军新喻人。北宋初期的政治家，谥"文穆"。王钦若是真宗时期的宰相，属于当时主和派的势力，主张把国都南迁，与当时主战的寇准对立。另一方面，他亦因为主导编纂《册府元龟》而知名。

这时辽军进抵天雄军，攻城不克，转破藩镇德清军。继而逼近澶州，袭取藩镇通利军。

26日，宋真宗亲率禁军在澶州御驾亲征，并登上城墙鼓舞士气。宋军官兵远远望见黄龙御旗，顿时欢呼声回荡在数十里外。

辽军一听宋皇帝来了，斗志一下子就垮了。寇准乘机指挥宋军出击，个个奋勇冲杀，消灭了辽军数千。辽军主将萧挞凛在澶州察看地形时，也被宋军伏弩射死。

与此同时，杨延昭军也从山西向辽军背后出击，20万辽军几乎被陷入合围死境。

杨延昭英勇善战，镇守边防二十多年，辽国对他非常敬畏。辽人迷信，相信天上北斗七星中，第六颗星是专克辽国的，因为杨延昭对于辽人很有威慑力，辽人以为他是那第六颗星转世，因此称他为"杨六郎"。

寇准（961—1023），字平仲，华州下邽人。北宋政治家、诗人，封莱国忠愍公。1004年冬，辽军南下犯宋，寇准力主宋真宗亲征，反对南迁。宋真宗抵达澶州后，军心渐渐稳定，射杀辽军先锋萧挞凛，订立"澶渊之盟"。寇准善诗能文，今传《寇忠愍诗集》。

■ 宋代武官石刻

宋代民族交流场景

源
远
流
长
的
历
史
文
化

　　辽军虽攻占了宋一些地方，但伤亡惨重，又失大将萧挞凛，战况急转直下，处境不利，亟愿罢战言和，遂加速和谈步伐。于是，宋辽达成撤军协议，然后互换誓书。史称"澶渊之盟"。

　　澶渊之盟是北宋与辽经过多次战争后所缔结的一次盟约。宋辽之间百余年间不再有大规模的战事，礼尚往来，通使殷勤。自此辽人不敢南侵，宋也保障了近百年的太平。

阅读链接

　　1004年辽军侵宋时，宋真宗命令将杨延昭的部下增至万人，驻防静戎之东，保卫河渠，阻挡辽骑兵的入侵。

　　辽军东趋保州，被杨延昭所部打败。在宋辽订立澶渊之盟时，杨延昭提出反对意见，见解精辟透彻，但不愿劳民伤财的宋真宗最终没有采纳他的建议。

　　在宋辽订立了"澶渊之盟"后，杨延昭在辽军撤军时，率所部深入辽境，破敌城，俘敌众，算是对皇帝表示了抗议。

　　宋真宗知杨延昭之忠心，没有责怪他，又提拔他为莫州防御使和高阳关副都部署。

江河防御的采石之战

　　采石之战是南宋文臣虞允文率领军民于采石阻遏金军渡江南进的江河防御战，时间是1161年。此战是宋军民抗金斗争的重要战役，使金军未能如愿从采石矶渡江南侵。金军北撤，虞允文也因此在南宋朝野上下获得了极高声誉。

　　采石之战是宋金战争史上具有重要意义的战役，南宋军民在虞允文的指挥下，力挫南侵金军主力，打破了完颜亮渡江南侵、灭亡宋廷的计划，加速了完颜亮统治集团的分裂和崩溃，使宋军在宋金战争中处于极为有利的地位。

■ 虞允文画像

刘锜（1098—1162），字信叔，宋朝名将，甘肃天水人。他通晓兵法与风水五行之术，擅长射箭，声音响亮如洪钟。宋孝宗追封他为吴王，加太子太保。他死后被尊为神。在浙江德清县，有刘王爷庙，奉祀刘锜。他的后人居于闽南，并将他的墓迁到了福建安溪县，1985年安溪县人民政府批准为"安溪县第一批重点文物保护单位"。

■ 宋代战争浮雕

金国完颜亮登上皇帝宝座后，梦想一举灭宋，使"天下一家"，自己成为正统。为此，他一面下令大规模调拨军队，制造战船，一面不断指责南宋招纳叛亡，盗买马匹，对和议履行不诚，制造举兵的舆论。

1161年6月，完颜亮迁都南京，即今河南开封。此时他终于按捺不住野心，于8月迫不及待地调动60万大军，号称百万，分兵四路南下，大举侵宋。完颜亮亲率东路大军，狂妄叫嚣："最多不过100天，灭掉南宋，统一全国。"

金兵南侵已迫在眉睫，宋高宗起用尚在病中的老将刘锜，任命他为淮南、江南、浙西制置使，节制诸路军事，率军迎敌。

10月初，金兵逼近淮河北岸，随后抢渡淮河，很快便占领了滁州，把战线又拉到了长江北岸。

刚刚赶到淮阴的刘锜，得知淮西已失守，又接到退守江南的命令，只好引兵退回京口（今江苏镇江），布置防务。就在这时，金国内部又发生政变。

原来完颜雍在部分女真贵人的拥立下登上帝位，宣布废黜完颜亮。

消息传来，完颜亮见归路已绝，便决定孤注一掷，自杨林渡（今安徽和县东）渡江，欲取代南宋，在江南扎下脚跟。但是，他低估了

南宋方面的力量。

11月初，南宋派虞允文前往采石犒师。虞允文来到采石，沿途见到北岸金兵营帐密布，大战一触即发。他看到形势异常危险，便把将士召集起来，激发他们的抗敌热情。

他指出："敌人万一得以渡过长江，我们就是后退也没有生路了。现在我们前有天堑，占有地利，还不如死中求生！况且朝廷养了你们30年，难道还不能一战报国吗？"

将士们听后，都说："谁不愿意杀敌立功？只是没有主将。"

虞允文见群情已起，于是就宣布："朝廷已派李显忠前来负责军务。"

李显忠是深孚众望的勇将，将士们听说他来当主帅，立刻精神大振。

虞允文趁热打铁，接着又对将士说："现在军情紧急，在李将军到任之前，我愿意负责军务，和大家一道杀敌报国。国家是不会亏负我们的！"

在虞允文的感召下，众将士决心为国守土死战。

■ 宋朝战争场景

源远流长的历史文化

朝廷 中国古代，被诸侯、王国统领等共同拥戴的最高统领者建立的一种统治机构的总称。在这种政治制度下，统领者一般被称为皇帝。朝廷后来指帝王接见大臣和处理政务的地方，也代指帝王。

虞允文清点宋军，却只有1.8万余人，战马数百匹而已，与金军相差悬殊。

大敌当前，除了挺身而上，没有退路。虞允文迅速召集将领，研究制订作战方案。最后决定采用水陆相互配合，以水战为主的战法。

宋军部署刚刚完毕，金军船队已在鼓噪渡江了。完颜亮在北岸高台上居中而坐，身着黄金甲，手挥小红旗，指挥几百艘战船从杨林河口出发，直驶长江南岸。船借风势，不一会儿，驶在前面的七十多只战船已抵达南岸。金兵弃船登岸，直向宋军冲来。

此时虞允文穿梭于宋军各部之间组织迎敌，见部分金兵登陆，便拍着勇将时俊的背说："你已有胆略闻名四方，此时还立在阵后做什么？"

时俊见虞允文亲临阵地，勇气倍增，大喝一声，挥舞双刀冲向敌阵。士兵们一见将领向前，也随之冲了上去，登陆的金兵很快就被全歼。

这时候，江南风力渐弱，宋军水师开始了猛烈反击。在海鳅船上踏车的都是初临战阵的当地民兵，但他们毫无惧色，驾船直冲入金军船队。

海鳅船船体大，速度快，金军战船船体小，与海鳅船相撞，大部分被撞沉，船上的金兵多半淹死在江中。

完颜亮不甘心失败，他把剩余的船只重新集结起来，准备再次发动进攻。

时近黄昏，一队从他处撤退下来的宋军路过采石，虞允文便动员他们打旗擂鼓，从山后绕到江边。

完颜亮以为宋军援兵来到，不敢再战，急忙命令金军船队向后撤退，舍舟登岸。

宋军强弩手乘胜追射，把金军杀得大败。完颜亮率领残兵败将，退至和州。

■ 宋金时期形势图

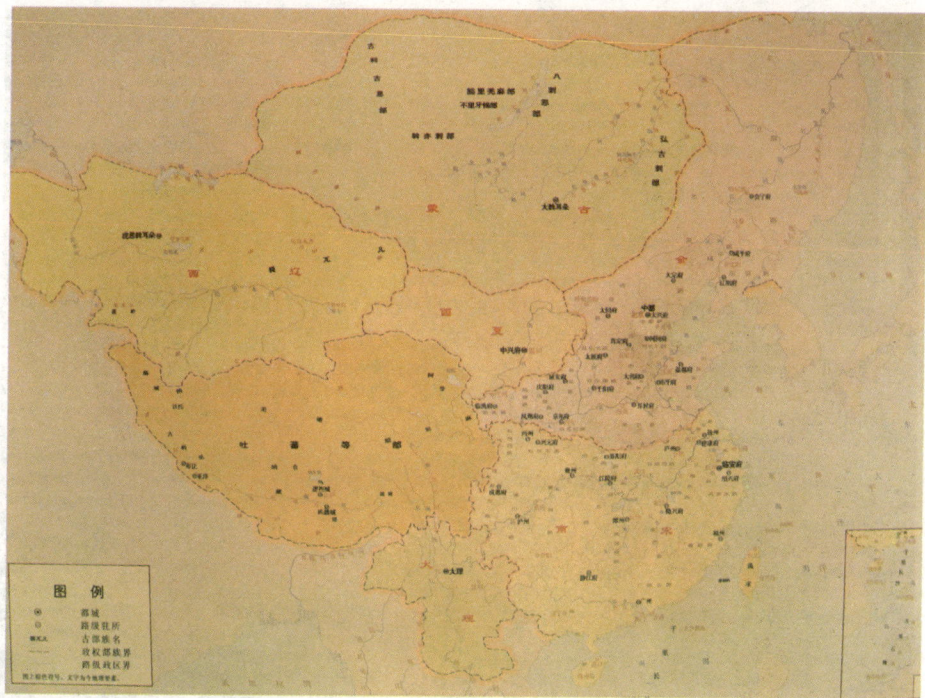

图例

宋军以少胜多，取得了巨大胜利。虞允文一面向朝廷报捷，一面犒赏将士。但他并未被暂时的胜利冲昏头脑，他清醒地认识到，敌军人多势众，并不会因此沉重一击而善罢甘休。

　　虞允文说："敌军今天败了，明天将卷土重来。"

　　随后召集众将领连夜重新进行战斗部署：把大部分战船开到杨林河口，封锁金军出入的水道，另派一队海船停泊在上流。

　　第二天天一放亮，大批金兵果然乘船又来进攻。虞允文指挥宋军对金兵形成夹攻之势，用一种叫作"神臂弩"的劲弩射击敌船。一时间飞箭如蝗，许多金兵应弦而倒。宋军船上的霹雳炮也开始发挥威力，轰击敌船。

　　宋军经昨日一战，士气大涨，今日作战更加勇猛。金军经受不住宋军的夹击，开始撤退。

　　停泊在杨林河口上流的宋军，此时乘势放火，把金军百余艘战船全部烧毁。经过这一仗，金军在淮西的主力基本被歼灭了。

南宋虞允文指挥作战浮雕

■ 宋军的弓弩手

金军惨败采石矶，完颜亮仍不甘心。他见军事进攻不成，便企图使用反间计，离散宋军军心。完颜亮写了一封信，派人送至宋营，说是与宋将有约云云。

虞允文识破完颜亮的计策，写了一封回信，表示要同金军再战，决一雌雄。完颜亮见信大怒，却又无计可施，只好下令移师瓜洲渡口，企图从此渡江，夺取京口。

京口此时由老将刘锜把守。刘锜久卧病榻，实际上已不能处理军务。虞允文料想金兵定会由此乘虚而入，便自告奋勇，请求已到任的李显忠拨给他一部分军队，支援刘锜。

李显忠钦佩虞允文的勇气和胆识，立即调拨了一万余人马。虞允文率军星夜开向京口，协助刘锜在江面上进行了严密的防御部署。

金军将官在北岸看到南宋已早有准备，知道渡江

信 古代称作"尺牍"。古人是将信写在削好的竹片或木片上，一根竹片或木片约在一尺到三尺之间，所以叫尺牍。"信"在古文中有音讯、消息之义，如"阳气极于上，阴信萌乎下"。"信"也有托人所传之言可信的意思。在中国古代的书信中，最著名的是秦朝李斯的《谏逐客书》，还有司马迁的《报任安书》。

难以成功。有一个将领指出，瓜洲江面比采石宽阔，请求完颜亮不要忙着进攻，待退回扬州再做打算。

气急败坏的完颜亮非但不听，反而打了他五十军棍，接着下令：军士逃亡者，杀其领队；部将逃亡者，杀其主将，强令金军渡江。这样一来，使得军中人人自危，军心骚动。一些金军将领开始秘密商议，准备起事，杀死完颜亮。

11月27日，金将浙西路都统耶律元宜率众把完颜亮乱箭射死于营帐中。

此时进攻南宋的其他三路金军，在南宋军民的奋力抵抗下也遭到了失败。耶律元宜见大势已去，便领军从瓜洲向北撤退十五千米，用都督府的名义，派人持信到京口议和。

采石之战是一场以少胜多的经典战例。虞允文临危不乱，指挥出色，充分发挥了他的军事才能。经此一战，金国对南宋的威胁暂时解除了。

阅读链接

虞允文是个书生，从来没有指挥过战争。但是爱国的责任心使他鼓起勇气。完颜亮侵宋时，他被派到采石劳军。

有个跟随虞允文一起去的官员悄悄地对虞允文说："朝廷派您来劳军，又不是要您督战。别人把事办得那么糟，您何必背这个包袱呢？"

虞允文气愤地说："这算什么话！现在国家遭到危急，我怎么能逃避责任，只考虑自己的得失？"

虞允文看到队伍涣散，十分吃惊，就立刻召集宋军将士认真布防。最后，成功挡住了完颜亮的攻势。

明清两代是中国历史上的近世时期。

这一时期的战争，主要是巩固统一的战争和反抗外来侵略的战争，反映了中国封建社会鼎盛时期的特点。

明清时期的军事技术有了较大发展，古代火器达到鼎盛，出现了炮兵、辎重兵，军队装备和编制也随之发生了巨大变化。

而作战指挥和战术运用也在发展，出现了集中兵力的歼灭战，冷热武器并用的协同战及依靠人民的卫国战，等等，体现了运筹帷幄、决胜千里的战争艺术。

决胜千里

近世时期

解除威胁的北京保卫战

北京保卫战或称京师保卫战，是明朝在兵部尚书于谦领导下，将蒙古瓦剌首领也先所率攻打北京的大军击退的战争，时间是1449年。于谦等主战派官员领导和组织的京师保卫战，取得了胜利，粉碎了瓦剌军企图夺取北京的野心，明王朝转危为安。

北京保卫战的胜利，不仅加强了京师部队的战斗力，而且还组成了一支战斗力较强的机动兵力，使瓦剌军不敢再窥视京师，并且还促进了边防建设，收复了许多要塞和重镇，使明王朝的统治得到了进一步的加强。

■ 明朝兵部尚书于谦画像

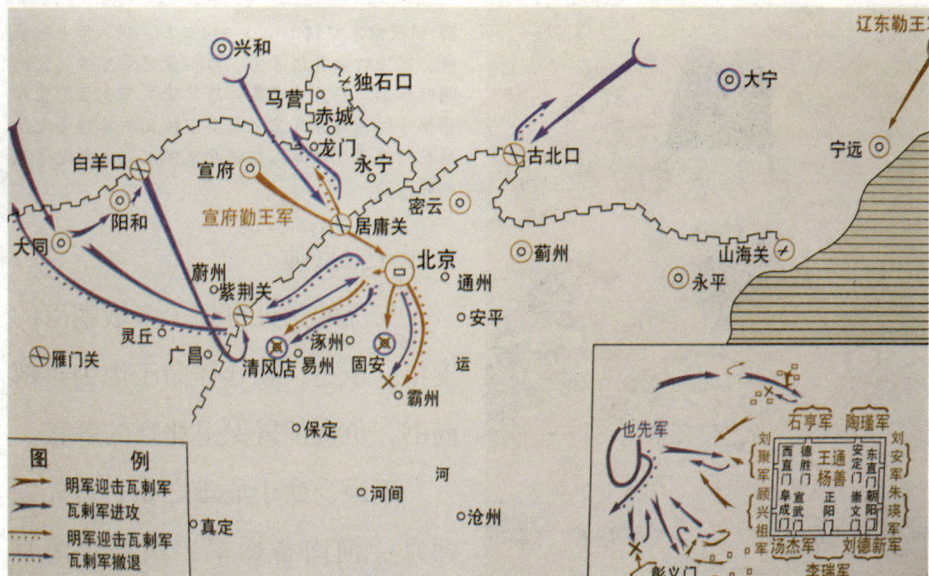

图中标注：兴和、独石口、马营、赤城、龙门、永宁、大宁、宁远、白羊口、宣府、古北口、阳和、宣府勤王军、密云、大同、居庸关、北京、蓟州、山海关、蔚州、紫荆关、通州、永平、灵丘、广昌、清风店、涿州、安平、雁门关、易州、固安、运、霸州、保定、河、河间、沧州、真定、辽东勤王军

图例
- 明军迎击瓦剌军
- 瓦剌军进攻
- 明军迎击瓦剌军
- 瓦剌军撤退

右下角插图标注：也先军、石亨军、陶瑾军、刘安军、朱瑛军、刘聚军、西直门、德胜门、王通、安定门、东直门、彰义门、阜成门、正阳、朝阳门、汤杰军、刘德新军、李瑞军、彰义门、宣武、崇文

决胜千里

近世时期

■ 北京保卫战示意图

元朝被推翻后，一部分残余势力逃往漠北，历史上称作"北元"。北元残部经历了几十年的演变和分裂，分成鞑靼和瓦剌等部。

至15世纪中叶，瓦剌部在其首领脱欢、也先的统领下逐渐强盛起来，并统一了蒙古各部，成为明王朝北方的劲敌。

1449年2月，蒙古瓦剌部落太师也先以明朝减少赏赐为借口，兵分四路，大举攻明。宦官王振不顾朝臣反对，怂恿明英宗朱祁镇御驾亲征。

行至土木堡，就是现在的河北怀来东，瓦剌军队追赶上来，把明军团团围住，两军会战，明军全军覆没，王振被部下杀死，明英宗被瓦剌军俘虏。这就是历史上有名的"土木之变"。

消息传到北京，群臣相对而泣。朝议中，有人提议南迁国都以解救国难。这时兵部侍郎于谦站出来，义正词严地斥责，并主张现在应立刻调集勤王之兵，

也先（？—1454），又译额森。出身于准噶尔部，姓绰罗斯氏，顺宁王马哈木孙，脱欢子。明朝时为蒙古瓦剌部首领。曾在土木堡之变中俘虏明英宗，并包围北京城，后被于谦击退，议和，送还英宗，恢复贡市。

■ 明代宗朱祁钰（1428—1457），明代第七位皇帝，宪宗时尊其谥号为"恭仁康定景皇帝"，南明时加谥"符天建道恭仁康定隆文布武显德崇孝景皇帝"，庙号代宗。明英宗被瓦剌军俘去之后继位，重用于谦等人组织北京保卫战，打退了瓦剌的入侵。

誓死守卫京师。

于谦的意见得到了多数朝臣的支持。于是，朝廷任命于谦为兵部尚书，负责部署保卫北京的事宜。

于谦受命于危难之秋，首先调两京、河南备操军，山东及南直隶沿海备倭军，江北及北京诸府运粮军，紧急集中北京，又派人到京畿、山东、河南等地招募兵士，速成训练，以备调遣；将通州可供京师一年之用的数百万石粮米运入北京，加强了后勤实力。

紧接着，于谦组织军民加固城墙，并疏散城外周围居民，加大防御纵深。又命工部赶造兵器战车，同时将南京库存的军用物资赶运来京。还派人到土木堡收集明军丢弃的盔甲兵器，以充实战备。

这些措施实施后，在短时间内就组织起了22万兵强马壮的守卫大军，明军的守城实力迅速得到了加强。

10月，也先率瓦剌军分三路大举攻明。东路2万人取古北口（今北京密云东北），作为牵制力量；中路5万人，从宣府方向进攻居庸关；西路由也先亲自率10万主力，挟持明英宗，经大同进攻紫荆关（今河

工部 中国封建时代中央官署名，为掌管营造工程事项的机关，六部之一。明代工部的最高级长官为尚书，别称"司空"，负责掌管全国的百官、山泽、营缮、采捕、陶冶、舟车、织造、屯种等政令，为正二品。

北易县紫荆岭），企图从东、北、西三个方向分进合击，一举夺占北京。

也先由熟知紫荆关设防部署的被俘太监喜宁引导，率军偷越山岭，内外夹击，攻克了紫荆关。此后，又挥师南下，经易州（今河北易县）北上直逼北京。

于谦得到瓦剌入侵的战报后，立即奏请明景帝朱祁钰，急调各地宗室的部队进京勤王，以配合北京守军夹击瓦剌军。接着于谦召集抗战指挥集团，商讨作战方略。

针对敌人的来势，兵马司提出，拆毁城门外民房，实行坚壁清野，以利于战守。都督王通发表意见说：发动军民在城外挖深壕，前筑工事据守。

总兵石亨则主张军队全部撤入城内，尽闭九座城门，坚壁死守。众将领虽然意见不尽一致，但都认为瓦剌军来势凶猛，应先避敌锋芒，以守为主。

于谦不同意这些意见，认为不应该消极防御，他向众将领陈述了自己的主张："瓦剌现在气焰嚣张，据守不战则表示我们害怕他们，这就会更加助长敌人的气焰。我们

兵马司　中国古代朝廷的军事机构之一。明裁省警巡院并入兵马司，增置中、东、西三城，置中、东、西、南、北五城兵马指挥司，各置指挥、副指挥，画境分领京城内外，掌维持京城治安，疏理街道沟渠及囚犯、火禁等事。

■ 明北京保卫战场景

不能示弱，让他们轻视我们。我认为应该列阵于城外，用冲锋来迎战他们。"

众人听后，也觉得拒敌于城外更为被动，都同意了于谦的主张。最后，于谦同众将领协商制定了依城为营、以战为守、分调援军、相互配合的作战部署。

于谦随即将调集的22万军队依城列阵于九门之外，都督陶瑾、刘聚等将领分别统兵列阵于安定门、西直门等城门下，于谦则同石亨指挥诸军，并亲率副总兵范广、武兴列阵在德胜门外，挡住瓦剌军的来路。同时派都督王通、副都御史杨善率一部分兵力防守城内。

布置完毕，于谦下令闭门誓师，宣布任何人即使战败也不得退入城内。并且还规定，将领临阵不顾军队先退的，斩首；军士不听将领指挥先退的，后队斩前队。

于谦甲胄披身，眼噙泪花，号召守城三军："要用我们的头颅与热血，来雪皇帝被俘的奇耻大恨！"

10月11日，瓦剌军主力逼近北京。也先命军队列阵于西直门，而把明英宗放置在德胜门外，想要迫使明政府献城投降。

于谦不为所动，决定先发制敌，打一打也先的气焰，于是命令都督高礼、毛福寿率军出击，在彰义门北，打败了瓦剌军的先锋，斩杀数百人，夺回被俘者千余人。这天晚上，于谦又派薛斌率军潜入瓦剌军营，偷袭成功。瓦剌军受此两挫，士气大为折损。

也先原以为明军不堪一击，没想到北京守军阵严气盛，战斗力这么强，开始感到有点儿惊恐。也先料想如果继续打下去，恐怕于己不利，便采纳了投降太监喜宁的计策，遣使入城，邀明政府派大臣"迎驾"议和，妄图诱于谦、石亨等人前来，将其扣留，使明军失去指挥，不战自溃。

于谦马上意识到这是一个阴谋，但为了揭穿也先的诡计，掌握主动，遂派赵荣、王复前往谈判。同时，于谦下令守城将士不得谈论议和之事。

也先见于谦、石亨等重要将领未到，就借口来使官小，不与谈判，要于谦、石亨、王直等人亲自前来。

这时朝中主和派又乘机大倡和议之策，明景帝一时难以决断，就派人征求于谦的意见。

于谦坚定地回答："现在我只知道有战事，其他事一概不愿听到。"并劝明景帝，"当前应以社稷为重，君为轻。"于谦的一番

明代士兵雕像

神机 军队名。明代京城禁卫军中三大营之一，是明军中专门掌管火器的特殊部队。明成祖在亲征漠北之战中，提出了"神机铳居前，马队居后"的作战原则，神机营配合步兵、骑兵作战，发挥了重要作用，使火器的应用更趋专业化，神机营也成为明军的一个兵种。

话，坚定了明景帝抗战的决心，粉碎了也先的阴谋。

10月13日，也先撕下了议和的伪装，集中主力向德胜门发动进攻。于谦令石亨在城外民房设置伏兵，派小队精骑主动迎击，交战后佯装败退，诱使敌人进入设伏地域。

也先果然中计，率万名骑兵紧追不舍。明军出其不意，指挥神机营突然发射神铳、火箭，打得瓦剌军晕头转向。石亨乘机率伏兵投入战斗，前后夹攻，瓦剌军死伤无数。

号称"铁颈元帅"的也先弟弟勃罗和平章卯那孩也中炮身亡。也先这时才发现明军主力就在德胜门，于是急忙撤军，集中力量转攻西直门。

都督孙镗率西直门部队迎击瓦剌军，杀败了瓦剌军先锋。但也先不断增兵，孙镗力战不支，想退入城中。负责监军西门的给事中程信严令不许开城门，让城上守军发射火器轰击瓦剌军，配合孙镗守军战斗。

就在这时，高礼、毛福寿和石亨率援兵从彰义门、德胜门赶到，会合孙镗三面围攻瓦剌军。瓦剌军抵挡不住，在也先的率领下仓皇向西南方退去。

■ 明北京保卫战场景

■ 明代将军蜡像

10月14日，也先整顿兵马，再次进攻彰义门。于谦派武兴、王敬率军迎战。

明军前队以神铳轰击，后队列弓弩继进，将瓦剌军击退。而明景帝所派的监军太监率数百骑企图抢前争功，冲乱了明军的阵势，副总兵武兴中箭牺牲。瓦剌军乘势反击，追至德胜门外的土城。

在此危急时刻，土城居民纷纷爬上屋顶，大声呼喊，向瓦剌军投掷砖石，配合明军打击瓦剌军。金都御史王弦和都督毛福寿又率援军赶到，再次打退瓦剌军的进攻。

与此同时，进攻居庸关的5万瓦剌军也遭到守关明军的顽强抵抗，被迫撤退。

也先见北京城防守严密，屡战不利，手中的明英宗又失去了要挟的作用，在得到中路军兵败居庸关的消息后，又获悉各地勤王军即将到达，他害怕后路被

德胜门 始建于1437年，明清北京城内城九门之一，是由城楼、箭楼、闸楼和瓮城等组成的群体军事防御建筑。元为健德门，为出兵征战之门，寄语于"德胜"二字。此后，历代都对城门和箭楼进行维修。德胜门自古就是北京重要的交通枢纽。明清两代，德胜门正面迎击来自北方的军事入侵，是北京城最重要的城防阵地。这里曾经发生过著名的北京保卫战。

■ 明英宗朱祁镇（1427—1464），明朝第六位皇帝，谥号"法天立道仁明诚敬昭文宪武至德广孝睿皇帝"。在位期间，继续推行仁宣朝各项政策，社会经济有所发展。瓦剌入犯时，听从王振之言亲征，抵土木堡兵败被俘，后来被释回京。

切断，于15日夜间偷偷拔营撤走。

于谦发现也先撤军，立即派石亨等集中火炮轰击，并急令明军乘胜追击，又在固安、霸县歼灭瓦剌军万余人，擒获其将领48人，夺回被掳人口、牲畜数以万计。

至此，北京保卫战取得了完全的胜利。

瓦剌败退后，于谦继续加强北方边镇的防务。也先几次出兵南犯，都被击退。在武战不胜、求和不成的情况下，瓦剌被迫于1450年8月无条件释放明英宗回朝，恢复了对明代的臣属关系。

其后，瓦剌内部矛盾不断加剧，势力渐衰，明朝北方边境的威胁得以解除。

阅读链接

于谦是明朝有名的清官，深得老百姓的爱戴，被尊称为"于青天"。

于谦六十岁寿辰那天，门口送礼的人络绎不绝。于谦叮嘱管家，一概不收寿礼。就连皇上派人送的一只玉猫金座钟，也被拒之门外。

于谦办事铁面无私，清廉不贿，得罪了朝廷中一些贪官。后来于谦在贪官的诬陷下，被皇帝罢了官，还要问他的罪。

于谦在牢里写下了这样一首诗："千锤万击出深山，烈火焚烧若等闲。粉身碎骨浑不怕，要留清白在人间。"

第一次反侵略的抗倭之战

明代抗倭之战是中国历史上第一次反侵略战争，从1555年开始的人民抗倭斗争，到1563年民族英雄戚继光率领的"戚家军"打败倭寇，前后历经八年，最终取得了抗倭战争的胜利。平定倭患，维护了民族尊严和国家主权，使人们能安居乐业，发展生产。

此次军民抗倭战争的胜利，基本上消除了明代近200年的倭患，是抗击外来侵略、保卫祖国海疆的著名范例，也为中国海防建设提供了宝贵的历史经验。

■ 明抗倭将领戚继光画像

■ 戚继光 （1528—1588），字元敬，号南塘，晚号孟诸，山东登州人。明代著名抗倭将领、军事家，卒谥"武毅"。率军之日于浙、闽、粤沿海诸地抗击来犯倭寇，历十余年，大小八十余战，终于扫平倭寇之患，被誉为民族英雄，世人称其带领的军队为"戚家军"。

元末明初，日本正处在南北朝分裂时期，封建诸侯割据，互相攻伐。在战争中失败了的封建主，就组织武士、商人、浪人到中国沿海地区进行武装走私和抢掠骚扰，历史上称为"倭寇"。

明初，国力强盛，重视海防设置，因此，倭寇未能酿成大患。

明正统以后，海防松弛，加之沿海一带私人经营的海上贸易十分活跃，倭寇祸患越来越严重。这些海商大贾、浙闽大姓为了牟取暴利，不顾朝廷的海禁命令，和"番舶夷商"相互贩卖货物。

他们成群分党，形成海上武装走私集团，有的甚至亡命海外，勾结日本各岛的倭寇，于沿海劫掠。这些海盗商人与倭寇勾结，使得倭患愈演愈烈。

1555年5月，由汉、壮、苗、瑶等族人民组成的抗倭军队，在明爱国将领张经的领导下，于浙江嘉兴北的王江泾大破倭寇。这是抗倭战争取得最大胜利的一次，称为"自有倭患来，此为战功第一"。

同年秋天，明朝著名抗倭将领戚继光从山东调到浙江御倭前线，任卫指挥金事。次年被推荐为参将，镇守宁波、绍兴、台州三府，不久又改守台州、金

张经 （1492—1555），字廷彝，号半洲，福建侯官县人。谥"襄敏"。在东南倭寇猖獗时，明政府命张经总督江南、江北、浙江、山东、福建、湖广诸军，专办讨倭，便宜行事。张经选将练兵，并请调狼筅兵和土兵，获得王江泾大捷。

源远流长的历史文化

华、严州三府。这些地区是倭寇时常出没、遭受倭患最严重的地方。

戚继光到任后，决定招募新军。经过几个月的严密组织和艰苦训练，他建立起一支以义乌农民和矿夫为主的3000人的新军，并创造了"鸳鸯阵"的战术，用以训练士兵。这支军队英勇善战，屡立战功，被誉为"戚家军"。

1561年，倭寇五十余艘船，二千余人聚集于宁波、绍兴海面伺机入侵。戚继光立即督舟师出巡海上。倭寇遂离开台州防区骚扰奉化、宁海，以吸引明军，而后乘机进犯台州。

戚继光将军队一部守台州，一部守海门，自率主力赴宁海。倭寇侦知戚家军主力去宁海，台州空虚，遂分兵三路分别进攻台州桃渚、新河、沂头。戚继光部署兵力，与敌人展开了台州大战。

■ 明将领戚继光指挥作战画面

源远流长的历史文化

■ 戚家军杀敌塑像

4月24日，倭寇大肆抢掠新河城外各地。城内精壮士兵大都出征，留守者人心惶惶。戚继光夫人挺身而出，发动妇女守城，迫使倭寇不敢贸然逼近。25日，在宁海的戚继光令胡守仁率部驰援新河。

26日，倭寇逼近新河城下。这时，援军赶到，双方展开激战。入夜，戚家军打败倭寇，残倭从铁岭方向逃走。次日，戚家军乘胜追击，将残倭打得落花流水。

戚继光击败宁海之倭后，听说进犯桃渚之敌焚舟南流，改进精进寺。他认为敌人这样做，是想乘虚侵犯台州府城，于是挥师南下，决定急行军先敌到达府城。于是，双方于离城仅一千米的花街展开激战。

戚家军前锋以火器进攻，杀死敌人前锋头目，敌人主力大败退逃。戚家军即分兵两路猛追，将一股敌人击沉于江水中，另一股歼灭于新桥。只一顿午饭的工夫就结束了战斗，战果颇丰。

明代军民携手抗倭场景

　　5月1日，泊于健跳沂头海面的倭寇进至台州府城东北的大田镇，妄图劫掠府城。戚继光率军人在大田岭设伏，与倭寇对峙。敌人闻有备，遂逃至大田，欲窜犯仙居，劫掠处州。

　　大田至仙居必经上峰山，山南是一狭长谷地，便于伏击敌人。戚继光先敌人到达上峰岭，令每人执松枝一束隐蔽身体，严阵待敌。倭寇列10千米长队向仙居方向行进。

　　戚家军待倭寇进入伏击圈，鸟铳齐发，并列成一头两翼一尾阵，居高临下，勇猛冲杀。倭寇措手不及，仓皇应战，当即有数百人缴械投降。余倭被迫退至白水洋朱家大院，被戚家军全部歼灭。

　　5月15日，戚家军又取得了藤岭战斗的胜利。5月20日，消灭了窜犯宁海以北团前、团后占据长沙之倭寇。从四月下旬开始，戚家军以少敌众，在一个多月的时间里连续取得了新河、花街、上峰岭、藤岭、长沙等战斗的胜利，消灭倭寇数千人，使侵犯台州的倭寇遭到毁灭性的打击。

倭寇窜犯宁波、温州，戚家军和其他明军配合，全歼倭贼，此后，倭寇未再大规模进犯台州地区，浙江的倭患基本平息。浙江的倭患平息后，倭寇纷纷南下骚扰福建，福建成为倭患中心。

1562年7月，戚继光被派往福建剿倭。他入闽碰到的第一个倭巢是横屿，这是福建宁德县城东北海中的一个小岛，岛上倭寇有数千人，盘踞数年，明军无可奈何。

戚继光决心攻拔这一据点。他让士兵每人拿一束草，随进随用草填泥，士兵摆成鸳鸯阵，戚亲自击鼓，士兵在战鼓声中踏草前进。

上岸后，士兵奋勇当先，与倭寇展开激战。后续部队也涉过泥滩，双方夹击，乱了敌倭的阵势，很快占领了倭巢，并将其焚毁。此战取得了入闽抗倭的第一次胜利。

横屿之战后，戚家军在宁德稍作休整，便向福清

明代福建沿岸军民同仇敌忾抗倭场景

戚继光操练水军图

挺进，相继攻拔福清境内的数个倭穴。8月29日抵达福清城，9月2日于福清牛田大败倭寇，大部歼灭。

9月13日，奇袭盘踞林墩的倭贼，消灭了兴化一带的倭贼。10月间，戚家军班师回浙江，从事休整和补充兵员，以俟再战。

戚继光回浙后，倭寇又大肆劫掠福建沿海，攻陷兴化府城，在城中无恶不作，盘踞两个多月才弃空城退出，经岐头攻陷平海卫，以此为巢，四出骚扰。

福建再次面临倭患的威胁。明政府调新任福建总兵俞大猷和先期援闽的广东总兵刘显与戚继光一道抗击闽倭。

1563年4月，戚继光抵达福建，立即察看倭巢地形。在攻击平海卫倭寇的战斗中，戚家军为中军，担任正面进攻，俞大猷为右军，刘显为左军，从两翼配合攻击。

4月21日，戚家军以一部为前导分兵三路，以火器打乱倭贼的前锋骑兵，乘势发动猛攻，两翼部队投入战斗。倭寇三面受敌，狼狈窜回老巢。三路明军乘胜追击，将敌人围困巢中，并用火攻，荡平了倭巢。

平海卫之战后，戚继光又率部消灭了原侵扰政和、寿宁的倭寇。

明代戚继光所创戚家刀

随后，又相继大败倭寇于仙游城下、同安王仓坪和漳浦蔡不岭，斩获颇多。于是，福建倭患基本平定。此外，戚继光与俞大猷配合，歼灭了广东的倭寇。

至此，明东南沿海抗倭之战取得了最后胜利。

戚继光率领戚家军实现了他的灭倭志向。在剿倭战争中，戚继光与士兵同甘共苦，严格要求士兵不准扰害百姓，做到兵民相体。

在战略战术上，攻其不备，出其不意，进攻重集中兵力打歼灭战，防御重积极主动而不是机械地死守，在防御中伺机反攻。

创造了独树一帜的"鸳鸯阵"，发挥集体互助、长短兵器结合的机动、灵活、严密的作战力量，有效地打击敌人。

这是戚家军屡败倭寇的重要原因，也是戚继光和戚家军留给后人的一份宝贵财富。

阅读链接

1562 年，一伙倭寇扎营在福建宁德边的横屿上，小岛四面环水，退潮时尽是泥沼。倭寇凭借有利地形，在岛上又修筑了坚固的工事，陆军难以进攻，水军也无法靠近。

为了消灭这股敌人，戚继光察看地形后，制订了陆军进攻的方案。他命令战士们在海水退潮时，快速地在烂泥上铺上稻草，冲上横屿。

天降神兵，倭寇毫无准备，经过短暂的激战，敌人被戚家军全歼，倭寇盘踞三年的横屿被一举收复。戚家军从此威名远扬，倭寇称戚家军为"戚虎"。

中国古代的兵器经历了漫长的发展变化过程。从最初的石兵器，到夏代的青铜兵器、战国末期的铁兵器，再到北宋的火器，其发展进程是一脉相承又各具特色的。

特别是冷兵器时代的火攻战术，促使古代炼丹家发明的火药很快应用于军事，并发展成为北宋的火器。南宋的火枪发展为元代的铜火铳，铜火铳又很快发展为明初的大铁炮，使中国古代兵器形成了鲜明独特的风格。

中国古代兵器的成就对世界兵器的发展做出了贡献，特别是火药和火器的发明，促使世界军事技术发生了一次革命，为近代枪、炮的发展开辟了道路。

历代兵器

夏商周时期青铜兵器

夏代是中国青铜时代的开始，但这一时期青铜兵器的数量不多，主要仍使用石、骨、木制等原始兵器。

商周时期，由于战争的需要，人们对兵器的数量和质量都提出了新的要求，为了更好地保护自身，还用青铜制造了各种防护装备。

这一时期青铜兵器的出现，不仅是中国古代军事技术上的重要成就，也反映了中国古代青铜冶炼业的辉煌。

■夏代青铜兵器

兵器的水平是与生产技术，尤其是与手工业生产技术水平相适应的。大量的考古材料说明，在中国夏王朝统辖的黄河流域，农业生产工具在制作上比以前有了较大改进，出现了石镰、蚌锄、蚌镰等。

先进生产工具的广泛使用，不仅使农业生产有了很大进步，同时也促进了其他行业的形成。在这之中，夏代的青铜冶炼和青铜器的制作达到了一定的水平，使得当时的兵器也有了新的发展。

从二里头遗址出土的情况来看，夏代兵器的种类，除原始社会末期就已出现的刀、匕首、矛头、锥、戈、镞、斧、铲、棒等形制外，还出现了护身的甲和用于作战的兵车。其中箭头的数量明显增多，质料和制作技术有了新的发展。

夏代的箭镞不仅有石质、骨质和蚌壳质的，而且还有铜质的。在制作上也极精到，有的镞身断面呈三角形，脊和两翼刻有血槽，铜镞和制作精良的骨、蚌镞使得弓箭的威力大大提高。

弓箭杀伤力的增强，必然促进防护具的产生和发展。这就是甲的出现。相传甲是夏代第七位夏后杼发明的，主要用于防护前胸后背和手臂。

杼是夏王姒少康的儿子，他在协助父亲攻灭东夷首领后羿、寒浞势力时，由于东夷人擅长射箭，弓箭十分厉害，杼的军队被善于射箭的东夷人用弓箭抵挡，遭受损失，无法前进。

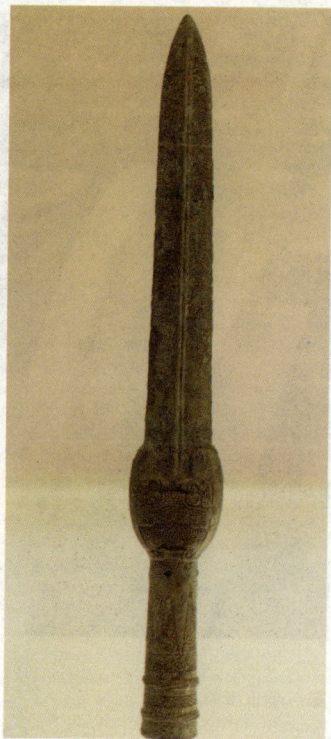

■ 夏代青铜矛

二里头遗址 位于河南偃师市翟镇二里头村。考古发掘和研究情况表明，这里是公元前2000年前半叶中国乃至东亚地区最大的聚落，拥有目前所知中国最早的宫殿建筑群、青铜礼器群及青铜冶铸作坊，是迄今为止可确认的中国最早的王国都城遗址。

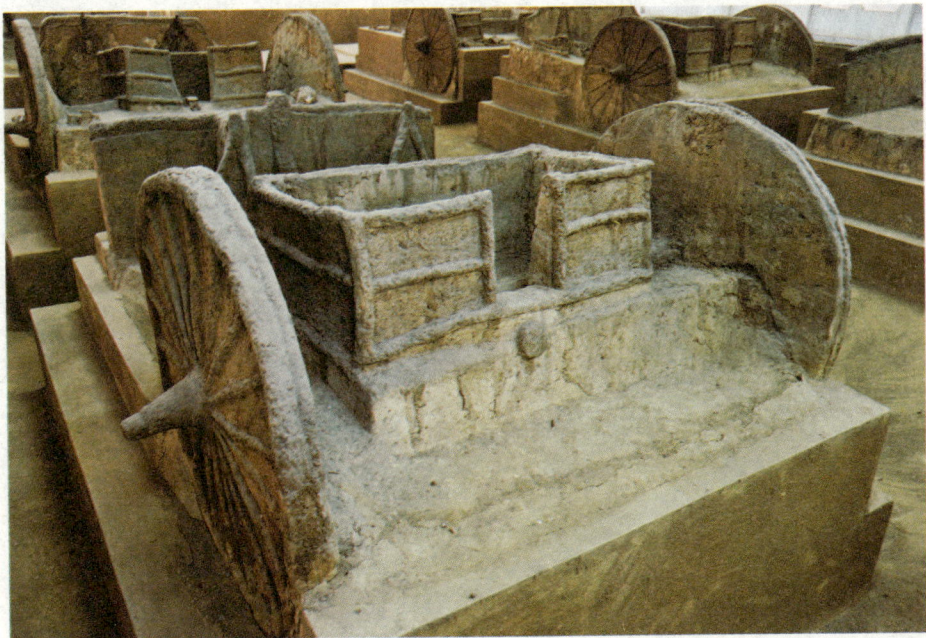

源远流长的历史文化

■ 殷墟出土的战车

夏禹（？—前1978），中国传说时代与尧、舜齐名的贤圣帝王，他最卓著的功绩，就是历来被传颂的治理滔天洪水，又划定中国国土为九州。大禹姓姒，名文命，古涂山氏国（今安徽怀远）人，因治水有功，后人称他为大禹，也就是伟大的禹的意思。后来，大禹创建了中国第一个世袭王朝——夏朝，因此，后人也称他为夏禹。

退回国都后，杼发明了用兽皮制作甲，兵士穿上后，不畏弓箭，能阻挡敌人的刀砍箭射，战斗力大大增强，东夷人弓箭优势不复存在。身穿铠甲的夏人终于灭了东夷。

车作为一种作战用具，在原始社会就已出现，夏代车已被用于作战。

关于当时战车的型制，史籍却没有详载，据《管子·形势篇》记载："奚仲之为车器也，方、圆、曲、直皆中规矩钩绳，故相旋相得，用之牢利，成器坚固。"

说明夏禹时制车技术已经很高超，至夏代战车的制作技术又高于夏禹之时，更加牢靠坚固，因此广泛用于作战。

兵车作为一种新的武器装备，使兵制和作战技术发生了新的变化，即出现了新的兵种车兵，以及因兵车作战的特殊性而产生的车兵战术。

就总体而言，毕竟夏代的社会生产力还比较低，当时用于装备军队的兵器仍以弓箭和木石制作的兵器为主，即仍处于石兵器占统治地位的时代。甲和兵车虽已出现，但其数量是很有限的。

商周时期，军队与战争规模扩大，对兵器的数量和质量提出了新的要求，为避免遭到更大杀伤，还开始用青铜制造各种防护装备。与此同时，商周青铜冶铸技术的发明和发展，也为制造青铜兵器和青铜防护装备创造了条件。

商周时期的兵器，按用途可分为远射兵器、格斗兵器、护体兵器三类。年代最早的青铜兵器出土于河南偃师二里头遗址，为早商遗物，有远射兵器中的箭镞和格斗兵器的戈等。后随实战需要，又产生出不同的进攻性兵器。

商周时期兵器的种类大体有镞、戈、矛、戟、殳、钺、剑等。

镞为远射兵器。商周时已使用了复合弓，并在矢上安装铜镞。商代的铜镞以扁平的凸脊双翼镞为基本形态，两翼侧刃前聚成锋向后形成倒刺。

西周时仍使用双翼镞，但镞锋夹角增大，倒刺更加尖锐。东周时开始出现锥体三棱形镞，三条侧刃前聚成锋，提高了穿透力。以后又把镞铤改为铁质，这种铁铤铜镞在战国晚期的遗址中常有出土。

戈是商周时的主要格斗兵器，在有锋刃的"援"后接安的

■ 商代青铜戈

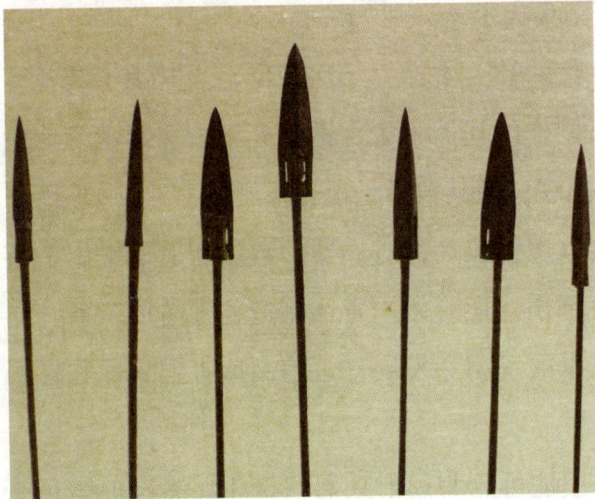
箭

源远流长的历史文化

妇好 商王武丁的妻子，中国历史上能从甲骨文上可查的第一位女性军事统帅，同时也是一位杰出的女政治家。她不仅能够率领军队东征西讨为武丁拓展疆土，而且还主持着武丁朝的各种祭祀活动。因此武丁十分喜欢她，她去世后武丁悲痛不已，追谥曰"辛"，商朝的后人们尊称她为"母辛""后母辛"。妇好墓于1976年河南安阳殷墟发现。

"内"，就是柄，垂直装，用于横击、钩杀和啄击。商代的戈有曲内、銎内、直内等式。西周末到春秋时，戈在制作工艺上有所改进。

商周戈的长短，与使用的不同有关，一般来说，战车上用的戈较长，步战用的戈较短。

矛是格斗用的长柄刺兵器。商代铜矛一般有中脊，向左右扩展，成带侧刃的扁体矛叶，然后前聚成锋，矛直通中脊，有的叶下侧设穿，有的左右两侧设环以缚扎固矜。

西周以后，矛加长，矛叶变窄，通体呈叶状。至东周末年也与镞同样，出现锥体状的矛，由棱线上伸出的侧刃前聚成锋。

戟是戈和矛相结合而创制的格斗兵器。以戈为体、矛为刺，兼有横击、钩啄和扎刺的性能。最早尝试将矛和戈用联装成一件兵器的例子，见于河北藁城台西的商墓中。

西周时期出现了刺体合铸的戟，少数以銎纳銎，多数采用长胡多穿的形式缚。东周时期刺体合铸的戟消失，普遍使用矛状戟刺和戈状戟体联装的青铜戟。

殳出现在春秋晚期，是一种棒状的格斗兵器。在南方江淮流域的楚、蔡等国，在3米多长的八棱形积竹柄顶端，装有一个青铜殳头，殳头刃部一般呈三棱矛状、锋利异常，可以刺杀，也可以砸击。

一些殳在柄上的中前段还套装有第二个带刺的铜箍，是一种很有威力的车战兵器。殳的金属首多为青铜制，可分有尖锋的实战用"锐殳"和无尖锋的仪仗用"晋殳"两类。

殳主要用于车战，在两军车马交错冲撞时使其分开，故有棱而无刃。

钺是用于劈砍的格斗兵器。为弧曲阔刃、两角上翘的斧形。商周时期多作为统帅权威的象征，如殷墟的妇好墓中出土两件铜钺，一件刃宽达0.37米，重达8500克；另一件刃宽0.38米，重9000克。器身均铸有"妇好"铭文，应是权威的象征。但也可用于刑杀。

剑以前刺为主，也可用侧刃劈砍的卫体和格斗兵器。西周时的铜剑很短，不过二三十厘米，仅能充护体兵器之用。

东周时期的铜剑有较大发展。它们制作精良，长度超过0.5米，剑身修长，有中脊，两侧出刃，刃作两度弧曲状，顶端收聚成尖锋。

最著名的是湖北江陵楚墓出土的越王勾践剑，是东周名剑中的精品。

越王勾践剑通高0.55

勾践（约前520—前465），姓姒，名勾践，又名菼执，大禹后裔。春秋末越国国君，公元前496年至公元前465年在位。勾践曾败于吴国，越国屈服求和，后来卧薪尝胆，发愤图强，使越之国力渐渐恢复起来。可是吴国对此却毫不警惕。勾践在公元前473年灭吴。

■ 妇好墓出土的青铜钺

■ 勾践剑

鸟篆 篆书的一种，笔画由鸟形替代，不仅装饰风格独特，更有深刻的象征意义。以飞鸟入书表达了中国古人所推崇的一种为人之道，候鸟守冬去春来之信，"信"是鸟篆的意义所在。鸟不仅代表守信的人格，也是信息传递迅速的象征。

米，宽0.046米，柄长0.084米，重875克。剑上用鸟篆铭文刻了八个字："越王勾践自作用剑"。专家通过对剑身八个鸟篆铭文的解读，证明此剑就是传说中的越王勾践剑。

商周青铜兵器除上述几种外，还有用于防护的铜胄，用于鼓舞阵势的铜铙，等等。它们同样制作工艺精湛，并在实战中发挥了重要作用。

这一时期绚烂夺目的青铜兵器，不仅是中国古代军事技术的成就，也昭示着商周青铜冶铸业的辉煌，是中国古代文明的物质见证。

阅读链接

欧冶子是春秋战国时期越国人，是中国古代铸剑的鼻祖。

他曾为越王勾践铸五剑，名湛卢、纯钩、胜邪、鱼肠、巨阙。这一系列赫赫青铜名剑，冠绝华夏，在当时称雄称霸的实战中显示了无穷的威力与震撼人心的艺术魅力。

剑在春秋以后的战争中，逐渐从作为实战的短兵器过渡为军官的一种佩饰，剑的铸造也从注重其实战功能转变为注重其外观造型。欧冶子铸就的系列"越王剑"，成了中国古代特定历史时期短兵器制造的杰出代表。

汉代兴起的铁制兵器

汉代的炼铁技术已经十分成熟，汉代的铁兵器已经在性能上压倒了铜兵器。当时青铜的性能已经发展到了极限，而铁器的潜力深不可测。

秦统一后，军队的武器装备逐渐由原来的青铜兵器过渡到性能更好的铁器，但这一过程到汉代才完成。

随着汉代冶铁技术和锻钢工艺的进步，至西汉末期，铁制兵器已逐渐盛行，青铜兵器开始退出战争舞台，冷兵器进入鼎盛时期。

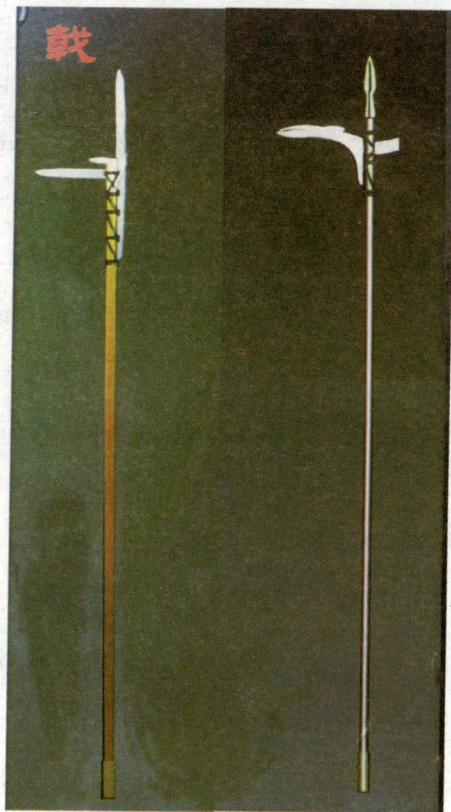

戟

■ 汉代兵器戟

汉代兵器——镞

中国是世界上最早发现和使用铁的国家之一。相传商代中期，华北地区有一位兵器制造师，无意中发现了几块十分坚硬的陨铁。他在铸造铜钺时将陨铁熔化，制成了一把铁铜钺。

偶尔得到的陨铁难以满足大量制作兵器的需要，而自然界中所有的铁都是以化合物存在的，必须经过冶炼。因此，古人进行了大胆探索和实践，冶炼技术在汉代取得了突破性的进展。

汉代新的冶铁技术使铁兵器的质量和形制及种类也不断发展、完善，其形状逐渐趋于统一和定型。比如，汉代的格斗兵器有铍、戟、矛、刀、剑等，远射兵器有弩和弓等，防护装备有铠甲和盾牌等。汉代铁剑的制作最能代表当时的铁兵器制作水平。

汉代制作铁剑的基本工艺是锻打，这与青铜剑采用铸造的工艺完全不同。锻打不仅起加工成型的作用，而且反复锻打能使组织致密，成分均匀，夹杂物减少并细化，因而提高了钢铁的质量。

汉代的锻打技术一般采用以下几种方法：

一是以块炼铁直接锻制。汉代由人工冶炼获得的铁料是块炼铁，它是在较低的冶炼温度下，由铁矿石固态还原获得的铁块，含有大量脉石渣子，须通过

弩 中国古代的一种冷兵器，兵车战法中的重要组成部分，也是步兵有效克制骑兵的一种武器。弩也被称作"窝弓""十字弓"。它是一种装有臂的弓，主要由弩臂、弩弓、弓弦和弩机等部分组成。虽然弩的装填时间比弓长很多，但是它比弓的射程更远，杀伤力更强，命中率更高，对使用者的要求也比较低，是古代一种大威力的远距离杀伤武器。

锻打挤出。而在锻打之前，疏松多孔，因此又被称为"海绵铁"。

二是以块炼铁渗碳锻制。这一方法在春秋时期已被采取。西汉时期，制剑主要沿用这种方法。

刘胜墓出土的一件长剑和一件短剑，经检测都是以"块炼铁渗碳"后折叠锻打而成，所用原料和渗碳方法与燕下都钢剑相同。但钢的质量有很大提高，表现为非金属的夹杂物减少，细化，断面上高碳和低碳的层次增多。而每层的厚度减小，碳含量的差别减小，组织比较均匀，主要原因是增加了加热折叠锻打的次数。最后，两剑的刃部都进行了淬火。

三是以炒钢或熟铁锻制。西汉后期，出现了用生铁炼钢的"炒钢"技术。它是把生铁加热到熔化或基本熔化状态，在熔池中加以搅拌，借助于空气中的氧把生铁所含的碳氧化掉，从而成为钢或熟铁。

前者是有控制地把生铁炒炼到需要的含碳量，也就是钢；后者是不加控制地一炒到底，含碳量极低。用生产效率很高的生铁作为制钢的材料，这是炼钢史上的一次革命。

炒钢产品的成分均匀，夹杂物一般比较细小，分布也比较均匀，质量优于块炼渗碳钢。而且，当时的生铁冶炼已达到较高水平，炒钢以丰富的生铁为原料，

■ 汉代兵器——戈

■ 汉代铁戟

镞 安装在箭杆前端的锋刃部分。镞之横截面作三角形，狭刃，十分锋利。其中青铜镞属最早出现的青铜兵器之一，其形制较多，主要有双翼、三翼与三棱三类，随着时代的发展而有所变化。战国时期，远射的三棱矢镞已改成铁铤。

高碳钢 把生铁加热到液态或半液态，利用鼓风或撒入精矿粉等方法，令硅、锰、碳氧化，把含碳量降低到钢和熟铁的成分范围。迄今世界上年代最早的炒钢冶金技术，在中国西汉早期就已发明和广泛应用了。

产量和效率都较高，能够满足社会的广泛需要。

于是，熟铁或炒钢便成为制剑的新材料，或以熟铁为原料，经过渗碳叠打钢剑，或以炒钢为原料，反复加热，折叠锻打，最后制作成剑。

以炒钢产品制作刀剑在东汉时期已经普及。

1978年在江苏省徐州铜山东汉墓出土一件铁剑，经检测，是用含碳量较高的炒钢为原料经多次加热叠打制成。

1974年在山东苍山东汉墓出土一把一环首长刀，经检测分析，也是用炒钢为原料反复折叠锻打而成。

四是以铸铁脱碳钢锻制。铸铁脱碳是中国古代独有的一种生铁炼钢的方法，它是将白口生铁铸件在固态就进行脱碳退火，从而获得至高碳钢、中碳钢和低碳钢。

这种方法的特点是通过掌握时间来有控制地脱碳，由于生铁中多余的碳被氧化成气体跑掉了，从而成为全钢组织。而且基本不析出石墨或只析出很少的石墨。

铸铁脱碳钢保留了生铁夹杂物少的优点，组织均匀，质地纯正。目前所知最早的铸铁脱碳钢件是刘胜墓出土的六件铁镞。刘胜去世于公元前113年，可知这种炼钢方法最迟在公元前2世纪末叶已经出现。

汉代的铸铁脱碳钢器物是用两种方法制成的。一种是以生铁铸造成坯，然后脱碳成钢，再以简单加工，如加热弯折，对刃部进行局部渗碳、锻打等。这种方法被广泛用于制造生产工具和生活用具，如河南渑池出土的汉魏窖藏铁器中的钢斧等。

另一种方法是将生铁铸造成薄板状，然后脱碳得到成形式形钢材，将钢材经过反复加热锻打。器物、刀剑等兵器，皆如此制作。

过去在郑州古荥镇、南阳瓦房庄、鲁山望城岗等汉代冶铁遗址中曾出土了大量形铸铁板，就都是已经脱碳的钢材。目前也发现了用铸铁脱碳钢锻造成的刀剑，如北京大葆台西汉墓中出土的一把环首铁刀，河南省巩义市铁生沟汉代冶铁遗址中出土的一把铁剑。

以上所述，为汉代铁剑的一般制作技术。两汉时期，一些优质刀剑的制作还采用了几项先进的工艺。

一是局部淬火工艺。钢剑淬火工艺出现于战国时

■ 汉代铁剑

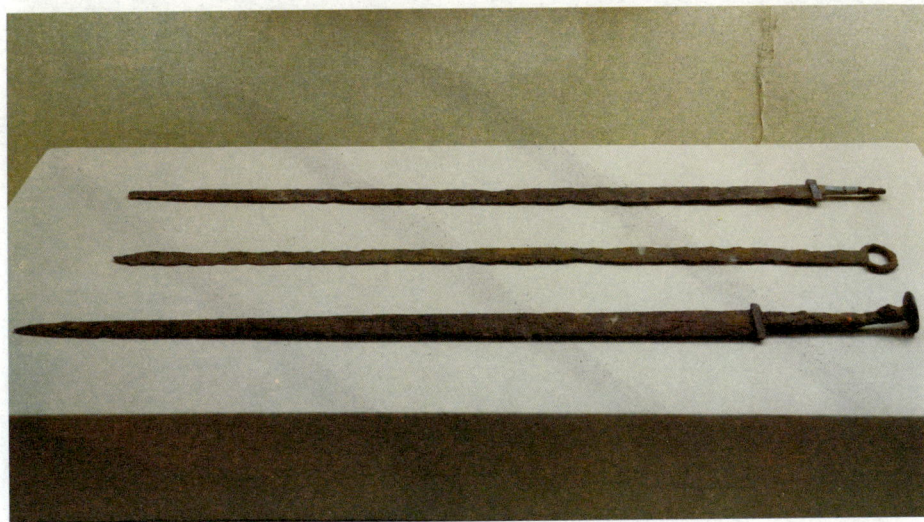

淬火 将金属工件加热到某一适当温度并保持一段时间，随即浸入淬冷介质中快速冷却的金属热处理工艺。常用的淬冷介质有盐水、水、矿物油、空气等。淬火可以提高金属工件的硬度及耐磨性，因而广泛用于各种工、模、量具及要求表面耐磨的零件。这说明中国古代的冶炼技术已经达到一个新的水平。

期。经检测，燕下都遗址出土的战国末年钢剑，被验证曾经加热至900℃以上进行淬火，这是已知的中国古代最早的淬火钢器。

西汉时又有发展，产生了只将刀剑刃部进行淬火的新工艺。由于刃部经过淬火，因而具有很高的硬度，极其锋利。而刀剑的脊部因未经淬火，硬度较低，保持了较好的韧性，不易断折。

二是表面渗碳工艺。满城刘胜墓出土的错金书刀，经检测是经块炼铁为原料，经渗碳、叠打制成的低碳钢件。它在锻打成型并经磨制以后，又进行了表面渗碳，从而使刀的表层组织含碳较高，更加坚硬。

同墓所出的一把钢剑经检测也经过表面渗碳，表层碳含量在0.6%以上，高于心部高碳层0.5%至0.6%的含碳量。

三是百炼钢工艺。1974年山东省苍山出土的东汉钢刀，1978年江苏省徐州铜山出土的东汉钢剑，都是以炒钢为原料，经过反复加热折叠锻打而成。

■ 汉代铁制兵器

汉代铁铤

而刀剑上的铭文，据说不是简单的层数概念，而应是代表了一定的工艺质量和标准。可见，刀剑加热叠锻工艺在那时已经发展到了一个新的水平。

除了上述的冶铁工艺外，两汉时期，以鉴别剑刀优劣为务的相剑术也流行起来。而随着铁剑取代铜剑，相剑术的内容也由早期的相铜剑转而为相铁剑。这也从另一个角度证明了汉代冶炼技术已经提升到了理论层次。

正是由于汉代高超的冶铁技术，才使这些铁兵器在世界上堪称一绝，几乎将兵器制造技术上升到了艺术的境界。

阅读链接

《韩非子·说林上》记载了一则与相剑有关的故事：

曾从子是一位善相剑之人，客游卫国。

卫君怨吴王，曾从子就说："吴王好剑，我是相剑者，请大王让我去为吴王相剑，乘机将他刺死。"

卫君却说："你这样做并非缘于义，而是为了利。吴国富强，卫国贫弱，你如果真去了，恐怕反会为吴王用之于我。"于是卫君就将曾从子逐走了。

这个故事说明，春秋晚期已有相剑术。因为古代铜剑正是在这个时期趋于成熟兴盛，并在实践中得到了广泛应用。

明代高度发展的火器

中国古代对火器的研究相当出色，很早就开始了用火药来制造作战武器，比如利用火药进行燃烧、爆炸或发射弹丸等。这就是火药兵器，简称"火器"。

在中国，火器的使用从北宋时期就已经开始了，到了明代，中国传统火器的发展就达到了最高峰。在这近7个世纪的期间里，随着火药性能的提高和火器技术的不断进步，威力更大的火器就不断地问世，充分显示了中国古代劳动人民的智慧，同时也对世界武器的发展产生了深远的影响。

■ 明代火铳

■ 明代火铳

火器源于火药，火药是人类掌握的第一种爆炸物。火药起源于古代的炼丹术，它的发明首先要归功于中国古代的炼丹家们。"火"与"药"本不相干，是古代的炼丹家们对长生不老的追求，最终孕育了火药的诞生。火药是中国古代四大发明之一，是中华民族对世界文明的重要贡献。

自从火药诞生以后，人们就开始逐渐把它应用于武器制造中。比如唐末宋初发明的火药箭是中国火药应用于武器的早期形式。

北宋的《武经总要》记载有北宋士兵出身的军官唐福，制造出火箭、火球、火蒺藜这三种火器的火药配方。这是世界历史上最早冠以火药名称并直接应用于实战的武器。

北宋时，还有专门机构管理火药生产。宋敏求《东京记》记载的汴京的"火药作"，就是火药的制造工场。

由于战争频繁，火药技术不断改进，火药兵器得到了进一步发展。宋金战争中出现了铁火炮等爆炸性火器和火筒等管形火器。

四大发明 中国古代的四种发明，一般是指造纸术、指南针、火药、活字印刷术。这四种发明对中国古代的政治、经济、文化的发展产生了巨大的推动作用，对世界文明的发展史也产生了很大的影响。

朱元璋（1328—1398），原名朱重八，后取名兴宗。濠州钟离人。明朝开国皇帝，谥号"开天行道肇纪立极大圣至神仁文义武俊德成功高皇帝"，庙号太祖。朱元璋在位期间实行了抗击外侵、革新政治、发展生产、安定民生等一系列有利于社会前进的政策，在政治、经济、军事、思想等方面大力加强君主专制的中央集权统治，被人们称为"洪武之治"。

1126年金人攻打宋都，夜发"霹雳炮"，而宋代守将李纲也以炮对炮，使用一种名为"震天雷"的铁皮火炮。有人曾这样说："人类第一批炸药的试验场，就是宋金交战的中原大地。"

宋代初期虽已掌握了火药的生产技术，生产了性质不同的火药兵器，但仍属火器制造的初级阶段。至明代，才出现了中国传统火器发展的最高峰。明代火器不仅种类多，而且质量不断提高。

元末明初，明太祖朱元璋在重新统一全国的战争中，较多地使用了火铳作战，不但用于陆战攻坚，也用于水战之中。通过实战应用，对火铳的结构和性能有了新的认识和改进，至开国之初，铜火铳的制造达到了鼎盛时期，结构更趋合理，形成了比较规范的形制，数量也大大提高。

从北京、河北、内蒙古、山西等地出土的洪武年间制造的铜火铳来看，明代火器大致是前有细长的直体铳管，管口沿外加一道口箍，后接椭圆球状火药室。

药室后面为铳尾，它的后面有安柄的銎孔，銎孔

■ 元代铜火铳

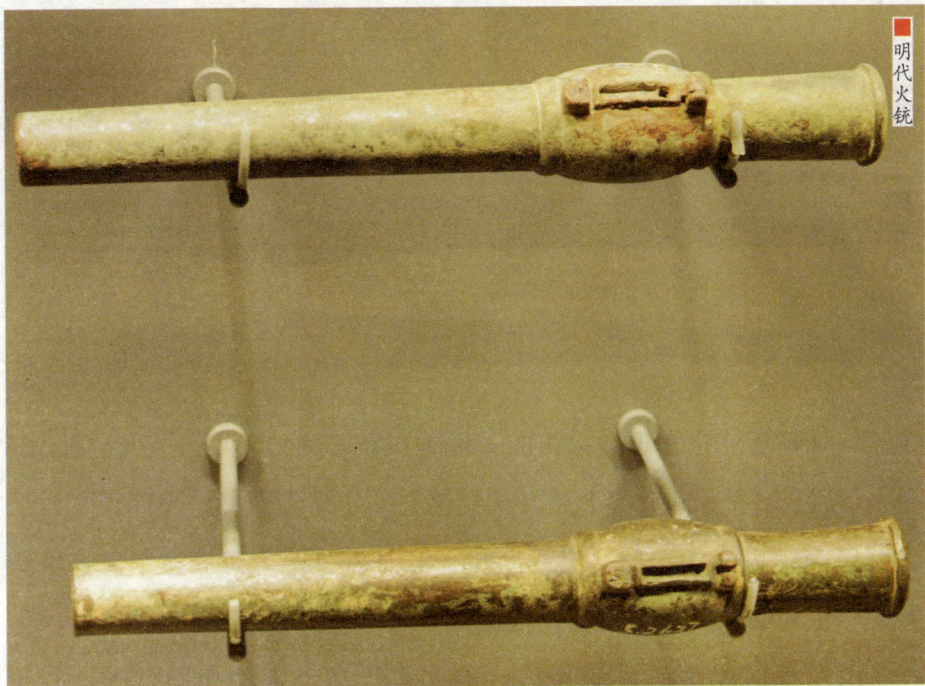

外口较粗，内底较细，銎口沿外也加了一道口箍。另在药室前侧加两道口箍，后一道加固箍。

河北省赤城县发现的1372年造的火铳，铳身长0.44米，口内径0.02米，外径0.02米。铳身刻铭文"骁骑右卫，胜字肆佰壹号长铳，筒重贰斤拾贰两。洪武五年八月吉日宝源造"。

将它与内蒙古托克托县黑城古遗址发现的三件有洪武纪年铭的火铳相比，可以看出它们的外形、结构和尺寸都大致相同。

托克托古城遗址出土的一号铳为1379年造，全长0.44米，口内径0.02米，为袁州卫军器局造；二号铳为1377年造，长0.44米，口内径0.02米，凤阳行府造；三号铳长0.43米，口内径0.02米，也是1377年凤阳行府造。

以上三件洪武火铳铸造地点虽不在一处，但形制、结构基本相同，说明当时各地铜铳的制造已相当规范化。

明洪武年间还有一类口径、体积都较大的火铳，也称"碗口

明永乐七年铜火铳

铳"。现藏于北京军事博物馆的一件碗口铳，为1372年铸造，全长0.36米，口径0.01米，重15.7千克，铳身铭文"水军左卫，进字四十二号，大碗口筒，重二十六斤，洪武五年十二月吉日，宝源局造"。这件火器碗口呈弧曲状，铳管较粗，药室很大。

山东地区发现的洪武年铸造的同类火铳，形状相同，唯口径更大，接近0.15米。口径增大，铳筒加粗而且药室加大，使明代的大碗口铳较以前同类铳装药量更大，装弹量和射程也相应增大，威力也更强了。

1368年，火铳由各卫所制造，如上述数件火铳，就包括袁州卫军器局造和凤阳行府造等。至明成祖朱棣称帝后，为加强朝廷集权和对武备的控制，将火铳重新改由朝廷统一监制。

明成祖时期的火铳制造数量和品种都较洪武时有了更大的增长，并提高了质量，改进了结构，使之更利于实战。

从1368年开始，整个明朝的军队普遍装备和使用各式火铳。据史书记载，1380年规定，在各地卫所驻军中，按编制总数的10%来装备火铳。

1393年规定，在水军每艘海运船上装备碗口铳4门、火枪20支、火攻箭和神机箭20支。明成祖时，更创立了专习枪炮的神机营，成为中国最早专用火器的新兵种。

明代各地的城关和要隘，也逐步配备了火铳。1387年，在云南的金齿、楚雄、品甸和澜沧江中道驻军，也配备了火铳加强守备。

1412年和1422年，明成祖令北京北部的开平、宣府、大同等处城池要塞架设炮架，备以火铳。至嘉靖年间，北方长城沿线要隘，几乎全部构筑了安置盏口铳和碗口铳的防御设施。

火铳的大量使用，标志着明代火器的威力已发展到一个较高的水平。但是，火铳也还存在着装填费时、发射速度慢、射击不准确等明显的缺陷，因此只能部分取代冷兵器。而在明代军队的全部装备中，冷兵器仍占有重要的地位。

16世纪初，西方先进的火器制造技术开始传入中国，进一步推动了明代火器的发展。尤以佛郎机、红夷炮、鸟铳等影响最大。

佛郎机本是明代对葡萄牙、西班牙等国人的

神机营 明代京城禁卫军中三大营之一，是明代军队中专门掌管火器的特殊部队，也是中国和世界上最早建立的火器部队。神机营担负着"内卫京师，外备征战"的重任，主管操练火器及随驾护卫马队官兵，它是朝廷直接指挥的战略机动部队。清代沿明制，神机营常守卫于紫禁城及三海，皇帝巡行时亦扈从。

克敌利器

历代兵器

■ 明代火炮

源
远
流
长
的
历
史
文
化

■ 明永乐七年制火铳

赵士桢（约1553—1611），明代杰出的火器研制专家。他一生中研制改进了多种火器，而且善书能诗，还著有《神器谱》《神器杂说》《神器谱或问》《防房车铳议》等关于火器研制开发、使用训练等方面的论著，是中国古代科技史上不可多得的人才。

统称。

1521年，白沙巡抚何儒从来华的葡萄牙船上看到一种火炮，与明军火炮相比，具有装填弹药方便、发射速度快和装有瞄准具等优点，便组织船上的中国籍枪炮匠上岸仿造，取名"佛郎机"。

红夷炮号称"将军炮"，明末引进西方技术制造，带有炮耳和瞄准具，可以调节射程，炮身寿命长，大型者重1600千克，射程可以达到1.9千米，应该是这一类武器的极限了。

明代将军炮在铸造时，通过增加箍来防止炸膛。1626年袁崇焕使用这种火炮打败后金，取得了宁远之战的胜利，努尔哈赤也被红夷大炮击伤。

鸟铳是明代对新式火绳枪的称呼，因为枪口大小如鸟嘴，故称为"鸟铳"，又称"鸟嘴铳"。清代改称"鸟枪"。

据记载，1558年，明朝廷一次就造鸟铳一万支。

而且，明代的鸟铳又有许多自己的创新。

在当时，杰出的火器研制家赵士桢，经过潜心研制，设计和试制了多种鸟铳，有噜密铳、翼虎铳、三长铳、掣电铳、迅雷铳、鹰扬铳、震叠铳、奇胜铳等。

其中噜密铳在尾部装有刀刃，在敌人逼近时可作斩马刀使用；震叠铳为双管火绳枪，与敌人作战时能连续发射两次，给敌人以重大杀伤；迅雷铳更是有五支枪管，共用一个枪机，轮流发射。

明朝嘉靖后期还研制了一种"连子铳"，它的铳身是用铜铁制造的，尾部安木柄，铳膛后部装填火药，火药事先装在一节一节的小纸筒中。

底部都用纸相隔，中通一孔，插一根火药线，药线相互连接。每节火药发射弹丸一枚，各纸筒自铳底首尾相接。

铳膛中部竖有一个铁筒，装满弹丸，先由第一节火药发射第一发弹丸，发射完后第二节火药会自动引燃，同时第二发弹丸可自动落入铳膛，正好被第二节火药发射出去，如此循环以实现连发。这种连子

■红衣大炮

铳已经具备了全自动枪械的雏形。

明代的爆炸性火器主要有地雷和水雷两类。地雷一般用陶瓷罐或铁罐装上炸药，再用药线接上引爆装置。"万弹地雷炮"和"伏地冲天雷"是明代著名的地雷。

水雷用木箱或铁壳密封，浮在水中等敌船靠近时，拉动引爆装置；或计算好药捻的燃尽时间，定时爆炸，攻击敌船。"水底雷"和"水底龙王炮"是明代著名的水雷。

明代的火箭已发展到相当高的水平，并已开始广泛应用于战场，被称为"军中利器"。当时的火箭种类繁多，性能先进，有多火药筒并列火箭、有翼火箭、多级火箭、多发齐射火箭等。它们是现代火箭的先驱。

中国古代火器尤其是明代火器的发明和应用，是中国古代人民在军事技术领域取得的最辉煌的成就，它对中国乃至世界军事发展史产生了深远的影响。不仅使战争面貌发生了根本性的变化，而且还促进了军队编制和装备的变革。

阅读链接

明代火器的大发展，朱元璋功不可没。

朱元璋最早与火器打交道时是在南渡长江的前夕，当时还驻军于江北的和州，多方招揽人才等待时机。

在此期间，有一个名叫焦玉的匠人前来求见，并献上几十支火龙枪。朱元璋命得力助手徐达在军中试射，证实这种武器能够洞穿一层皮革。

朱元璋非常高兴，认为拥有此枪取天下就更加容易了。后来，朱元璋还大力扶持和推广新式火器，使明军装备提升到了一个新台阶。

古代主要攻守城器械

自从城市出现以来，它一直是国家的政治、经济和文化中心。城市人口密集，资源丰富，地位显要，往往是历代兵家必争之地。可是，不论大小城市，几乎都有坚实的城墙，城外还挖有宽而深的城壕。因此，在战争中如何攻城便成了古代战争的难题。

随着战争的需要和科技的不断进步，攻城器械和守城器械也相应地发展起来。而攻城器械和守城器械的出现和应用无不显示出中国古代劳动人民的智慧，这在世界军事史上也具有重要意义。

■ 仿制的投石机

古代攻城战车

源远流长的历史文化

鲁班 真实姓名古籍记载有公输班、公输盘及公输般等，也有尊称公输子。春秋末叶著名工匠。由于在中国流传着许多他对建筑及木工等行业贡献的传说，认为是他设计的工具及建造法则被沿用至今，所以鲁班被后世奉为工匠祖师。

中国古代的城是封闭式的堡垒，不仅有牢固厚实高大的城墙和严密的城门，而且城墙每隔一定距离还修筑墩、台楼等设施，城墙外又设城壕及各种障碍器材。可以说是层层设防，壁垒森严。

围绕着攻城与守城，各种攻守器械在实战中被广泛应用。

在中国古代，攻城器械很多，包括攀登工具、挖掘工具以及破坏城墙和城门的工具等。汉代以来主要的攻城器械还有飞桥、云梯、巢车、辒辒车、临冲吕公车等。

飞桥是保障攻城部队通过城外护城河的一种器材，又叫"壕桥"。这种飞桥的制作方法很简单，用两根长圆木，在上面钉上木板，为搬运方便，在下面安上两个木轮就可以了。

如果壕沟较宽，还可将两个飞桥用转轴连接起来，成折叠式飞桥。搬运时将一节折放在后面的桥床上，使用时将前节放下，搭在河沟对岸，就是一座简易的壕桥。

云梯是一种攀登城墙的工具。一般由车轮、梯身、钩三部分组成。梯身可以上下仰俯，靠人力扛抬倚架到城墙壁上。梯顶端有钩，用来钩援城缘。梯身下装有车轮，可以移动。

相传云梯是春秋时的巧匠鲁班发明的，其实早在夏商周时就有了，当时取名叫"钩援"。春秋时的鲁班加以改进。

唐代的云梯比战国时期有了很大的改进。云梯底架以木为床，下置六轮，梯身以一定角度固定装置于底盘上，并在主梯之外增设了一具可以活动的副梯，顶端装有一对辘轳。登城时，云梯可以沿城墙壁

■ 古人攻城图

■ 西安古城楼上的云梯

曾公亮（998—1078），北宋著名政治家、军事家、军火家、思想家。封兖国公、鲁国公，卒赠太师、中书令，配享英宗庙廷，赐谥宣靖。曾公亮与丁度承旨编撰《武经总要》，为中国古代第一部官方编纂的军事科学百科全书。

自由地上下移动，不再需要人抬肩扛。

至宋代，云梯的结构又有了更大改进。据北宋曾公亮的《武经总要》记载，宋代云梯的主梯也分为两段，并采用了折叠式结构，中间以转轴连接。这种形制有点像当时通行的折叠式飞桥。同时，副梯也出现了多种形式，使登城接敌行动更加简便迅速。

为保障推梯人的安全，宋代云梯吸取了唐代云梯的改进经验，将云梯底部设计为四面有屏蔽的车型，用生牛皮加固外面，人员在棚内推车接近敌城墙时，可有效地抵御敌矢石的伤害。

巢车是一种专供观察敌情用的瞭望车。车底部装有轮子可以推动，车上用坚木竖起两根长柱，柱子顶端设一辘轳轴，用绳索系一小板屋于辘轳上。

板屋高3米，四面开有12个瞭望孔，外面蒙有生牛皮，以防敌人矢石破坏。屋内可容纳两人，通过辘轳车升高数丈，攻城时可观察城内敌兵的情况。

宋代出现了一种将望楼固定在高竿上的望楼车。这种车以坚木为竿，高近一米，顶端置板层，内容纳一人执白旗瞭望敌人动静，用简单的旗语同下面的将士通报敌情。

在使用中，将旗卷起表示无敌人，开旗则敌人来；旗杆平伸则敌人近，旗杆垂直则敌到；敌人退却将旗杆慢慢举起，敌人已退走又将旗卷起。

望楼车，车底有轮子可来回推动；竖杆上有脚踏橛，可供哨兵上下攀登；竖杆旁用粗绳索斜拉固定；望楼本身下面装有转轴，可四面旋转观察。

这种望楼车比巢车高大，观察视野开阔。后来随着观察器材的不断改进，置有固定的瞭望塔，观察敌情。

轒辒车也是一种古代攻城战的重要的工具，用以掩蔽攻城人员掘城墙、挖地道时免遭敌人矢石、纵火、木檑的伤害。

轒辒车是一种攻城作业车，车下有四轮，车上设一屋顶形木架，蒙有生牛皮，外涂泥浆，人员在其掩蔽下作业，也可用它运土填沟，等等。

攻城作业车种类很多，还有一种平顶木牛车，但车顶是平的，石块落下容易破坏车棚，因此南北朝时，改为等边三角形车顶，改名"尖头木驴车"。这种车可以更有效地避

■古代瞭望车

古代 望楼车

源远流长的历史文化

免敌人矢石的破坏。

为了掩护攻城人员运土和输送器材，宋代出现了一种组合式攻城作业车，叫"头车"。这种车搭挂战棚，前面还有挡箭用的屏风牌，是将战车、战棚等组合在一起的攻城作业系列车。

头车长宽各七尺，高七八尺，车顶用两层皮笆中间夹一尺多厚的干草掩盖，以防敌人炮石破坏。车顶有一方孔，供车内人员上下，车顶前面有一天窗，窗前设一屏风牌，以供观察和射箭之用；车两侧悬挂皮牌，外面涂上泥浆，防止敌人纵火焚烧。

战棚接在头车后面，其形制与头车略同。在战棚后方敌人矢石所不能及的地方，设一机关，用大绳和战棚相连，以绞动头车和战棚。在头车前面，有时设一屏风牌，上面开有箭窗，挡牌两侧有侧板和掩手，外蒙生牛皮。

使用头车攻城时，将屏风牌、头车和战棚连在一起，推至城脚下，然后去掉屏风牌，使头车和城墙密接，人员在头车掩护下挖掘地道。战棚在头车和城墙之间，用绞车绞动使其往返运土。

这种将战车、战棚等组合一体的攻城作业车，是宋代军事工程师的一大创举。

临冲吕公车是古代一种巨型攻城战车，也是世界上最大的战车。车身高数丈，长数十丈，车内分上下五层，每层有梯子可供上下，车中可载几百名武士，配有机弩毒矢、枪戟刀矛等兵器和破坏城墙设施的器械。

进攻时，众人将车推到城脚，车顶可与城墙齐，兵士们通过天桥冲到城上与敌人拼杀，车下面用撞木等工具破坏城墙。

这种庞然大物似的兵车在战斗中并不常见，它形体笨重，受地形限制，很难发挥威力，但它的突然出现，往往对守城兵士有一种巨大的威慑力，从而乱其阵脚。

除以上所述的攻城器械以外，还有其他一些用来破坏城墙、城门的器械，如搭车、钩撞车、火车、鹅鹘车等。在古代攻城战役中，大多是各种攻城器械并用，各显其能。

中国古代的守城器械，包括防御敌人爬城，防御敌人破坏城门、

■ 唐代战车

城墙，以及防御敌人挖掘地道等类。其主要器械有撞车、叉竿、飞钩、夜叉擂、地听、礌石和滚木等。

撞车是用来撞击云梯的一种工具。在车架上系一根撞杆，杆的前端镶上铁叶，当敌人的云梯靠近城墙时，推动撞杆将其撞毁或撞倒。

1134年，宋金在仙人关大战时，金人用云梯攻击金军垒壁，宋军杨政用撞杆击毁金人的云梯，迫使敌兵败退。

叉竿又叫"抵篙叉竿"，这种工具既可抵御敌人利用飞梯爬城，又可用来击杀爬城之敌。当敌人飞梯靠近城墙时，利用叉竿前端的横刃抵住飞梯并将其推倒，或等敌人爬至半墙腰时，用叉竿向下顺梯用力推剃，竿前的横刃足可断敌手臂。

飞钩又叫"铁鸱脚"，其形如锚，有四个尖锐的爪钩，用铁链系之，再续接绳索。待敌兵附在城脚下，准备登梯攀城时，出其不意，猛投敌群中，一次可钩杀数人。

夜叉擂又名"留客住"。这种武器是用直径一尺，长一丈多的湿榆木为滚柱，周围密钉"逆须钉"，钉头露出木面5寸，滚木两端安设

源远流长的历史文化

■修复后的古代攻城战车

古代战车

直径两尺的轮子，系以铁索，连接在绞车上。当敌兵聚集城脚时，投入敌群中，绞动绞车，可起到碾压敌人的作用。

地听是一种听察敌人挖掘地道的侦察工具。最早应用于战国时期的城防战中。《墨子·备穴篇》记载，当守城者发现敌军开掘地道，从地下进攻时，立即在城内墙脚下深井中放置一口特制的薄缸，缸口蒙一层薄牛皮，令听力聪敏的人伏在缸上，监听敌方动静。

这种探测方法有一定的科学道理，因为敌方开凿地道的声响从地下传播的速度快，声波衰减小，容易与缸体产生共振，可据此探察沿敌所在方位及距离远近。据说可以在离城五百步内听到敌人挖掘地道的声音。

礌石和滚木是守城用的石块和圆木。在古代战争中，城墙上通常备有一些普通的石块、圆木，在敌兵攀登城墙时，抛掷下去击打敌人，这些石块和圆木又被称为"礌石""滚木"。

除了以上这些守城器械外，还有木女头、塞门刀车等，用来阻塞被敌人破坏了的城墙和城门。

古代攻城场景

　　长期的攻守博弈，使中国古代的将士们积累了丰富的经验。明代后期，由于枪炮等火器在攻守城战中的大量使用，上述许多笨重的攻守城器械便逐渐在战场上消失了。

阅读链接

　　1621年，明熹宗派朱燮元守备成都，平息四川永宁宣抚使奢崇明的叛乱。

　　有一天，城外忽然喊声大起，守军发现远处一个庞然大物，在许多牛的拉扯中向城边接近，车顶上一人披发仗剑，装神弄鬼，车中数百名武士，张强弩待发，车两翼有云楼，可俯瞰城中。

　　战车趋近时，霎时毒矢飞出，城上守兵惊慌失措。朱燮元沉着地告诉官兵这就是吕公车，并令架设巨型石炮，以千钧石弹轰击车体，又用大炮击牛，牛回身奔跑，吕公车顿时乱了阵脚，自顾不暇。

金融形态

历代金融与货币流通

票号汇兑

　　票号最能体现晋商的经济活动。票号是近代银行产生之前的重要金融机构，在中国金融发展史上曾经起了重要作用。事实上，票号就是晋商发明的金融货币。

　　在山西商人从事对外贸易的过程中，票号无疑起了巨大作用。可以说，山西票号是中国最早进入国际金融市场，并把分支机构直接设在国外的金融机构。

　　晋商还通过在国内各大商埠如广州、上海等地设立分支机构，直接为从事进出口贸易的中外商人提供金融汇兑服务，大大地促进了国内外贸易的发展。

晋商的兴盛与衰落

山西人的商业活动由来已久，春秋战国时期，就出现了猗顿这样的富商。他多种经营的方式对后世影响很大，至明代已在全国享有盛誉，逐渐以货币经营资本垄断中国的北方贸易和资金调度，并插足于亚欧市场。

清末民初，随着突如其来的战乱，晋商走向了衰败。

山西人以善于经商闻名天下，素有晋商之称。在中国古代商业历史中，晋商无疑是值得浓墨重彩书写的一章。

■晋商会馆

山西商业传统历史悠久，早在远古时期，山西南部就有"日中为市，致天下之民，聚天下之货，交易而退，各得其所"的交易活动。

春秋战国时期，活跃在河东地区的猗顿，涉足盐业和畜牧业，成为著名的大商贾。

猗顿原是鲁国一个穷困潦倒的年轻人，饥寒交迫，艰难地生活着。正当他为生活一筹莫展的时候，听说越王勾践的谋臣范蠡在助越灭吴，辅成霸业后，便弃官经商，十九年间获金巨万，遂成大富，因号"陶朱公"。猗顿羡慕不已，试着前去请教。

陶朱公见猗顿十分贫寒，没有资本，无法经营其他行业，便让他先蓄养少数牛羊，以求渐渐繁衍，日久致富。

于是，猗顿按照陶朱公的指示，迁徙西河（今山西省西南部地区）。当时，这一带土壤潮湿，草原广阔，水草丰美，是畜牧的理想场所。由于猗顿辛勤经营，畜牧规模扩大，为当时畜牧业的发展起了推动作用。同时，为他积累了商业经验。

在经营畜牧的同时，顺便用牲畜驮运一些池盐，连同牲畜一起卖掉。在此过程中，他认识到贩运池盐是一条获利更大的致富途径。他开发河东池盐，从事池盐生产和贸易，成为一个手工业者兼商人。

战国时代山林川泽之利的开发，虽然为官府控

■ 古画中的猗顿

范蠡（前536—前448），春秋时期楚国宛地三户邑（今河南省淅川县）人。春秋末著名的政治家、谋士和实业家。后人尊称"商圣"。他帮助勾践兴越灭吴，功成后急流勇退，化名为鸱夷子皮，三次经商成巨富，三散家财，自号"陶朱公"，乃中国儒商之鼻祖。

制，但官府不直接经营，而是用抽十分之三的税的办法让"民"去经营。但"民"是一种有钱有势的豪民。

猗顿即属于豪民，因此才有力量开发河东池盐，而直接生产者当是依附于他的贫民、雇工等。

猗顿将池水浇在地上，风吹日晒后即可成为颗粒状食盐。正因为河东池盐为天然之资源，是取之不尽，用之不竭的财源，猗顿便不断扩大生产与销售规模，成为当时中国著名的大富豪。

据说，猗顿为了更加有效地经营池盐，加快贩运速度，还试行改变驴驮车运的落后运输方式，欲以舟运，开凿了山西地区第一条人工运河。

开凿这条运河，不仅是运输池盐的需要，也是保护池盐的需要，因为河东池盐最忌外来之水浸入，破坏池盐生产。运渠可以引走客水，保护盐池。

猗顿对山西南部地区的畜牧业和河东池盐的开发都起了十分重要的作用，在山西商业发展史上也占着重要的地位。是山西见于史载的

源远流长的历史文化

盐商会馆遗址

■ 古代对外贸易复原图

最早的工业者和商人，是山西经济史上的重要人物。

猗顿通过多方经营，终成倾国巨富。他的多方经营思想成为山西商人的优良传统，其影响是历史性的。

除了猗顿外，山西商人还有魏晋南北朝时期的繁峙县的莫含，家世丰饶，资累巨万。当时代国的建立，就是拓跋鲜卑在莫含等幽州汉族士人的影响下与晋朝争取的成果。

隋唐时期，武则天的父亲武士彟，年轻时经营林业木材，是有名的木材经营商之一。李渊父子从太原起兵时，武士彟从财力上大力资助，李渊父子就是凭借当时天下最精华的太原军队和武氏的财力开始夺取全国政权。

宋元时期，是山西商人的发轫时期。宋代蜀南、南商、北商等都是有名的地方商人，其占近世商业中坚的山西商人、徽州商人，也大体在这时显出身手。

宋代，山西地处北部边防，宋王朝所需战马大都依靠北方的辽来供应，而辽更需要宋的手工业制品。宋代曾在山西"边州置榷场，与藩人互市"，而"沿边商人深入戎界"进行贸易。

驿站 是古代供传递官府文书和军事情报的人或来往官员在途中食宿、换马的场所。驿站分驿、站、铺三部分。站是传递重要文书和军事情报的组织，为军事系统所专用。铺由地方厅、州、县政府领导，负责公文、信函的传递。递铺用以传递公文。凡州县往来公文，都由递铺传送。

■山西榆次晋商会馆遗址

元代，虽然战争对工商业有一定破坏作用，但是元朝政权结束了宋、辽、金的割据局面，特别是元代驿站的完备，使山西商业活动的地域扩大了。从《马可·波罗行纪》可以看到，从太原到临汾这一带的商人遍及全国各地，获得巨额利润。

晋商真正名扬天下是从明代开始的。山西商人抓住中国明代商品经济发展的大好时机，对山西富有的盐、铁、麦、棉、皮、毛、木材、烟草等特产进行长途贩运，设号销售，套换江南的丝、绸、茶、米，再转销至西北、蒙、俄等地，销售活动遍及国内外。

明王朝建立后，中国并没有完全统一，北部长期处于紧张的军事对峙之中，时有战乱发生。中国北部九个边镇构成的防御屏障，东起辽东镇东海岸，西至甘肃镇嘉峪关，管辖边墙长达万里，平时驻军达八十多万，大批兵马自然需要巨额粮饷供应。

为解决边镇军事消费与供应的矛盾，明王朝采取

了不少措施，其中一项是：按官府要求承办边镇需求的粮食等物资，即可获得盐的专卖权。这一措施，对晋商的成长产生了重要影响。

此外，汉蒙两族之间贸易互补性很强，蒙古族需要内地的粮、布、棉、丝、铁器和其他各种生活用品，汉族也需要蒙古族的马匹、皮毛等物资。山西"极临边地"，正处在北方游牧地区和中原农耕地区的中间地带，历来在两种经济的互补贸易中占有优势。

在与蒙古族的商贸活动中，明代马市和茶市的开放虽然是有限的，但也给山西商人带来了新的重要商机，山西商人充分发挥了优势，成为茶马互市的主要力量。

大规模移民也促进了晋商的成长。山西地狭人稠，十年九旱，民食不足。山西南部和中部战事较少，人口相对较多。当发生较大灾荒之时，有众多的山西灾民逃往异乡，附籍当地。

大规模有组织的移民和不断迁往各地的逃民，必然增强山西与各地的联系，增加山西人外出经商的机会，为晋商涉足京师，并向冀、鲁、豫、陕和内蒙古等地开拓发展创造了条件。

至清代，极具商业头脑的晋商为适应金融业汇兑业务的需要，向金融业方向发展。

山西票号几乎独占全国的汇兑业务，开创了晋商的鼎盛时期，居全国民间商业活动支配地位达三四百年，创造了中国古代商业史上最辉煌的一页。

从清顺治时期开始，经过几朝励精图治，至康熙、雍正、乾隆、嘉庆，出现了历史上称为"康乾盛世""乾嘉盛世"的极盛时期。山海关外、内外蒙古和新疆等北部边疆地区实现了统一与和平，与之相邻相近的山西也较早地实现了稳定。

较之明代，清代放宽了边禁，扩大了边地各族互市贸易的开放程度。清朝廷实行了开明的重商和恤商政策，这为地处北方，已在边地贸易中的晋商提供了广阔的发展空间和较好的发展环境。

从清道光年间开始，晋中商帮进入鼎盛时期，其显著标志是1823年首创票号，并很快形成平遥、祁县、太谷三大票帮"汇通天下"，形成金融业和商业相辅相成、空前繁荣的局面。中经咸丰、同治两代，直至光绪末年，历经四朝，历时八十余年。

■ 山西晋商王家大院

道光、咸丰年间，可以作为晋中商帮的全盛时期。这一时期晋中商帮的兴盛，是中国商品经济和晋中商帮自身正常发展的延续和必然结果，正如日升昌票号著名的楹联所书，是"日丽中天"。

在当时，全国排名居前的大财团都在山西。据史料统计，仅仅把山西几个县域中富户的家产相加，数量就超过了一亿两白银。这个数量甚至比当时国库的存银还要多，确实称得上富可敌国。

■ 山西灵石王家大院

由于时局的波动，加上外国资本的侵入，使晋商的成长空间收缩，这就迫使贸迁四方、足迹遍天下的晋商，不得不从四面八方撤退，向本土收缩。从此，称雄中国商界500年的晋商走向了衰落。

阅读链接

晋商在恰克图几乎垄断了整个茶叶市场，赚取了大量的白银。但是，由于恰克图距离山西十分遥远，道路崎岖不平，运回山西就成了难题。

最后，晋商将需要运回山西的白银集中起来，就地铸成大圆锭，每个重达500千克，叫作"千斤银锭"。然后专门打造运载"千斤银锭"的马车来运送。运回后再熔铸成银锭、元宝在市面上流通。

沿途的土匪见到这些运送的"千斤银锭"，虽然明知贵重，却难以搬运没奈何只好放行。于是，"千斤银锭"也就有了个外号叫"没奈何"。

山西票号产生的背景

票号是山西商人专门经营汇兑业务的金融机构，又叫"票庄"或"汇兑庄"。因系晋商所创办经营，所以也叫"山西票号"。

山西票号是当时国内国际贸易发展的产物，是善于抓住商机的山西商人的独特创举。山西票号产生的历史背景，源于当时商品经济的发展，早期金融组织账局、钱庄的出现，以及镖局运现的风险。

当然，富于开拓精神的晋商，本身也需要更为灵活的资金链。正是这些背景，催生了票号这一撬动整个金融体系的行业的诞生。

■ 平遥票号"汇通天下"

■ 平遥南大街票号
院落

山西票号的产生有着深刻的社会背景和历史条件。中国近代商品经济的发展，是山西票号诞生的根本原因。商品经济的发展对货币金融提出了新要求。

中国的封建社会经济，至明代中期以后由于社会生产力的提高，国外白银流入的刺激，商品货币经济有了较为明显的发展。

这种发展延续至清代前期，特别是康熙、乾隆时期，国内政治安定，农业生产发展，商品货币经济较之前更为活跃。国内市场扩展，不但有众多地方性市场兴起，而且全国的大市场也在逐步形成之中。

商品经济的发展，一方面为商品的转轨开辟了广阔的流通幅度，自然地对货币金融提出了新要求，促使封建金融机构开始突破单纯的兑换范围，逐步过渡到信贷阶段；另一方面，埠际贸易开展，使商品流通

货币经济 货币经济的本质特征是：货币是作为价值尺度和流通手段发挥作用的。作为价值尺度，所有商品的价值都通过人的头脑、文字或语言转化为计算货币，货币成为单纯的、没有任何价值的纸片、符号等。作为流通手段，在不断转手的过程中仅有货币的象征存在就够了。

明代银币

幅度扩大，出现了不同地区债务清算和现金平衡等新问题，于是需要汇兑专业化。

银币的广泛使用，大致是从明英宗时田赋折收金花银开始。至万历年间，由于实行一条鞭法，规定向政府交纳的田赋、徭役、土贡、杂役等按人丁土地的一定比例全部并入地亩，折银征收。

清初，对赋役规定银米兼收，后来除了部分银粮外，几乎全部征收银两和钱。后来清政府的征收赋役和发放薪饷一律用银。

此外，由于商品货币交换日趋频繁，民间为了交换方便，除了用银外，还在一些地方出现了用钱和纸币的现象。当时用钱是买卖时付给中间人的报酬，可见用钱在一定程度上具有了调节供需矛盾的性质。

早期金融组织账局、钱庄的出现，为山西票号的产生创造了条件。清雍正时，中国北方已出现与商业发生借贷关系的金融组织，称"账局"，又称"账庄"。账局主要分布在北京、天津、张家口、太原等商埠，经营者多为晋人。

雍正时期，中俄恰克图贸易开始，乾隆时期成为中俄两国通商的咽喉，而内地商民到恰克图贸易，一半以上都是山西人，由张家口贩运这些绸缎、布、杂货等，易换各色皮张、毡毛等物。

长途贩运，商品流转周期长，每周转一次，有时需一年，需社会信贷的融通与支持，以完成长途贩运，所以晋商最早设立账局在太原、纷州、库伦。比如张家口的祥发永账局，就是山西商人王庭荣经营的。

由于贸易的扩大和交换的需要，乾隆时已出现经营兑换银钱业的钱庄，如北京在几十年间先后开设钱铺数百家。除了北京以外，由民间钱庄签发的钱票，已在一些地区使用和流通。当时，钱票已在北方山西、直隶、陕西、山东等省流行。

在商品交易过程中，由于商人异地采购业务的不断扩大，现银调动额数越来越大，次数越来越多，因此既安全又快速的运现就成为一个突出问题。镖局就是在这种状况下应运而生的专门运现机构。

镖局运现一般是按季起运。以归化城镖局为例，凡运往直隶的白银，路线是经平型关、骆驼峪、达平山、唐县；运往山西的白银，

信贷　即信用贷款，是指以借款人的信誉发放的贷款，借款人不需要提供担保。由于这种贷款方式风险较大，一般要对借款方的经济效益、经营管理水平、发展前景等情况进行详细的考察，以降低风险。

109

汇通天下

票号汇兑

■ 黄龙溪万盛钱庄

山西平遥古城镖局

由杀虎口，往雁门关，达祁县、太谷。

靠镖局运现，随着社会的动荡已不安全。因此，山西商人随着商业贸易的扩大，靠镖局运现已远远不能适应业务发展要求，更何况镖局运现时间长、费用高、安全系数低。在这种情况下，以经营汇兑为主的票号自然就应运而生了。

票号的产生在很大程度上为晋商提供了便利，使运输成本降低，也较之前更加安全，各商号间的资金周转更为畅通。

阅读链接

票号出现以前，商人靠镖局运现时有被盗匪骚扰的事件。如山西祁县史家开办的大盛魁商号，祁县乔家开办的复盛公商号，其运货驼队曾多次在蒙古草原被土匪所抢劫。据说领头的劫匪绰号"流矢儿"，其人武艺高强。史、乔两家深受其勒索之害，便雇来镖师戴奎惩治其人。

在搏斗中，戴奎以绝招制住"流矢儿"腋下夹窝穴，使他一下蹲在地上，脑袋耷拉，涎水流出，两目发怔，面无人色，回到家没出七天，气血难通，一命归天。

钱庄银号

钱庄是中国早期的一种金融信用机构。早期的钱庄，大多为独资或合伙组织。规模较大的钱庄，除办理存款、贷款业务外，还可发庄票、银钱票，凭票兑换货币。后来在银钱兑换的基础上，逐渐发展成为信贷活动的机构。

钱庄主要从事中外贸易的资金划拨、通融，为洋货内销和土产外输提供信用支持。

钱庄适应当时的商业要求，对促进工商业发展方面更有其重要贡献。

钱庄的产生与消亡

中国历史上货币多样，有铁钱、铜钱、银钱和纸币等，名称也极为繁复。于是，一种专门的货币兑换机构出现了，这就是钱庄。

不同区域的名称不同，也根据规模的不同有其他称谓，如银号、钱店等。

钱庄是银行的雏形，主要评定银两成色，将银换成铜钱或将块银换成碎银，以满足商品交换和日常生活的需要。钱庄曾经与外国银行和本国银行形成三足鼎立之势，后来被现代银行所取代。

■ 古代钱庄旧址

明英宗期间，流通了二百七十多年的明王朝官方货币大明宝钞贬值，朝廷放松用银禁令，银钱公开流通。此后几朝，由于私钱庞杂，贩卖铜钱和私铸私熔更多，铜钱轻重不一，成色各异。

在此情况下，出现了若干专营铜钱兑换的金融组织，称为"钱店"，又叫"钱铺""钱桌"。

古代铜钱

1529年，私贩铜钱者更多，明朝朝廷下令禁止贩卖铜钱，导致经营货币兑换业务的钱桌、钱铺等私相结约，各闭钱市。

1577年，明代理财大臣庞尚鹏奏准设立钱铺，是为钱铺法定之始。法定钱铺允许由市镇中殷实富户开设，随其资金多寡，向官府买进制钱，以通交易。

明代末年，钱铺已成为一种独立经营的金融组织，不仅经营兑换，还办理放款，提供签发帖子取款的便利。原来在两地联号汇兑的会票，也就是现在的汇票，也成为钱铺发行有钞票性质的信用流通工具。

至清代道光年间，钱铺始称"钱庄"，也有的称为"银号"。其实，钱庄与银号实为一类。大抵在长江一带名为钱庄，在北方各省及广州、香港多呼为银号。习惯上，华北、东北各地多称银号，长江中下游

道光（1782—1850），清宣宗爱新觉罗·旻宁的年号，他是清入关后的第六个皇帝。他在位期间正值清王朝的衰落，他为挽救清王朝颓势做了一些努力，但无力拯救危局，清王朝进一步衰落。

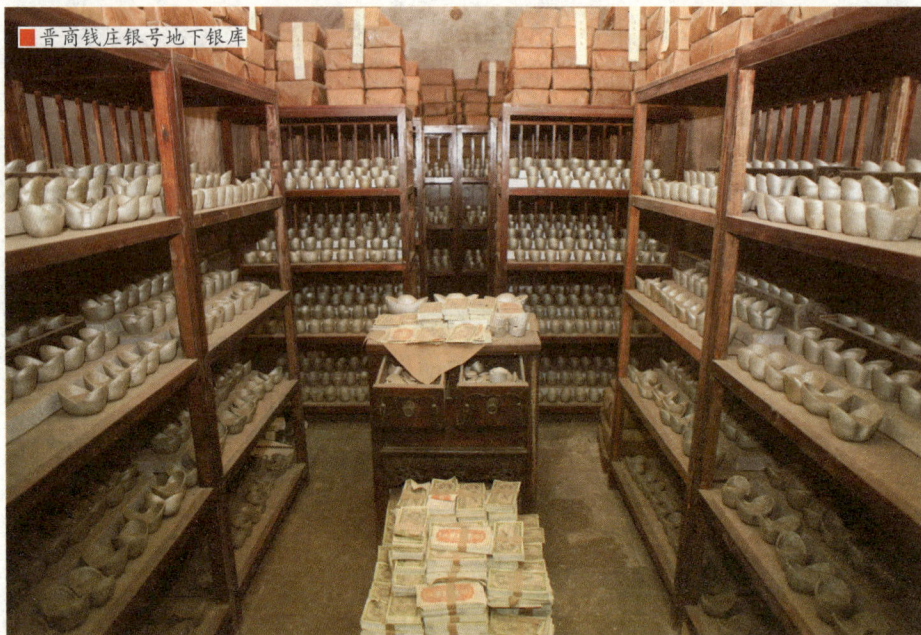
晋商钱庄银号地下银库

源远流长的历史文化

及东南各地，则钱庄、银号两种名称都有。

在兰州不论规模大小均称为银号，其又分为三种：门市银号，经营银钱兑换，收入贴水；驻庄银号，系外地钱庄派驻单位，所营存放汇业务均通过当地银号进行；普通银号，经营存放汇兑业务。

广州钱业分为三类：银号，以放款为主；西号，以汇兑和存储官款为主；"五家头"或"六家头"，以开炉倾销银锭为主，相当于银炉。由于长期经营习惯，各地还有许多的名称和做法。

明代建成的钱庄，在清代继续发展。清代以银两为主，兼用制钱，清代晚期加上银圆、铜圆和纸币，沿用了很长一段时间。这五大类货币之间及其本身就有多种成色、版别、折价、鉴定、公估、兑换行情及地区差价等的计算行用。

因此，清朝初期钱庄业务愈加活跃，除包揽兑换外，还大做存放汇和保管保证等业务，并发行钱票和其他票券，成为该期的主要金融机构，操纵兑换和银行大权。

从钱铺发展至钱庄，开始的时候，许多钱庄并非单纯地进行银钱兑换，往往兼营其他业务。

以上海钱庄为例，在外商华商之间，以庄票为经营进出口贸易的纽带，庄票如同现金，是早期外国银行唯一认可的中国票据。

钱庄与商家关系密切，通过存、放、汇、发行庄票和兑换业务，对商家融通资金，调剂头寸，清算账务，使其得以灵活周转，持续营运，对沟通上海与内地的金融关系和商业关系尤为密切。所以，上海钱庄已成为控制上海商界的一个重要因素。

清朝末期，钱庄汇划业务迅速展开，深入内地。如上海钱庄就同武汉、镇扬、宁绍等地钱庄建立业务联络网，有联号、代理关系等，通过这些地区向内地进一步渗透。

口岸钱庄在外国银行洋行的操纵下，以资金支持内地的钱庄，根据合约办理汇划，每年进出高达数千万两，有力地控制着内地金融，并为外商对华收购倾销原料商品充当买办。

钱庄还经营生金银买卖，鉴定金银、银圆和各种金属货币的成色、重量和真假，并核定其价格。

有些资本雄厚的钱庄还附设或控制银炉、银楼、金店、铸造和买卖金银器饰。钱庄不仅利用其左右兑换的特殊地位，长期操纵着银两

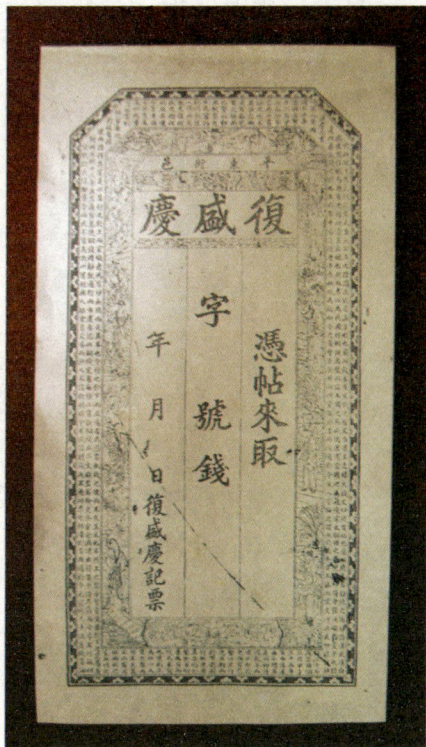

买办 是指1800年至1910年，帮助欧美国家与中国进行双边贸易的中国商人。这类被外商雇用之商人通常外语能力强，既可作为欧美商人与中国商人的翻译，也可处理欧美国家商界与中国朝廷之间的双向沟通。除此，这类商人还可自营商铺，因此致富者颇众。

■ 平遥日升昌票据

■晋商票号钱庄金井

银圆市价，还进行证券、公债、花纱布等活动。

后来，在沿海地区，特别在五口通商地，钱庄、外国银行、本国银行一度呈三足鼎立之势。随着钱庄地位渐次被银行所取代，钱庄在银两、银圆和兑换业务上的好处所剩无几。在这样的历史环境下，钱庄逐渐淡出了金融领域。

阅读链接

相传，清朝末年青岛曾发生过一桩钱庄诈骗案。

说有一个姓王的男子，在刻字铺刻了一个裕大号以及该号经理的图章，伪造了一张3.7万元的汇票，顺利将钱提走。

当钱庄发现汇票是伪造的时候，已经过去十多天。当钱庄报警之后，警方经勘查，发现在中山路的义聚合有客户存入3.6万元的巨款，而且户主并非商贾，于是进行调查，很快将王姓男子抓捕归案。这个钱庄诈骗案就真相大白了。

钱庄的运作方式

钱庄与银行的相同点是都属于金融机构，不同点是，钱庄是中国古代历史的金融象征，规模较小，势力薄弱。银行是后来从国外传入的，并逐渐取代了钱庄，而成为新时期的金融力量。

钱庄一方面收受存款受人信用；一方面放出款项，授人信用以取得利息。

各地钱庄的放款对象多是以商人为主，不是普通人家。因此，在放款形式上，钱庄顺应中国商人的传统习惯和心理，一直以信用放款为主。

■ 平遥南大街晋商票号钱庄旧址

源远流长的历史文化

■ 晋商钱庄票号古建筑

钱庄的信用放款类型有活期和定期两种。值得注意的是，钱庄对定期放款期限通常规定为一个季度或两个季度而非随意的，是为了适应商业资金需求的季节变化。因为当时的出口贸易商及加工出口行业需要多收购土特产，其短期资金需求的状况，自然随着农副产品上市的季节性之分而有规律性地变化。

信用放款的风险是不能完全避免的。有的地方钱业为了进一步减少被客户欠账的风险，制定了成文的行规进行自我保护。这是钱业与收取抵押品为借贷保证的典当业在经营原则上的根本不同之处，也是钱业引以为自豪之处。

正如某钱庄的一份行规所说的：

钱店一业，百行推尊，自宜去华崇实，取昭诚信。

钱业以"诚信""信用"为立业原则，意味着一方面钱庄依靠自身笃守信用进行各种营业活动，另一方面要求来往客户也得信守信用，二者缺一不可。

从历史上来看，钱庄薄利多收的经营原则主要体现在两个方面：一是把握放款取息与存款付息之差；二是把握货币兑换的差价。

钱庄用于放款的资金长期依靠的是所吸收的存款。存款是要付给利息的。所以，存款与放款的利息差价，是钱庄传统的重要业务收益来源。

如在武汉，钱庄的存款利息都按同业拆借市场的日拆计算，放款利息则按日拆加1.2角，折合月息3.75%。因此，

所收存款如果能全部放出，也只能得到月息3.75%的收益。

如果只放出存款的60%，则放款等于无利可图。然而，事实上钱庄的利润相当丰厚，一家资本总额三四万的钱庄，一年获净利一两万元也不足为奇。这样，按投资资本额计算，其年利润率常在50%以上。

之所以有如此高的净利润率，主要是靠精打细算，薄利多收，而其窍门就在于要尽可能地把存款安全地贷放出去。这在汉口钱庄的行话中叫作"内空外通"。

"内空"意为把本庄的自有资金和吸引的存款尽量贷放出去，以不浪费头寸；"外通"意为要设法吸引存款，增加资金来源，当金融市场银根紧张或本庄头寸不足时，能及时疏通资金渠道，补足头寸。

做到"内空外通"，就能在保证存款兑付信誉的前提下，尽可能地让资金不断地周转，最大限度地减少资金留滞钱庄内的时间。

源
远
流
长
的
历
史
文
化

放款 是指凭借款人的信用而无须提供抵押品的放款，信用放款能使借款人获得可追加的资本，促进生产和流通规模的扩大，因而信用放款是一种资本放款。是银行放款的形式之一。发放信用放款的风险一般比其他放款要大，因而利率较高，并往往要附加许多条件。

■ 晋商钱庄票号室内布置

为了充分利用哪怕是短暂闲置的资金，上海钱业内部还产生"存放同业"的特殊放款方式。

上海财力较大的钱庄在每年的农历十二月二十左右收回对工商业往来户的放款之后，除酌留现款准备之外，常将多余款项放于其他钱庄过年取息，惯例以15天或20天为期，最多不超过一个月。这也是尽量利用放款取利的一种经营方法。

正因为钱庄在运用资金方面讲求灵活和周转迅速，所以与现代银行相比，他们虽然是"小本经营"，放款营业额却常常可以超出成本的几十倍，从而获得丰厚的利润。

把握货币兑换的差价，最终的目的当然也是为了利润。多种货币之间的兑换是钱庄的传统业务，其兑换差价就是利润的来源。这项业务直至后来货币改革，废"两"改"元"，方才停止。

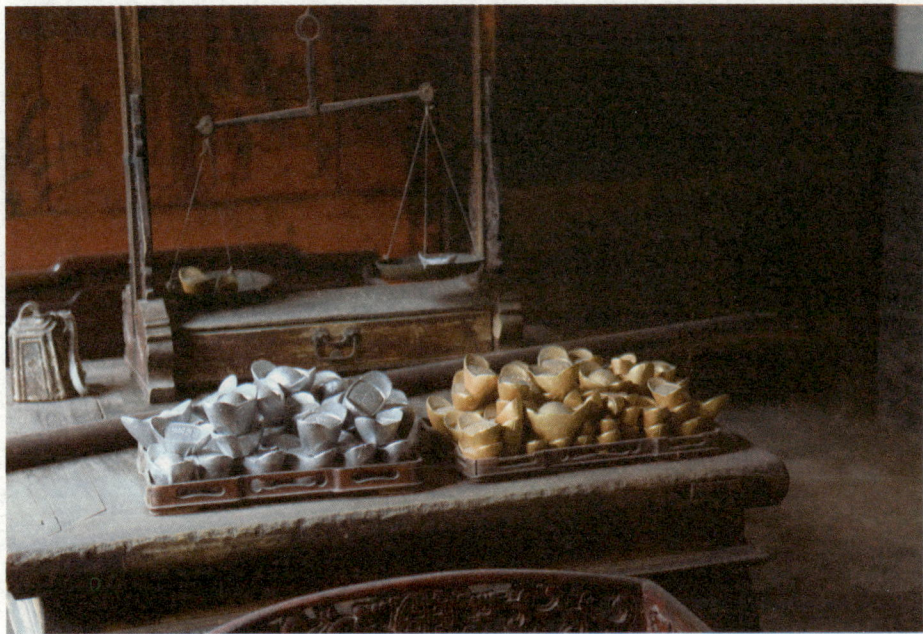

钱庄的银钱兑换业务是近代银两制度严重缺陷的必然产物。明清时期以来白银虽然逐渐成为货币本位，但是它长期是以称量货币的自然形态进入流通的，没有全国统一的制度，使用起来十分复杂。

■ 明清时期流通货币金银元宝

至清代，银两总称元宝银，有四类形制：一是元宝；二是中锭；三是小锭；四是碎银，即零星银屑。

尽管银两的种类大致有四种，但各地所铸各种宝银的重量和成色实际上各行其是，因而各地的银两又有自己的名称。

制钱是朝廷铸造的有一定形制和面值规定的铜钱，直至清朝末期才停止铸造。各地官府铸造的制钱的种类和价值也多有不同，由此又产生了各种银两与制钱的兑换需求。

随着中外贸易的发展，明清时期以来市面上已有大量的各种外国银圆在流通。

银两制度 是一种适应中国古代经济的货币制度，是古代社会中商品经济发展的产物。它的诸多缺陷，如形状和重量都不合用，名称和种类过于复杂，成色高低不齐，平法大小不一，铸造分散，流通极为不便，等等，显示出它的落后性。

库平银 清代虚银的一种，为朝廷征收赋税和国库其他收支活动中称量银两的标准。中国古代各朝银质钱币均无统一规范，因此在使用时，需要鉴定成色并称重。明清时期以后，在衡量价值时，一般以称重时使用的古代质量单位"两"为银质钱币的单位。当时一两约合今日37.75克。

■ 清代货币银票

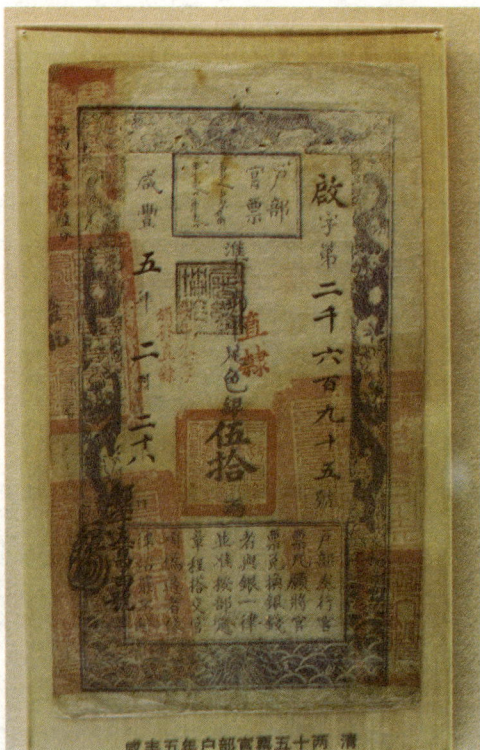

咸丰五年户部官票五十两 清

鸦片战争后，由于外国洋行和银行开设的增多，洋钱流入更多，如墨西哥铸造的鹰洋等。由此又产生了中国银两、制钱与外国银圆之间的兑换需求。

不难想象，如此种类和名目繁多、成色不一的银两、银圆和制钱，在流通中要换算使用该有多大的麻烦。而钱庄的业务，就是进行这些货币的兑换，是应社会需要产生的金融服务。

早期钱庄的货币兑换主要是银两和制钱之间的兑换，一般统称为银钱兑换。

鸦片战争之后，内地的钱庄仍主要从事银钱兑换，而沿海地区的钱庄则转为主要是应激增的中外贸易需求而进行的本国银两与外国银圆之间的兑换，一般称为银圆兑换。

洋厘和银拆是钱庄的两个独特经营方式，作为操纵金融行市的手段，对钱庄的发展起重要作用。

洋厘是以银两表示的银圆市价。银圆俗称洋钱或洋钿，银圆一枚合库平银7.2钱或漕平银7.3钱，以此为市价基础，随行市涨落至厘位止，故称之为"洋厘"或"厘价"。

以银两为计算标准拆借的利率叫银拆，以银圆计算的叫洋拆。钱业中有时统称为银拆或拆息。这是钱庄同业之间相互拆借的利率，由钱庄同业公会或钱行、钱业公会操纵。

洋厘指银圆折合银两的每日市价。如果纯粹以含银的比价换算的话，普通每一银圆含银7.3钱，即意味着按每两银价的73%就可兑换一银圆。

然而事实上，正如其他货币兑换比价一样，银圆与银两的实际兑换率必须根据金融市场对银圆的供求情况而定。把握市场对银圆的供求情况，利用好洋厘的季节性波动，就可以从中获利。

由于短期商业资金需求甚大，尽管洋厘号称毫、厘之利，钱庄的赢利仍甚为可观。

后来，钱庄的流动资金来源有了重大变化，增加了山西票号的定期存款和向外商银行的拆票。拆票是钱庄同业间互相借贷的一种短期借款，期限一般为两天，由此可见其灵活性。

阅读链接

上海的九八规元很有些来历。1856年，上海商界一律改用规元为记账单位，1857年在沪外外商也采用规元为计算标准。后来西班牙本洋来源断绝，市价上涨，几同上海规元的价值相等。于是，1933年将货币单位废"两"为"元"。

当时规定，将上海的二七宝银使用时称"九八"升值：比如二七宝银重52两，加升水2.75两，合纹银54.75两，再行九八升算，即除以0.98，则合规元55.826两。"九八规元"之称，即由此而来。

中国古代的高利贷

高利贷信用产生于原始社会末期，是最古老的一种信用形态，是通过贷放货币或实物以收取高额利息为目的的一种信用关系。

在奴隶社会和封建社会中，高利贷是一种占主导地位的信用形式。也就是说，在现代银行制度建立之前，朝廷放贷和民间放贷是一种普遍现象。

在中国封建社会，高利贷作为一种金融信用形式，是封建经济的组成部分，是小生产者仅用于维持简单生产活动的有力保障。

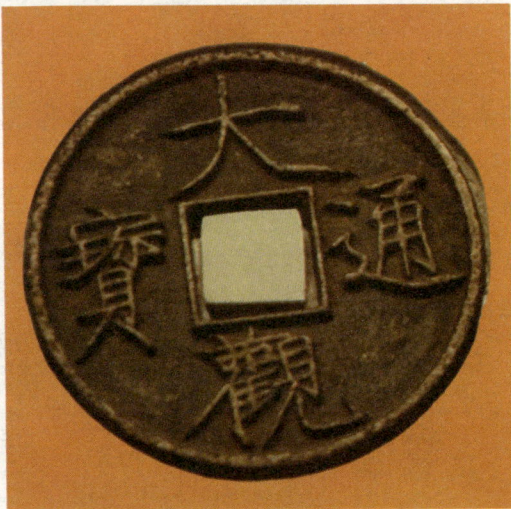

■ 古代的铜钱

■ 清代的铜钱

高利贷产生于原始社会末期，在奴隶社会和封建社会，它是信用的基本形式。中国古代高利贷在长时期内是朝廷经营与民间经营、货币借贷与谷物借贷同时并存的。

春秋时期，《周礼》有由国家机关"泉府"贷放货币的记载，"泉"通"钱"。《周礼》谓地官司徒所属有泉府，掌管市的税收，收购市上滞销商品以待将来需要时出售，管理人民对财物的借贷及利息。

西汉末年，商人势力再次崛起。王莽改制时，设置专门的官吏，负责平衡物价、赊贷事务。当时市场上的平衡物价，实为贱买贵卖，从中获利；而赊贷事务本身就是带有利息的赊欠和放贷活动。

唐王朝的"公廨本钱"，官府用公款投入商业或贷放市肆，主要是对城市商人和手工业者的放款，从中取利。

宋代，官营高利贷推及农村，王安石的"青苗法"就是和预购相结合向农民放款。

《周礼》西周政治家、思想家、文学家、军事家周公旦所著。所涉及内容极为丰富，凡邦国建制，政法文教，礼乐兵刑，赋税度支，膳食衣饰，寝庙车马，农商医卜，工艺制作，各种名物、典章、制度等，无所不包。堪称上古文化史之宝库。

■ 当铺老板铜像

宋以后，官府除保留救济性赈贷，以及常平仓和社仓等非高利贷的借贷之外，以营利为目的的官府高利贷逐渐消失。

民间高利贷在春秋战国时就已具相当规模。齐国有一些放贷者，常常贷钱和贷谷物，遍布全国。比如齐国孟尝君贷款给薛邑农民，一次收债就得利息10万钱。

唐宋以后，民间手工业特别是小农经济日益发展，高利贷遂进一步发展。首先是典当业。典当就是以借款人提供抵押物为特征的高利贷形式。其借贷对象多为工农业小生产者和城市贫民。

明清时期，随着商品货币经济的发展，具有高利贷性质的典当除在城镇发展外，还深入农村，并有大规模资本积聚，成为高利贷的重要形式。

明万历年间，浙江乌青镇有典当九处。清嘉庆年间，陕西有当铺三十多处，散布于渭南、临潼、蓝田、咸宁、长安数百里之间。

除典当外，商人、地主还以其他形式经营高利贷。清代，山西商人遍布各地，其中许多人经营高利贷，并多在北方各省活动，专以放债营业。

地主在农村放债，本是古老而普遍的现象。随着商品货币经济的发展，地主中遂出现大量经营放债者，这就是高利贷。

清代，这种高利贷发展为以物换谷。如江西地主以谷为本，多的

源远流长的历史文化

达数千石。湖南的这种谷本叫"头谷"或"源头谷"，多的达万石。

高利贷是以利息率高为特征的借贷，因此，历代封建王朝都颁有法定利率。

比如汉代有列侯因取息超过法律规定而被免爵的记载，体现了朝廷对高利贷的约束力。汉代的市场高利贷率一般高于法定利率，生活借贷利率一般高于生产借贷利率。在个别场合，利率特别高。

清代的印子钱也是年利本息相当或利大于本的高利贷。放债人以高利发放贷款，本息到期一起计算，借款人必须分次归还。据《清史稿》中记载："民间贷钱征息，子母相权，谓之'印子钱'。"

当贷出原本时，即扣除本利，然后按日索取每日应还的本利，到期取完。因每次归还都要在折子上盖一印记，所以人们就把它叫作"印子钱"。

随着社会经济的发展，高利贷资金供应增加，为供求关系所决定，市场通行的"常利"趋向降低。这可从利率的降低反映出来。

由于朝廷出台高利贷利率的法律，更由于社会经济的发展和市场的作用，高利贷利率不但在降低，还呈现利率平均化趋向。

中国古代的高利贷具有一定的意义。

■清代纸币

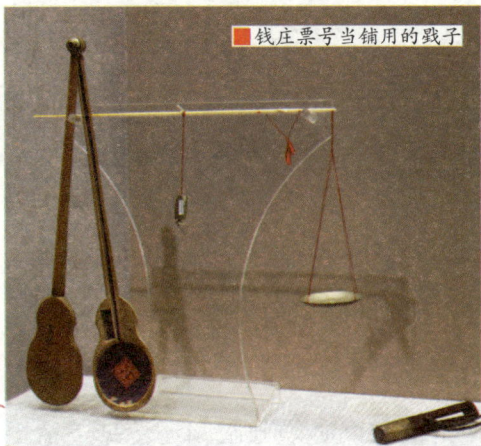
钱庄票号当铺用的戥子

首先，由于小生产者为了归还高利贷，就不得不把劳动的产品拿到市场上去卖，这就在一定程度上提高了劳动产品的交换比率，促使了自给自足的自然经济的解体和商品货币关系的发展。

其次，高利贷信用在生产方式向资本主义过渡中具有一定的积极作用。由于放高利贷者手中集中了大量的资本，这些资本有可能投入到资本主义生产方式中去。同时，因为需要归还高利贷，一些小生产者靠出卖自己的劳动力来维持生活，这就为资本主义提供了工人。

总之，高利贷是适应封建制生产方式的条件和需要而形成的。特别是农村高利贷是以维持小农的再生产而为封建制生产方式服务的。

源远流长的历史文化

阅读链接

一个智者来到集市，遇见一高利贷者在叫喊："放金币喽！我的金币只要埋在地里一天一夜，就会变成1000金币。"

"我借一个金币！"智者决心惩罚这个愚弄百姓的家伙。

"那你每天得还我1000个金币。"

智者说："我将连续借15天，第一天借一个金币，以后每天都是前一天的两倍。"

高利贷者一算计，立即眉开眼笑，一口答应。

不到15天，高利贷者破产了。

原来，智者15天借的金币一共是3.2767万个，应该还的金币是1.5万个。这样，高利贷者赔了1.7767万个金币。

当铺作为一种融资方式，具有许多其他行业不具备的特性，形成了独特的运作程序和管理模式。当铺一方面缓解了人民群众的生活危机；另一方面促进了货币流通和工农业发展，增加了朝廷的财政收入。

中国典当业经历了几个重要的历史时期：南北朝是中国当铺最早产生之时；唐代当铺行业为官民齐办；两宋时期出现了大发展，各种典当制度日趋健全；明清时期形成发展高峰，并出现了独占鳌头的徽商。当铺业在新的历史机遇下，有了继承和发展。

当铺质库

当铺的特色经营

当铺行业由于具有代代继承、沿革的特点，后人从中国古代当铺经营习惯中，尤其是明清时期的当铺经营中，总结出一些古代当铺行业独具特色的经营方式及细节特点。

总的来说，古代当铺行业在特色经营方面，主要包括当铺的行话与暗记、人员管理，乃至招牌、设施、店规等内容。而其中的诸多细节，就体现在经营管理的方方面面。

■ 古代当铺内景

当铺门首

作为一个年代久远的融资行业，当铺在收当时常用一些行话和隐语，一是为内部管理条理，避免业务中出现不必要的纠纷；二是为便于当铺员工相互配合，必要时杀价取利。从下面几个方面的介绍中，可以窥见端倪。

典当业的行话就相当于江湖中的"切口"，如数字中的1至10，他们一般说成"么、按、搜、臊、路、料、俏、笨、缴、勺"，"不多"说成"报端"，"没有"说成"妙以"，等等。

当铺称袍子为"挡风"，裤子称"又开"，狐皮称"大毛"，长衫称"幌子"，桌子称"四平"，手镯称"金刚箍"，银子称"软货龙"，金子称"硬货龙"，古画称"彩牌子"，宝石称"云根"，等等。

当铺将平时常用1至10写成"喜、道、廷、非、罗、抓、现、盛、玩、摇"。还有当铺将1至9数写成"口、仁、二、比、才、回、寸、本、巾"。

切口 帮会或某些行业中的暗语，或某一阶层所使用的特殊而常常是秘密的词汇。切口的内容很广泛，从人体部位到职业，生活中的衣食住行、礼节、交往等，应有尽有，几乎可以成为第二语言系统。一般包括人物类、数字类、生活类、器官类、武器类和日常应用类等。

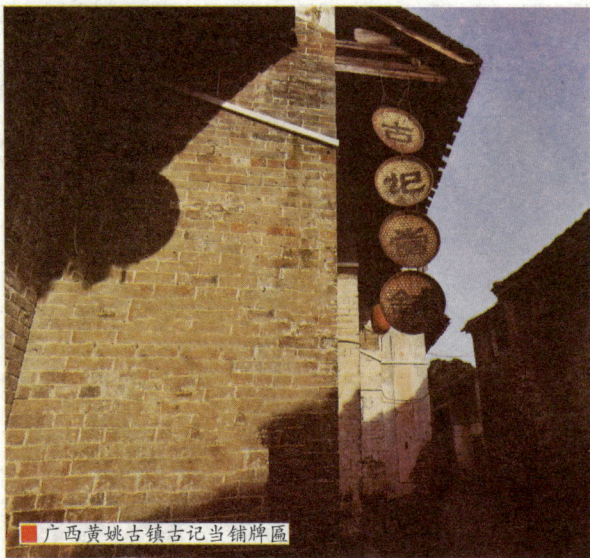
广西黄姚古镇古记当铺牌匾

源远流长的历史文化

另外，有的当铺还用术语，代替数字的隐语。如"道子"是1，"眼镜"是2，"炉腿"是3，"叉子"是4，"拳头"是10。

当铺在写当票时，多用草书、减笔或变化字。其功能一是写时迅速，一挥而就；二是行外人难以辨认、模仿、篡改、伪造；三是防止不法当商来欺骗当户。

此外，还有一种压低当价的惯用手段，用术语代替数字，如旦根为1，抽工为2，末王为3，不回为4，缺丑为5，短大为6，毛根为7，入开为8，未丸为9，先千为10。

总之，比较值钱的东西，是尽量不让当户走开的，如果当户坚持高价，不能达成协议时，知道当户会往别家去当，照例把所当物品给当户时，就运用一定手段，使第二家打开一看，就知道已去过一家。

一般的办法：如果是衣物，把衣服上身在折叠时，把袖子反叠，袖口朝下，裤子折三折；金货用试金石轻磨一下；表类将表盖微启一点，第二家一看就心里有数了，所给当价与第一家上下相差不多。

作为一个经济实体，当铺的日常运营自然离不开人，经过多年的发展演变，当铺行业形成了一套比较成熟的人员管理制度。这项制度具体包括人员的使用、称谓、待遇、培训等方面。

当铺在人员使用方面要求非常严格，既要遵循可靠性原则，又要注重员工的基本素质，特别是对高级管理人员的择取更是如此。一般说来，当铺在选人、用人上，一是忠实可靠；二是重用近亲宗室；三是大量使用家人奴仆；四是东家的部下亲信。

在当铺工作的人员待遇分为物质待遇和福利待遇。物质待遇因时、因职位的不同而表现出了很大的不同。早期以钱物兼充，后来开始发放货币工资。福利待遇有年假、职工身故抚恤金等。

当铺员工培训包括多方面。在培训方式上，和其他行业类似，古代当铺通常是采取师傅带徒弟的传统做法。在培训内容上，当铺主要重视的是物品、货币的鉴别和账目、当字的熟练等。

当铺的招牌也叫幌子，其主要分为文字幌子、标志幌子和象形幌子。文字幌子是将直接表现当铺行业经营内容的当、质、押之类的单字，用醒目的大字书写在墙上，招徕当客。标志幌子也就是招牌，特制两串巨大的钱串，悬挂在门前两侧，作为标记。象形幌子是在当铺前竖一大牌子，上书"某某当铺"。有的当铺在门前立旗杆、设坊。旗杆或坊上挂有木制大钱，上悬红布飘带。

当铺的设施可以看作是当铺行业的设施。旧时当铺的大门内，常常要陈列一个足以遮掩成人的大屏风。在对外的营业室内，迎门设置

当铺伙计铜像

兴隆当铺旧址

源远流长的历史文化

《户律》 清代律法之一。分为《户役》《田宅》《婚姻》《仓库》《课程》《钱债》《市廛》。是人口、户籍、宗族、田土、赋税、徭役、婚姻、钞法、库藏、盐法、茶法、矿法、商税、外贸、借贷、市场等有关社会经济、人身关系及婚姻民事内容的立法。

柜台，柜台内要设置踏板，踏板有的高近半米，有的甚至更高。

柜台后面有门，门外有一个照壁，照壁一边近墙角摆放款桌，账桌后面是宽大的座椅，这就是账房先生记账、开当票、签小号、穿号、算账等的办公桌。

当铺有自己的规矩。比如：不准携带家眷，不准嫖妓宿娼，不准吸食鸦片，不准参与赌博，不准假公济私，不准承保他人，不准浮挪暂借，不准结交邪恶，不准私分"落架"，不准留宿朋友亲戚等。

当物的保管，不仅有相关的法律规定，当铺自身也形成了一套对当物进行保管的方法。

分类存放是当物管理的主要方法，也被看作当铺最基本的保管方法，其具体要求是各种当品入库前都要进行分类，然后再分类存放。例如首饰等珍品一般要存入首饰房，其他存入仓库普通房。

和首饰房相对应的是普通房，在普通房内，物品的摆放比首饰房内还要烦琐。一般来说，入普通房的物品全部要上架，因其品种繁杂、质地不一，往往成为当铺保管工作中的重点业务。对此，各地当铺一般采取箱、包、卷等处理方法待之。

为了保险，另外还挂有查对期限的木牌，称为"望牌"或"月牌"，按月推动，将到期的移到第一、第二架，一看便知押了多少时期，逾期没有。一旦逾期，抵押品便从存架上取下放另一处，这叫"落架"，落架之后，抵押品就成了死当。

在双方达成协议后，当铺"头柜"高声吆喝当品类别、颜色、当价等，同时，另一边已经写好当票，编号登记了。这时，当铺的学徒将当款放在桌子上，头柜将当品交到后面去保管，然后将当票和当款交给当主就可以了。

当铺平日里还要对当物进行日常护理，以免当物损坏。如定期检查整理、盘点清存等。一些当物因为各种原因遭到损坏或丢失时，当铺都应该进行赔偿。

有关赔偿责任的明确立法，可以在中国清代的《户律》中看到。它明确规定当铺因抵押品毁损必须负赔偿责任的规定。各地当铺行业还有一些具体关于当铺赔偿责任的规定。

阅读链接

由于社会的发展和进步，当铺员工的福利待遇明显提高，尤其是到了20世纪20年代。

例如在商业非常发达的上海，当时上海当业工会曾规定：职工假期每年应给3个月，在假期内，一切收入不得扣除。职工身故，应酬给抚恤金，10年以下者200元，10年以上、20年以下者400元，20年以上者，一概500元。

从上海关于员工福利的规定中，我们可以看出，当时当铺员工不仅有法定假日，而且在生活方面也有改善。

当铺的历史作用

作为一个古老的融资行业，当铺在历史上产生了一定的积极作用。当铺解决了很多人短暂的经济拮据问题，缓解了下层人民的生活危机。同时，那些贵族、士绅也通过当铺，缓解了资金的临时短缺情况。

当铺在一定程度上方便了人们的生活，缓解了社会矛盾，推动了货币流通，促进了工农业的发展，增加了朝廷的财政收入，调节了宏观经济。对社会的政治和经济生活具有积极的影响。

七宝当铺旧址

当铺的出现，缓解了中国封建社会普通人的生活危机，极大地便利了人们的生活。

在经济不发达的古代社会，农民、手工业者、贫寒官僚、破落贵族、中下层知识分子等，每年在青黄不接的季节，或者是出现自然灾害的时期，其消费及纳赋税等就经常要依赖典当。这样，甚至导致了在荒灾之年，当铺行业反而繁荣起来的现象。

正是由于当铺经营活动的开展，缓解了民众的生活危机，从而缓和了社会矛盾，达到了安抚民生、稳定社会的作用。

■ 古代当铺挂牌

当铺也能促进货币的流通。当铺的经营运作，是在原有货币流通渠道之外形成的一个新的货币流通渠道，从而实现了货币投放和货币回笼。

比如在笃信佛教的年代，对寺院施舍大量钱财，这就是一个货币回笼的过程。寺院将这些吃穿不尽的巨额财富用于开办当铺，把货币借给社会不同类型的当户。

对于寺院来说，一方面可以起到宣传其慈善的作用；另一方面，也可以获取高额的利息。

对于社会上的各阶级阶层来说，一方面满足了上层统治阶级的税收以及安抚人心、稳定统治的需要；另一

货币投放 货币投放是货币回笼的对称，是国民经济各部门向银行提取现金的过程及其结果。货币投放是国家银行调节市场货币流通的一种手段。它也是国家银行根据政府的政策、市场对货币流通量的需要，并且通过业务活动，向部门、单位、个人支付货币的一种行为。

■ 古代当铺招牌

质库 中国古代进行押物放款收息的商铺。也称质舍、解库、解典铺、解典库等。即后来典当的前身。在南朝时僧寺经营的质库已见于文献记载。唐宋以后，质库兴盛。明代质库多为徽商经营，放款时期限很短，利息高，任意压低质物的价格，经常导致许多人家破产。

方面也帮助了城乡下层人民和小工商业者解决生活困难和融通资金，这就是一个货币流向社会的过程。

此后等到回赎期临近，当户又以回赎的方式将货币返还给质库，这一过程又实现了货币的回笼。在没有今天的银行机构实现货币流通的封建社会，正是当铺的经营、运作这样两个过程，代替银行机构的职能形成货币流通渠道。

当铺本身就是具有商业性质的金融组织，在其典当业务的开展中也参与了商品交换，所以当铺行业的兴旺发达本身就是商业发展的一种必然结果。从当铺的功能来讲，它又起到了融通资金，促进农业、工商业经济发展的作用。

中国是一个农业大国，自古以来，大部分人口从事的是农业活动，大部分国民收入都来自农业。

在宋代，虽然商品经济发展很快，但是也没有改变以农业为主的状况。农民生活在社会的底层，一般都比较贫苦，在农耕季节，为购置耕牛、种子、农具，雇请人力进行再生产时，许多农民就要依赖典当来取得投资费用。

在收获的环节上，当铺典当活动的开展对农业的支撑作用也是十分显著的。

起源于宋朝的谷典就是一个很好的例子。在粮食获得丰收的季节，由于需求有限，粮食的市价也会一降再降，变得十分低廉，这些粮食又不易长期保存，农民受到了极大的损害；另一方面，由于资金有限，粮食商人也不能收购更多的粮食，因此粮食商业也受到了极大的限制。

谷典的出现，解决了双方的难题，粮食商人可以将手中收购来的粮食抵押给当铺，从而取得资金再去收购农民手中的粮食。这样，农

古代当铺

晋源当铺

民的粮食卖出去了，粮食商人也获得了利润。

同时，当铺既可以在粮食商人回赎粮食时赚取利息，又可以在粮食商人逾期不回赎或典卖粮食之后再转手将粮食卖出，从而赚取中间的差价，这样，就是一举三得。

除了农业，在宋代兴起的工商业与当铺也有着极为紧密的联系。

这是因为，一些工商行业需要依赖借贷来比较稳定地开始或继续他们的经营，这样，商业资本的流动周期就缩短了，可以给商人带来更多的利润，从而促进了商业的再投资，以此循环，商业机构和组织也就越来越多，从而促进了商业的发展。

典当行的商业性首先表现为，它在产生初期主要担负着筹措资金的任务。自南北朝以来出现的质库，虽然是人类最早的信用中介，但受封建商品经济发展水平的制约，实际上还是尚未独立的完全依附于寺院的一个经济部门，或者说，是寺院经济多种经营方式中的一种。

典当行的商业性还表现为，它在一定条件下直接从事市场活动。随着封建社会商品经济的发展，典当行的财力日趋加强。特别是在其成为独立的金融机构之后，便开始兼营商业或其他副业，从而于借贷生息之外，开辟一条增值其自身资本的新途径。

在封建社会里，朝廷为了增加财政收入，征税对象遍及各行各业，当铺这个获利颇为丰厚的机构，自然也成为朝廷补充财政的对象。

比如在宋元时期，朝廷增加财政收入采用的方式是开办官办当铺。在北宋时，官府特别设立了一项费用，叫作"公使钱"，其中有很大一部分就是用来开设当铺的。皇帝还诏令各府界诸县在交通枢纽和商贩聚集的地方置当铺。在当时，官办的当铺遍布各地城乡集镇。

与宋代同时期的金朝也有类似的做法。据《金史·百官志》记载，金朝廷在中都南京、东平、真定等处设置典库。以流泉为名，各设"使副"一员，又在京府节度州添设"流泉务"28所。

在元代，元世祖忽必烈曾设立公典，称"广惠库"，又名"宝钞广惠库"，掌储存钱钞，放贷收息。这说明在元代，朝廷还是在继续支持官办当铺的发展，因而官办当铺也十分发达。

宋元以后，当铺继续成为增加朝廷财政收入的工具，途

■ 当铺钱庄票号的银库

径则是征收税赋。比如清代在入关执政后，朝廷迅即开征当铺税，获得了一笔固定的财政收入。1664年提出税收标准，当铺每年纳银5两，以当时的当铺数目计算，每年就能征到11万两有余。

清朝廷又规定，民间开设当铺，均要办理营业执照，并缴纳"帖捐"，相当于后来的印花税，同时照例按年缴纳当税。

乾隆时期，全国当铺多达1.8万多家，每年的财政税收更是可想而知。

以上事例和数据表明，在封建社会，各朝各代通过采取不同的手段，在当铺这个金融机构中取得了巨大的经济收益，有力地补充了朝廷的财政收入。

古代的当铺也具有对经济的宏观调控作用，因此，朝廷有时还把它作为推行某种经济政策的工具加以利用。

唐宋时期，货币的供求关系十分紧张。

一方面，由于商品经济日益发展，需要用到货

■ 当铺钱庄票号用的小秤

币的领域越来越多，货币流通量亟待增加。另一方面，由于金、银、铜等铸造钱币的贵重金属数量有限，民间又流行藏钱和将钱改制成其他器物的风气。因此，流通中的货币数额远远不能满足需要。

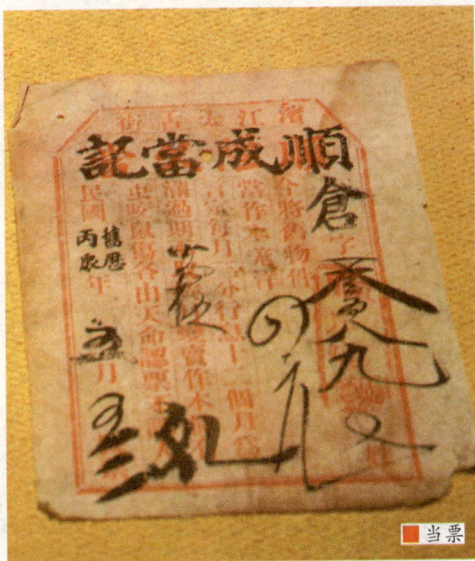

■ 当票

每当这种情况出现，当铺便能做出巨大的贡献。因为在朝廷的要求下，当铺就会在借贷中使用小额货币，当小额货币源源不断地流入到社会之中后，货币匮乏的现象就能得到缓解了。

清代乾隆时期，基于钱币缺乏的局面，朝廷曾拨出一批银两，给当时北京城内外的六七百家大小当铺充作资金，从而吸收民间手持铜钱。这样，通过利用当铺所具有的对钱币的操纵能力，就能稳定因货币不足而造成的各种不稳定因素。

阅读链接

唐代的太平公主是作为一个政治人物活跃在历史舞台上的。她一生参与了三次大的政治斗争，并且卷入的程度一次比一次深，起的作用也一次比一次大。

此外，太平公主还热衷于经商之利。她利用雄厚的资本，在家中开设质库。其规模、实力都远非一般当铺所能够相比。

唐代国力强盛，工商业发展加快，货币需求迅速扩大，这些都使典当的存在和兴旺具备了坚实的基础。太平公主以堂堂公主之尊开设当铺，这是古代官僚资本最早向金融业转移的典型例子。

当铺业萌芽与形成

  中国古代"质""当""质当"等词语，均含有人质的意思。在最初的时候，"质"更多的是用在政治领域，如把与自己有重要关系的人留给他人做人质，作为一个重大承诺增加信用。后来发展至与典当有关。

  在古代，由于作为充当社会商品生产和交换的一般等价物货币已经有了长足的发展，使得人们对货币的需求越来越大，于是，在南北朝时期形成了当铺这一行业。

古代当铺旧址

当铺在南北朝时期叫质库、质肆、质舍，在宋代叫质库、解库、长生库、典库、典铺、印子库，元代叫解典库、解典铺，明清时期叫当铺、典当、质典。

当铺是收取动产和不动产作为抵押，向对方放债的金融机构。从千百年来中国当铺的名称演变沿革的基本轮廓可以看出，虽然当铺的名称发生了许多变化，但是这个行业的经营性质从古至今并没有大的变化，所以可以统称为当铺，属于典当行业。

■ 绍兴鲁镇利济当铺旧址

在中国，当铺的经营历史十分古老。从两汉时期开始，由于私人以物为质的行为已相当普遍，"以物质钱"的典当行为便正式萌芽。

范晔所著《后汉书·刘虞传》记载：东汉末年，甘陵相刘虞奉命攻打幽州，与部将公孙瓒发生矛盾。刘虞打算把受赏之财质押给外族，却被公孙瓒劫掠。

这是历史上最早把典当作为一种社会经济活动加以记载。它表明中国典当行为最迟在汉朝就已出现，距今有一千八百多年，当时就有了典当萌芽。

个人的典当行为出现于西汉景帝时期，当时著名的文学家司马相如偕妻子卓文君流落到四川成都，因

范晔（398—445），南朝宋史学家，《后汉书》作者。原计划写成10志，但未完成。今本《后汉书》中的8志30卷，是南朝梁刘昭从司马彪的《续汉书》中抽出来补进去的。其中《杨震暮夜却金》和《强项令》已编入小学和中学教材。

为两个人生活上很贫穷，司马相如就把自己贵重的皮衣送到当铺典当了，换了钱用来过日子。

两晋时期，典当又得到进一步发展。

《晋书·桓冲传》中记载了这样一个故事：东晋军事将领桓冲的父亲去世了，他的兄弟年少，家里又穷。恰巧在这个时候母亲又生病了，需要吃羊肉治病，没有办法，只好将桓冲押给人家以换取买羊治病的钱。

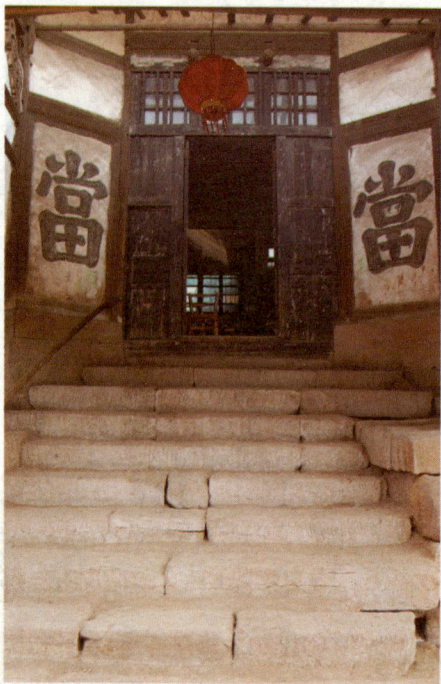
■ 尧坝古镇老当铺

通过这个故事我们可以看出，在那个时代，人也是可以用来抵押的。

正式的典当出现在南北朝期间。据说有一个叫孙彬的人到寺庙当东西换钱，结果在赎回后发现，当初抵押的东西中多出了5两黄金，于是他送还了寺庙。

由此证明，中国的当铺业最早就是在南齐的寺院中产生的。

在当时，由于皇室和平民都笃信佛教，大量的财富流向寺院。在这种情况下，寺院把多余的钱财用于典当资本，供人典质物品，代替布施。

这种典押物品的方式，不仅方便了人们融资的需要，也使寺庙获得了不菲的收益。据史料记载，寺院从事典当业务后，寺庙的钱财通常是有增无减。

典当的好处刺激了寺庙从事典当的兴趣，于是，

桓冲（328—384），字幼子，小字买德郎，谯国龙亢，今安徽怀远人，东晋军事将领。历任车骑将军、荆州刺史、江州刺史，并在淝水之战立有大功，追赠太尉，谥曰宣穆。后桓玄称帝，追赠太傅、宣城王。

在南北朝时期，当铺作为一种业态在寺庙中诞生了。

典当在南北朝时期的产生，是有着深刻的社会历史背景的。

首先，日益迫切的社会需求。由于历史进入了少数民族入主中原的战乱时期，民族矛盾和阶级矛盾交织在一起，社会矛盾十分尖锐。再加上中国古代社会生产力低下，在两极分化十分严重的情况下，无数平民百姓胼手胝足，本来就难以维持温饱生活，倘若遇到水、旱、震、蝗等灾害，更是雪上加霜。

不仅播种季节无钱购买种子、农具，而且连日常生活也都求借无门，社会生产力面临着日益衰败的严峻局面。因此，社会对资金的融通需求十分迫切。

其次，佛教的传入刺激了当铺行业的发展。佛教自东汉明帝时期传入中国，并在洛阳建立第一个中国佛教寺院白马寺以后，至南北朝时，由于人们面对战

五胡 指匈奴、鲜卑、羯、氐、羌这五个少数民族，趁中原八王之乱时期衰弱之际陆续建立北方政权而造成与南方汉人政权对峙。由于这些政权主要是由"五胡"所建，史称五胡十六国。

■ 古代金币

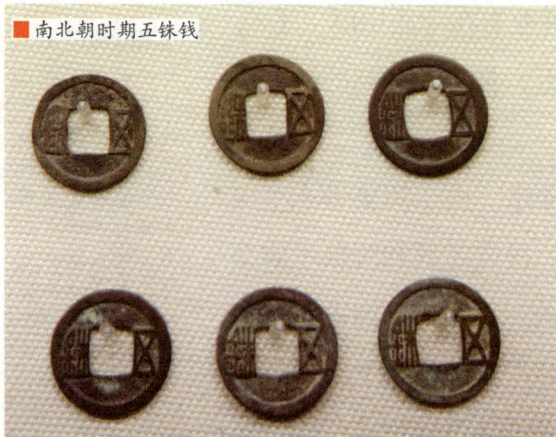
南北朝时期五铢钱

乱频发造成的生离死别产生了强烈的避世求来生的愿望，再加上南北朝时期人们对佛教的炽热崇尚，两者不谋而合，迅速地推动了中国的佛教化。

由于南北朝的帝王不时有舍身事佛，不仅使佛寺的地位不断提高，而且也使佛寺的财富日益积聚。寺院经济空前发达，获得了大量财富。

正因为南北朝时期的佛寺具备了日益雄厚的经济基础，由佛寺为主开设带有慈善性质的典当业"质库"就成为可能。

寺院香火鼎盛，财力日增，遂以一部分余资向平民发放钱款，既有慈善济贫之誉，又可坐收利息，客观上为典当业的发展做出了历史性贡献。

阅读链接

《南齐书》记载了一个寺庙经营当铺生意的故事：

482年，南齐录尚书事褚渊去世，他的弟弟褚澄把典当在招提寺中褚渊的一件白貂坐褥、一只介幩犀角和一头黄牛赎回。赎回物品后，褚澄把太祖高皇帝赐给褚渊的白貂坐褥割开，做成了裘及缨，但这件事后来被人告发了，因为这种行为冒犯了皇帝的威严，结果他在次年被免职。

从这个故事可以看出，中国在南北朝时期，就已经有寺院在从事当铺经营活动了。

源远流长的

历史文化

交通巡礼

历代交通与水陆运输

官道与栈道

自从人类诞生后，就开始了道路的历史。我们的祖先在极端恶劣的自然环境和十分低下的生产力条件下，为了生存和繁衍，在中华大地上开辟了最早的道路。

从夏、商、周三代开始，经过历朝历代的建设，中国古代的道路发展取得了重大的成就，其中以官道和栈道最为辉煌。

中国古代官道和栈道的发展，促进了中国的民族大融合，对形成统一的中华民族具有举足轻重的作用。同时，道路的发展，增进了中国同周边各国的经济与文化交流。

先秦官道与栈道

先秦时期是中国古代历史的奴隶制国家时期，在原始社会的基础上，继续有所建树，交通逐渐趋于发达。历经春秋、战国时代，官道与栈道也相应臻于稠密，交通道路的布局，显得日新月异，极大地促进了经济发展。

先秦时期所形成的交通线已经基本具有与后来交通线一样的基本功能。功能完备的官道与栈道，可以说是后来交通发展的最原始基础，后世在它的基础上逐渐发展，最终形成了人间畅通的大道。

■ 岩壁上的古代栈道

夏代是中国历史上第一个奴隶制国家，统辖地域主要在黄河中游一带，周围林立着大大小小的城邦。

夏代城市遗址的考古发掘与研究，不仅表明了当时社会的发展和进步，也表明了城市交通从此成为人们非常关注的话题。

至商代时，朝廷也非常重视道路交通，定时派人修筑护养道路。

■ 丛林间的古道

这样，经过夏商两代长期的开拓，至西周时期，可以说中国古代的道路已经初具规模。

在周武王姬发灭商后，除都城镐京外，还根据周公的建议，修建了东都洛邑，以便控制东方新得到的大片疆土。

为了有效发挥镐京和洛邑两地的政治、经济、文化中心的作用，周武王在两地之间修建了一条宽阔平坦的大道，号称"周道"。并以洛邑为中心，向东、向北、向南、向东南又修建成等级不同的、呈辐射状的道路。

周道不仅是国家交通的中轴线和西周王室的生命线，而且在中国古代交通的发展史上具有重大意义。

西周至唐代的各个朝代的政治、经济、文化重心，都是在这条轴线上，而且在以后的宋、元、明、清时期，这条交通线仍然是横贯东西的大动脉。周道在

周武王姬发（前1087—前1042），周文王姬昌次子。西周青铜器铭文常称其为"斌王"，史称"周武王"。他继承父亲的遗志，灭掉商朝，夺取全国政权，建立西周王朝，表现出卓越的军事和政治才能，成为中国历史上的一代明君。

■ 悬崖上的古代栈道遗迹

中国经济文化发展的历史上，起了奠基性的作用。

西周对道路的规划、标准、管理、养护、绿化，以及沿线的服务性设施方面，也有所创建。

西周把道路分为市区和郊区，前者称为"国中"，后者称为"鄙野"，分别由名为"匠人"和"遂人"的官吏管理，可以说是现代城市道路和公路划分的先河。

城市道路分为经、纬、环、野四种，南北之道谓之经，东西之道谓之纬。都城中各有经纬九条线路，构成棋盘形。道路围城为环，出城为野。

经、纬、环、野各规定有不同的宽度，其单位为轨，每轨宽8周尺，每周尺约合现在的20厘米。

郊外道路共分为路、道、涂、畛、径五个等级，并根据其各自的功能规定不同的宽度，类似现代的技术标准。

"路"容乘车3轨，
"道"容2轨，"涂"容1轨，
"畛"走牛车，"径"为
走马的田间小路。

在路政管理上，西周
朝廷设有司空，掌管土
木建筑及道路。而且规
定"司空视涂"，即按期
视察，及时维护。以上情
况，足见西周的道路及管理，已臻于相当完善的程度。

东周时期，当时的社会生产力空前发展，农业、手工业与商业都
兴盛起来。

随着春秋大国争霸，以及后来的"战国七雄"对峙，大规模的经
济文化交流、军事外交活动和人员物资聚散，都极大地推进了道路的
建设。

■ 高山峻岭中的古代栈道

■ 古代栈道

当时，除了周道继续发
挥其中轴线的重要作用外，
在其两侧还进一步完善了纵
横交错的陆路干线和支线。

这个时期修建的主要道
路工程有许多，秦国修筑的
著名的褒斜栈道就是其中重
要的一项。

秦惠王时，为了克服秦
岭的阻隔，打通陕西至四
川的道路，开始修筑褒斜

栈道。这条栈道起自秦岭北麓眉县西南15千米的斜水谷，到达秦岭南麓褒城县北5千米的褒水河谷，故称"褒斜道"。

这条全长二百多千米的栈道，是在峭岩陡壁上凿孔架木，

■古栈道一角

并在其上铺板而成的。除了褒斜道外，以后几百年间还陆续开凿了金牛道、子午道和傥骆道等栈道。

这些工程极其艰巨，人们首先是在岩石上架柴猛烧，然后泼冷水使之炸裂，这就是"火焚水激"的原始方法。然后在崖壁上凿成0.3米见方，0.5米深的孔洞，分上、中、下三排，均插入木桩。

■通往山顶的古栈道

接着，在上排木桩上搭遮雨棚，中排木桩上铺板成路，下排木桩上支木为架。这样建成的栈道，远远望去，就像空中楼阁一般，煞是壮观。

西汉史学家司马迁在《史记》中记载："关中南则巴蜀，栈道千里，无所不通，唯褒斜道缩毂其口。"

源远流长的历史文化

"缩毂"就是控扼、扼制的意思。褒斜道地处交通要冲之地，战略上为蜀之咽喉，历来为兵家必争之地。

除了秦国修建的褒斜道外，其他诸侯国为了谋求发展，满足军事和经济的需要，也积极修建官道和栈道。

保存完好的古栈道

其中重要的道路工程，有楚国经营的从郢都通往新郑的重要通道、晋国打通的穿越太行山的东西孔道、齐鲁两国建设的四通八达的黄淮交通网络、燕国开辟的直达黄河下游和通往塞外的交通线等。

先秦道路建设和栈道的开辟，极大地方便了人们的出行。在这些交通线路上，穿大袖宽袍的中原人，善射箭骑马的戎狄人，居云梦江汉的荆楚人，披长发嬉水的吴越人，喜椎髻歌舞的巴蜀人，来来往往，相互沟通，为各民族的友好往来和最终走向统一打下了基础。

阅读链接

中国交通的形成和发展，远古之时已肇其端倪。新石器时期的人们就已经了解到交通的重要性，对于居住地址，也往往迁就于便于交通的地理条件。在生产力相对低下的远古时期，人们多喜欢居住于河流附近，就是这样的道理。

更有甚者，乃是居住于两条河流交汇的地方。比如河南省南召县新石器时期的遗址，就在黄鸭河和白河交汇之处。就是到现在，两河交汇的地方仍然是交通便利所在。其间的规律远在新石器时期已为人们所发现。

秦代道路交通网

秦始皇统一全国后，为了加强交通运输，促进经济、文化的交流和发展，下令拆毁以往各国修筑的关塞、堡垒等障碍物，修建了以首都咸阳为中心的驰道。随后他又命令蒙恬率众修筑一条由咸阳向北延伸的直道，以巩固边疆，维护国家的统一。

此外，还在西南山区修筑了"五尺道"。秦代修筑的这些不同等级、各有特征的道路，构成了以咸阳为中心，通达全国的道路网，构成了比较发达的交通系统。

■秦朝阿房宫内的官道

咸阳秦代修建的官道

秦统一天下后，为了巩固中华民族的统一，秦始皇采取了一系列措施，"车同轨"就是其中之一。车同轨就是全国车辆使用同一宽度的轨距。

这种标准化的要求和方法是很先进的，它适应了秦代全国土木工程和战争等方面长途运输的需要，对道路修建方面提出了更高的要求。

根据车同轨的要求，秦始皇派人对战国时期错综复杂的道路加以整修，拆毁关塞、堡垒等障碍物，连接和修建了以秦都咸阳为中心的驰道，形成了以驰道为骨干的四通八达的道路交通网。驰道是供帝王出巡时车马行驶的道路，即御道。这项费时十年的工程，规模十分浩大。

秦代著名的驰道，有今陕西省境内出高陵通上郡的上郡道，过黄河通山西的临晋道，出函谷关通河南、河北、山东的东方道，出今商洛通东南的武关道，出秦岭通四川的栈道，出今陇县通宁夏、甘肃的西方道，出今淳化通九原的直道，等等。

秦代驰道有统一的质量标准：路面幅宽70米；路基要高出两侧地面，以利排水，并要用铁锤把路面夯实；每隔10米种一株青松，以为

■ 子午岭的河谷道

行道树；除路中央10米为皇帝专用外，两边还开辟了人行旁道。可以说，这是中国历史上最早的正式的"国道"。

据古书记载，公元前212年至前210年，秦始皇下令修筑一条长约1400千米的直道，命蒙恬、扶苏率20万大军，一面驻守边关，一面修建直道。

直道经鄂尔多斯草原后进入子午岭，沿子午岭主脉由北向南，直至子午岭南端的甘泉山。甘泉山至子午岭一带，森林茂密，鄂尔多斯草原更是野草丛生、湖沼遍布、猛兽蛇虫出没、人迹罕至的地区。

蒙恬经过一年多时间的考察，能够确定这样一条直至阴山山脉之下的近路，确实是一件不可思议的事情。

子午岭地跨陕西、甘肃两省，处于黄土高原的腹地。是一座高大的山峰，山区面积广，支岭较多，地形复杂，地势险要，扼守着东西两侧的河谷大道，是

匈奴 中国古籍中讲述的匈奴是在汉朝时称雄中原以北的一个强大的游牧民族，公元前215年被逐出黄河河套地区，历经东汉时走向了分裂，南匈奴进入中原内附，北匈奴从漠北西迁，中间经历了约三百年。

兵家必争之地。子午岭的地理位置，决定了直道在防御匈奴和北方少数民族入侵中很重要的军事地位。

子午岭两侧的河谷大道，即著名的延州道和马莲河道。河谷地带水草丰盛，游牧族来往于河谷大道，因此，它们成为古代北方游牧民族南下的主要通道。

延州道河谷比较狭窄，北方游牧部族南下时困难较多，因而往往从马莲河道南下。修筑延州道的目的，主要是为了防御北方匈奴的侵扰。

马莲河道沿途经过陕甘等省，穿过14个县，直至九原郡，仅仅用了两年半的时间就修筑完毕。建成后的直道宽度一般都在60米左右。其沿途各支线星罗棋布，每条支线都有容纳并排行驶两辆至四辆卡车的宽度。

马莲河道正式使用以后，秦始皇的骑兵从云阳林光宫出发，三天三夜即可驰抵阴山脚下，出击匈奴。

另外还有一条道路，在马莲河道之西，六盘山下的萧关道。这条道路比较平坦，附近的水草也比较丰

林光宫　位于陕西省淳化县铁王乡凉武帝村，秦代始建，因甘泉山而得名。既是安边固疆的军事重镇，也是避暑狩猎之胜地。此遗址的历史文化内涵，是中华文明史的重要组成部分，是秦汉帝国强大兴盛的缩影，更是研究秦汉文明史的宝贵佐证。

■ 古代的道路

连接云南与四川的古商道

盛，更利于骑兵活动。

秦直道类似今天的高速公路。秦代以后，直道仍然发挥着重要的作用。西汉时期不仅积极利用秦时所修的直道来防御匈奴南犯，而且对于直道的维护也曾下了一番功夫。

据《汉书·地理志》记载，当时西汉在北地郡新增了直路县和除道县，这两县分别设在子午岭段直道的南北两端，显然是为了加强对直道的控制。

除了驰道、直道以外，秦始皇还在西南山区修筑了"五尺道"。五尺道又称"滇僰古道"，是连接云南与内地的最古老的官道，为连接川滇汉人与古僰人而修建的。

统一中国后，为了有效地控制在夜郎、滇等地设立的郡县，秦始皇派了一位名叫常頞的人率众筑路，

僰人 又称"山都掌""都掌蛮"。是先秦时期就在中国西南居住的一个古老民族。据研究，僰即越人，人们多叫为"百濮""百越"。唐朝前以僜獠著称，宋代才开始以壮族为名，可见壮族是古代西南少数民族的主干，也是现广西壮族自治区的主流。

这条路就是历史上有名的"五尺道"。

常頞开通的五尺道虽宽5尺，但由于沿途山势太险，凿通实在不易。当时尚未发明炸药，只能采用"火焚水激"的原始方法。

五尺道北起宜宾、南至曲靖，途经盐津、大关、昭通、鲁甸、宣威等县，唐樊绰《蛮书》称之为"石门道"。这条道路尽管狭窄，却和秦始皇在全国其他地区兴修的宽达60米的驰道具有同等重要的意义。是云南通向蜀地的重要商道。

其实，秦代除了修筑城外道路外，对于城市道路的建设也有突出之处，如在阿房宫的建筑中，采用高架道的形式筑成阁道，自殿下直抵南面的终南山，形成了"复道行空，不霁何虹"的壮观画面。

总而言之，秦代修筑的驰道和直道是中国古代筑路史上的杰出成就。以驰道为干线形成的道路交通网，也是世界上最早出现的具有全国规模的道路交通网之一。

这一伟大创举，不仅对巩固中华民族的统一和推动社会经济的进步具有重要意义，而且对后世的陆路交通也有深远影响。

阅读链接

相传，秦始皇当年让太子扶苏镇守西北，建功立业，好使他将来顺理成章地继承帝位。秦始皇爱子心切，还特意叫将军蒙恬扶持他。

扶苏忠心耿耿，他在西北一待就是数年，除了参与军事决策外，还协助蒙恬修建了直道。秦始皇去世后，扶苏遭人陷害，被奸臣赵高假传圣旨赐毒酒自尽。扶苏仰天长叹，然后端起毒酒一饮而尽。

扶苏死后，当地老百姓就把他埋葬在了直道旁，并建庙纪念。但岁月沧桑，如今庙宇早已坍塌，只留下一堆黄土，供后人凭吊。

汉代陆路交通线

汉代的陆路交通路线，重点放在通往巴蜀、西北、北边、岭南及西南等地区。最为重要的是，汉代开辟了通向河西走廊及西域诸国之通道。汉武帝时期，为了打通通往西域的经济通道和防御匈奴的军事需要，先后在河西走廊设置了武威、张掖、酒泉、敦煌四郡，并建置了驿道，还有烽燧亭障等一系列军事设施。然后，又在此基础上继续向西，打通了通往西域的交通线，促进了经济文化的大发展，奠定了社会发展的基础。

■ 穿过绞河古城的丝绸之路驿道

汉代的陆路交通线，除继承和维修了秦代的驰道、直道外，还新修了一些交通线。

在中原地区，因地势险恶程度的不同设有关隘，以控制交通路线的咽喉。洛阳东面的成皋关口，南面的镮辕、伊阙之道；从长安向东南，有武关至南阳之道，还有临晋关、河东、上党与河内、赵国等通道要冲。可见，从长安和洛阳通往上述诸地，均有重要的陆路交通线。

■ 汉代时期的古道

此外，更有从中原通往南越及交趾等地的陆路交通线。早在秦时，通往南越有"越道"，又名"新道"。秦曾设横浦关、阳山关及湟溪关。

其中横浦关在仁化县北65千米；湟溪关在乐昌市西南1千米；揭阳在阳山县，阳山关当在此。

西汉初年，南越王赵佗断绝了"新道"，至汉武帝征服南越国后，这条"新道"得以畅通。东汉时，为了进一步开发这一地区，凿山通道250余千米，于是从桂阳通往南越故地的陆路交通便利了。

西汉时期对西域的开发并打通丝绸之路，是汉代陆路交通的重要成果，对后世有重大意义。

西汉初年，匈奴屡次侵犯中原，当时的汉代刚刚

南越 是秦将灭亡时，由南海郡尉赵佗建立，国都位于番禺，即今广东省广州市，疆域包括现在的广东、广西两省区的大部分，福建、湖南、贵州、云南的部分地区和越南的北部。南越国又称为南越或南粤，在越南又称为赵朝或前赵朝。

■ 张骞石雕像

乌孙 是汉代连接东西方草原交通的最重要的民族之一。公元前2世纪初叶，乌孙与月氏均在今甘肃境内敦煌祁连间游牧，北邻匈奴。乌孙王难兜靡被月氏攻杀，他的儿子猎骄靡刚刚诞生，由匈奴冒顿单于收养成人，后来得以复兴故国。

建立，国力衰微，只好以和亲的方式来求得天下太平。汉武帝刘彻登上皇位后，汉代的经济和军事实力开始增强，于是汉代改变了对匈奴的政策，打算以武力方式来解决与匈奴的纷争。

当时西域有一个大月氏国，因其先王被匈奴人杀死，与匈奴结怨。

于是汉武帝希望与之结盟，两面夹击匈奴。为了联合大月氏，汉武帝派使者张骞出使西域。

公元前139年，张骞带领一百多人组成的队伍，从都城长安出发，打算穿过河西走廊，到达远迁康居的大月氏国。

不幸的是，一行人在中途被匈奴扣住，这一扣就是十余年。然而，张骞从未忘记过自己的使命，他忍辱负重，无时无刻不在想法逃离匈奴。

随着时间的推移，匈奴逐渐放松了对张骞的看管，于是在一天夜里，张骞乘其不备，与贴身随从甘父逃出了匈奴，经过长途跋涉，终于抵达大月氏。

令张骞始料不及的是，大月氏在新的领土上安居乐业，已经不愿意再与匈奴为敌。联盟失败的张骞启程东归，途中再次被匈奴俘虏，但他又在两年后成功脱逃。

虽然张骞此次去西域没有达至预期目的，但却带回了大宛、大夏、大月氏、乌孙、奄蔡等国的大量资料，加强了内地和新疆一带的联系，为丝绸之路的开通奠定了基础。

公元前119年，汉武帝再次派张骞到西域，联络乌孙，共同攻击匈奴。张骞率领三百多人的队伍，畅通无阻地到达了乌孙，并派副使访问了大宛、大月氏、大夏等国，足迹遍及中亚、南亚许多地区，最远曾至大秦和北非。大秦就是现在的罗马。

汉通西域，起初是出于合击匈奴目的，但结果却

张骞（约前164—前114），汉中郡城固人。中国汉代卓越的探险家、旅行家与外交家，对丝绸之路的开拓有重大贡献。开拓汉朝通往西域的南北交通道路，并从西域诸国引进了汗血马、葡萄、苜蓿、石榴、胡麻等。

■ 丝绸之路遗址

让汉武帝和张骞始料未及。张骞去西域后，汉代的使者、商人接踵西行，西域的使者、商人也纷纷东来，从此开始了商贸往来。

循着张骞曾经走过的线路，中国的先进技术、丝绸、农作物栽培法等都传到了西域，而西域各国的奇珍异宝也输入了中国内地。

具体来说，丝绸之路最初东以长安为起点，沿渭水西行，过了黄土高原，通过河西走廊到达敦煌。

由敦煌西行则分成南北两路：南路出阳关，沿今塔里木盆地南沿、昆仑山北麓，经古楼兰、且末、民丰、于田、和田、墨玉、皮山、叶城、莎车，到达喀什。

北路出玉门关，沿塔里木盆地北沿、天山南麓，经过吐鲁番、库尔勒、拜城、阿克苏、巴楚到达喀什。

南北两路在喀什会合后，继续往西，登上帕米尔高原，这是最难走的一段路。然后经过阿富汗、伊朗和中亚诸国，再过地中海，最后到达丝绸之路的终点，就是大秦的首都罗马城和威尼斯。

后来，又开辟了一条北新道，从敦煌经哈密，沿着天山以北的准

源远流长的历史文化

■ 丝绸之路玉门关遗址

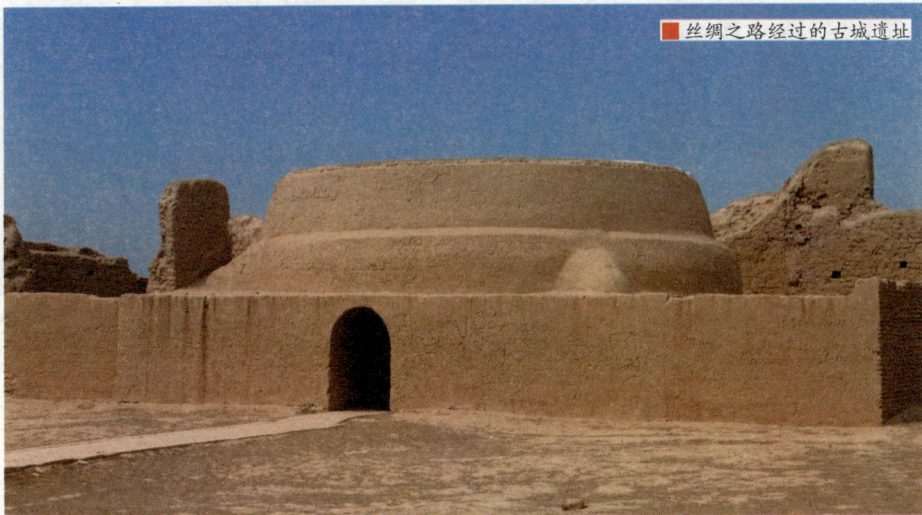
■ 丝绸之路经过的古城遗址

噶尔盆地前进，渡伊犁河西行至古罗马帝国。

丝绸之路不仅拓宽了汉代的陆路交通线，更使这条线路成了国际商道，因而有着极为深远的意义。

丝绸之路经过中亚、西亚，可与东南欧及北非的交通线相衔接，构成了世界性的东西大商道。不仅在两汉时期，而且在唐代以后的历朝历代，它始终发挥着重要作用，成为古代东西方文明联系的主要纽带。

阅读链接

东汉明帝时，班超被任命为行军司马，于公元73年奉命去西域，并担任西域都护。

他帮助西域各国摆脱了匈奴的控制，使他在西域的威望越来越高。他在西域经营30年，加强了西域与内地的联系。后来东汉朝廷要把他调回时，许多人都不肯放他走，甚至抱住马腿跪着挽留他。

班超经营西域期间，首次将丝路从西亚一带延伸至欧洲，到了大秦，就是现在的罗马。166年，大秦人也顺着丝路首次来到东汉京师洛阳，这是欧洲国家同中国的首次直接交往。

唐宋城市道路

中国古代的城市道路建设，在唐代以前已经取得了很大成就。至唐宋时期，道路建设的发展进入了极盛时期。

城市道路系统绝大多数采取以南北向为主的方格网布置，这是由建筑物的南向布置延伸出来的。

唐宋的城市街巷四通八达，城市封闭的格局被打破了，显示出唐宋王朝的城市风貌和几代帝王的开放胸怀，为带动经济大发展提供了非常便利的条件。

■ 唐代长安城西市模型

■ 唐朝古都长安城模型

唐代不仅发展了大规模、长距离的车马运输道路，而且也发展了城市道路。当时，京城长安不仅有水路运河与东部地区相通，而且是国内与国际的陆路交通的枢纽，已经成为世界上最大的都市之一。

唐代长安城面积达84平方千米，其总体设计是中高外低，左右对称，东西两城完全相等；坊市街巷整齐有序，坊街尺度各分三等。

长安城主要由郭城、宫城、皇城等构成。

宫城位于郭城北部中央。皇城接宫城之南，设有中央衙署及附属机构。郭城内有南北向大街14条，东西向大街11条。垂直交错的大街将郭城划分为108个封闭式的里坊，坊内有民居、官衙、寺观等。

明德门至皇城正门朱雀门的朱雀大街位于全城中轴线上，道路宽达170米以上，称为"天街"，至今仍是世界上最宽的街道。

郭城 也称外郭城，中国古代都城的重要构成部分，是都城内面积最大的部分，功能为居民商业区，同时也作为国都的外围，拱卫皇宫安全。长安的郭城共开12座城门，除正门明德门有5个门道外，其余各门均为3个门道。

■ 唐代长安城西市模型

源远流长的历史文化

坊里 坊里是城市居住区的基本单位。有正方形及矩形，大的面积达到80多公顷，小的也有近30公顷。有封闭的坊墙，有定时启闭的坊门。夜间实行宵禁，管制严格。除大官及贵族以外，一律在坊内开门。

位于长安城中轴线的朱雀大街把长安城划为东西两部分。街西管区叫长安县，街东管区叫万年县。

朱雀大街的路面用砖铺成，道路两侧有排水沟和行道树，布置井然，气度宏伟，不但为中国以后的城市道路建设树立了榜样，而且影响远及日本。

长安城各条大街车水马龙，熙熙攘攘，非常热闹。街道两侧多植树，加上错落其间的清池的溪水、众多的园林、盛开的牡丹，使整个城市非常整齐美观。

出了长安城，向东，向南，向西，向北，构成了四通八达的陆路交通网。不仅通向全国各地，而且中外交通往来也比较频繁。

宋代是中国古代道路建设突飞猛进的时期，特别是在城市道路建设与交通管理方面，与唐代已经有了明显的区别。

宋代时期的城市建设，实现了街和市的有机结合。城内大道两旁，第一次成为百业汇聚之区。城里居民走出了以前那种以封闭分隔为特征的坊里高墙，投入空前活跃的城市中生活；酒楼茶肆勾栏瓦舍日夜经营，艺人商贩填街塞巷。

北宋的都城是汴京，也称东京，就是现在的开封。汴京是北宋政治、经济、军事、科技、文化、商业和城市的中心，也是当时世界上最繁华、面积最大的都市。

汴京的建设规划思想独特，宏大的城垣分外城、内城、皇城，三重城廓，三条护城河。城内交通水陆兼容，畅通无阻。汴京中心街道称作御街，宽200米，路两边是御廊。

北宋朝廷改变了以前居民不得向大街开门，不得在指定的市坊以外从事买卖活动的旧规矩，允许市民在御廊开店设铺和沿街做买卖。为活跃经济文化生

城垣 中国古代围绕城市的城墙。其广义还包括城门、城楼、角楼、马面和瓮城。封建社会各地城市绝大多数都建有城垣。城门和城墙转角处的墙体常加厚，称为城台和角台，其上的建筑称城楼和角楼。

■ 古代汴梁城复原模型

宋《清明上河图》之北宋都城城内街市局部

活，还放宽了宵禁，城门关得很晚，开得很早。

在皇帝出行的街道上，每隔两三百米设一个军巡铺，铺中设巡警，白天维持交通秩序，疏导人流车流；夜间警卫官府商宅，防盗，防火，防止意外事故。

宋室南迁，定都杭州，改称临安府，称为"行在"。而仍将北宋历代先帝陵寝所在的东京汴梁城称为"京师"。

临安原为地方政权吴越国的都城。南宋朝廷以临安为行都，倾全国之人力、物力、财力，精心营造临安城市建设。如疏浚河湖、增辟道路、改善交通等，使之成为全国的政治、经济、文化中心。

临安以御街为主干道，全长约4.5千米。除此之外，还有四条与御街走向相似的南北向道路。东西向干道也有四条，都是东西城门之间的通道。还有次一级的街道若干条，均通向中部御街。

临安御街是皇帝于"四孟"，即孟春、孟夏、孟秋、孟冬到景灵宫朝拜祖宗时的专用道路。景灵宫位于现在的武林路西侧，是供奉皇室祖先塑像的场所。

每隔三年，皇帝都要进行一次为期三天的祭天仪式。他沿着御街到景灵宫吃斋祭祖，住一晚后，再返回今鼓楼附近的太庙住一晚，再

到城外的郊坛祭天，再住一晚后返回皇宫。

临安的御街对百姓来说也很重要，因为它的两旁集中了数万家商铺，临安城一半的百姓都住在附近。

城内河道有四条；其中盐桥河为主要运输河道，沿河两岸多闹市。城外有多条河流，与大运河相连。这些纵横相交的河和湖构成了一幅水运网，对临安经济发展起了重要作用。

唐宋时期的经济文化相较于以往各朝各代有着巨大的发展，应该与其四通八达的城市道路有着直接的联系。

阅读链接

南宋临安城御街两旁的商业非常发达。御街分为三段：从万松岭到鼓楼，是临安的政治中心，靠近皇宫、朝廷中枢机关，皇亲国戚、文武百官集中，消费与购买力最强，因此，这里的店铺大多经营金银珍宝等高档奢侈品。

从鼓楼至众安桥，以羊坝头、官巷口为中心，是当时的商业中心，经营日常生活用品，据《梦粱录》记载，这里名店、老店云集，有名可查的达120多家。从众安桥至武林路、凤起路口结束，形成了商贸与文化娱乐相结合的街段。

清代道路建设

在唐宋之后，又经历了元明时期的发展，中国的道路取得了更大的发展。

至清代时，朝廷对原有的道路进行了多次整顿，使道路的功能更加强大，在筑路及养路方面有新的提高，道路里程比以前更长，并且道路布局也比以往任何时候都合理而有效。

清王朝建立的大一统政体，具有超过历朝的规模。清代的交通系统，也在联络的幅面和通行的效率等方面，体现出超过前代的优势。

北京城的古巷道

清代把驿路分为三等：一是官马大路，由北京向各方辐射，主要通往各省城；二是大路，自省城通往地方重要城市；三是小路，自大路或各地重要城市通往各市镇的支线。

官马大路，是国家级官道，在京城东华门外设皇华驿，作为全国交通的总枢纽，管理北路、西路、南路、东路等官马大路的干线系统。

官马北路系统最重要的是通往大东北的干线，即从北京经山海关、盛京分别延伸至雅克萨、庙屯的官路和通往朝鲜半岛的国际通道。属于官马北路系统的还有到呼伦、恰克图的干线以及塞上的横向大通道。

官马西路系统包括兰州官路与四川官路的两大干线，前者从北京经保定、太原、西安、兰州，分别至青海、西藏和新疆，并通往中亚、西亚诸国；后者则是通往大西南的干线，从西安通往云、贵、川，并向

皇华驿 清朝朝廷设于京师的驿站。隶属兵部会同馆。管理京师驿传事务。清代邮驿网路，以皇华驿为中心向全国辐射。皇华驿位于北京东华门，是全国驿路的总枢纽。皇华驿每日拨马以供车驾司、捷报处之差；照勘合火票填给夫马之数，应付驰驿官驿；按火票填注里数，应付笔贴式差官驰报。

西延伸至西藏拉萨。

詹天佑（1861—1919），中国近代的铁路工程专家。他主持修建了中国自建的第一条铁路京张铁路，并且创造了"竖井施工法"和"人"字形线路，震惊中外。有"中国铁路之父"和"中国近代工程之父"之称。

官马西路系统覆盖了中国整个西部地区，在大清帝国创建和巩固的过程中，起了十分重要的作用。

官马南路系统，包括云南官路、桂林官路和广东官路三条干线。前两条干线均从太原南下过黄河到洛阳，然后分道到昆明或桂林，并延伸至印度支那半岛；第三条干线即广东官路的主干道，则是从北京出发经济南、徐州、合肥、赣州、韶关，直至广州。

广东官路是元、明以来北京到广州纵贯中国南北的主要官道，历来当作"使节路"，意思是常有中外使节通行的官道。

官马东路的唯一干线就是福建官路，沿途经过天津、济南、徐州、南京、苏州、上海、杭州、福州等重要城市。它是清朝朝廷经济上赖以生存的重要通路。此外，还有横贯东西的长江官路等。

清代道路建设的重大成果是修建铁路。尤其是京

■ 清代南方城市的官道

京张铁路施工场景模型

张铁路的建成，这是中国人利用自己的技术力量修成的，在中国铁路史上写下了光辉的一页，对于加强内地与边疆的联系有着重要意义。

清代第一条自建铁路是唐胥铁路，是由地方朝廷于1881年建成的从唐山至胥各庄的铁路。由于当时清代禁驶小火车，于是用骡马拉的大车不得不行驶在唐胥铁路的钢轨上。

直至中法战争爆发前夕，清朝朝廷的兵工厂、军舰、轮船急需用煤，朝廷才终于做出让步，同意从英国购买两台水柜蒸汽机车，唐胥铁路才成为真正意义上的营运铁路。

唐胥铁路的出现，打破了清朝朝廷不准修建铁路的坚冰。此后，在唐胥铁路通车8年后，清朝朝廷做出决断，开始在全国大办铁路。

京张铁路在清代铁路建设中具有重要意义。它是由当时的铁路工程师詹天佑设计监造的，1909年建成，是中国首条不使用外国资金及人员，由中国人自行勘测、设计、施工完成、投入营运的铁路。

线路起自丰台车站，由西直门经沙河、南口，进入居庸关，到达青龙桥车站，再过八达岭隧道，然后沿军都山山麓到康庄，穿越今官

京张铁路"人"字形铁轨

厅水库淹没区至狼山，进入怀来丘陵地带，过土木、沙城，再从桑干河支流的洋河谷地行进至鸡鸣驿、宣化，最后抵达张家口。

八达岭近青龙桥段，为了穿越燕山山脉军都山的陡山大沟，在22千米的线路区段内采用了"人"字形轨道，列车再用折返方法攀斜。另外还有400米长的居庸关隧道和200米长的钢架结构的怀来大桥。

此后，清代朝廷又兴修了津浦铁路，该铁路北起天津西站，穿越河北省、山东省、安徽省、江苏省，终至浦口站，全长一千多千米，为沿途各省的经济政治发展做出卓越贡献。

随着近代交通工具火车、轮船、汽车的相继兴起，铁路、公路、航线的不断开辟，中国古代道路交通系统终于完成了它的历史使命。

阅读链接

在京张铁路于丰台车站铺轨的第一天，有一节车钩链子折断了，影响了部分列车的正常运行。

詹天佑决心对车钩改造。经过刻苦钻研，反复设计、修改，终于改成了一种新式的自动挂钩，在修筑京张铁路八达岭段"人"字形铁路时，得到了采用，在行车安全上发挥了重要作用。

这种挂钩装有弹簧，富有弹力，只要两节车厢轻轻一碰，两个钩舌就紧紧咬住，犹如一体。而要分开车厢又很方便，人站在线路外面，只要抬起提钩杆，两节车厢就分开了。

车马与轿子

　　在中国古代，由于幅员辽阔，知识和技术有限，各地自然条件不同，因此不同朝代不同地区使用的交通工具也有很大的差别。

　　其中，夏代奚仲制造马拉木车，商周的独辕车，秦汉的单马双辕车，两宋时期的太平车和平头车以及战车，还有清代豪华舒适的轿子，都在中国历史上发挥过重要作用。

　　无论是畜力还是人力的车子、轿子，作为传统交通工具，它们都是中华民族发展中的组成部分，占有不可或缺的重要地位。

夏代奚仲造马车

车辆为人类服务了几千年。中国夏朝初年的奚仲，在薛地造出了用马牵引的木制车辆，被后世称为造车的鼻祖、车神、车圣。

奚仲发明的马车，是中国古代科技史上的一个伟大创举，它不但解决了古代落后的交通问题，而且还促进了道路设施和社会经济的发展，扩大了商贸运输和文化交流活动，奠定了社会发展的基础。

■ 古代马车

■ 古代马车陶俑

奚仲是中国历史上夏王朝的异姓诸侯，据说是中华民族始祖黄帝的第十二代孙。他是鲁国人，故里在今山东省枣庄西。

奚仲的先人黄帝曾经造了一辆木头的车，可以装载东西。后来奚仲听说先人做的车放在部落首领那里，就和家人到部落首领那里去看。

回来后，奚仲觉得先人的车做得不算好，没有多大的使用价值，于是，他有空就琢磨如何造车的事。

奚仲想好了初步的样式后，这一天，他叫上妻儿一起到山上去伐树。

把木料运回来之后，奚仲先粗略地仿照当年黄帝车的样子做了个模型。以后便天天看着这个车子，仔细琢磨，不断改造。经过很长时间的摸索，最后造成了一辆新车。

为了验证车子是否坚固，奚仲叫年轻力壮的人把

黄帝 传说中华夏上古时代一位著名的部落联盟首领，号轩辕氏。传说黄帝在担任早期华夏族先民部落联盟首领期间播百谷草木，大力发展生产，始制衣冠，建舟车，发明指南车，定算数，制音律，创医学，并有了文字。黄帝又以统一中华民族的伟绩载入史册。

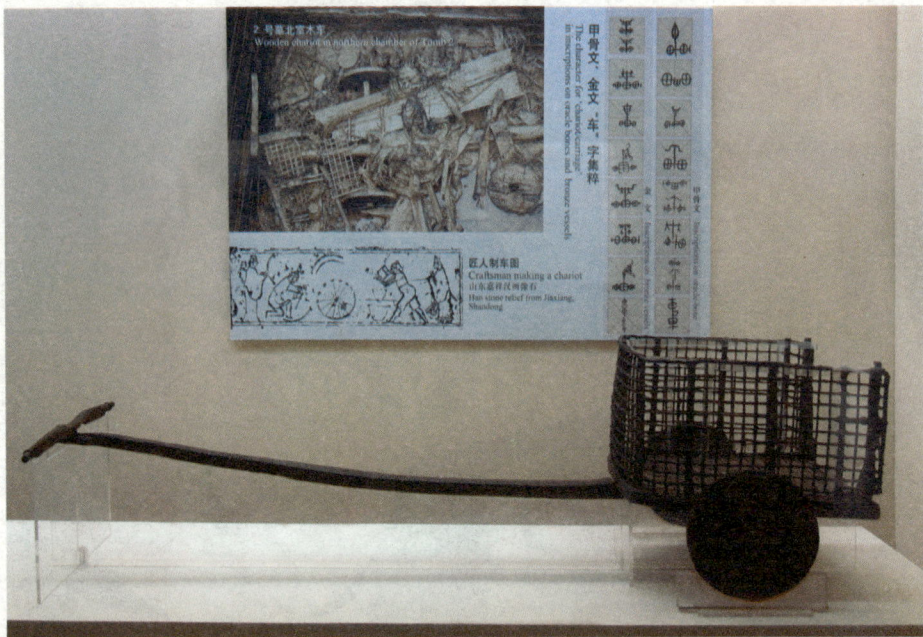

源远流长的历史文化

古代独辕木车

双辕车 即是车
前有两个直木，
与单辕车相对。
迄今世界上最早
的双辕车模型，
是在秦人墓葬中
出土的。与单辕
车相比，双辕车
只需一个牲口驾
辕，系驾大为简
化，也更容易驾
驭，双辕车是车
辆制造史上的一
次革命。

山下的乱石搬到车上来。一块块石头放到车上后，车子越来越沉，奚仲两只胳膊架住两边的车把，推动车子，木车就"嘎吱嘎吱"地向前走动，车子过后留下了两道深深的车辙。

奚仲又开始造马车。他找一些人帮忙，从山上伐了很多树木，在山下一个开阔的地方造起了马车。

几个月下来，奚仲造出了一批马车，还给马做了缰绳，把缰绳牢固地系在车两边的长杆上。很多人都来观看奚仲造的马车，奚仲便让众人看自己如何驾驶马车，并教给那些人驾车的技术。

奚仲发明的马车是一种单辕式马车，它是后来秦汉时期双辕车的先驱。奚仲当时还没有青铜配件，构成单辕车的各种部件均是木制品。

马车分别由轮、轴、舆、辕等部件组成。这是一种单辕车，由车舆下方向前伸出一根较直辕木，拉车的马匹分别套在辕木左右两侧。通常由两匹马驾驶，多者可用四匹，但绝不能用单数。

这种设计结构较为合理，各个部件的制作均有一定的标准，因而坚固耐用，驾驶起来也十分灵便。

这种以木为主体结构的马车虽然比较简单，但已大大方便了交通运输，不仅是奴隶主贵族出行的重要交通工具，也被用于战争当中。

由于奚仲精通造车技术，在夏禹时被封为车正，统管部落所有的车马，主管战车、运输车的制造、保管和使用，并被封在薛地，就是现在的山东省枣庄地区西部。奚仲在薛地开创了薛国。

在夏、商、周代时，薛国十分兴盛。这里物阜民丰，奚仲所统辖的地区很快强大起来，成为夏王朝最为繁荣昌盛与文明进步的地区之一，它不但是夏王朝的有力支柱与砥石，也是王室所需的运输与交通舟

车正 西周时期，手工业由官府统一管理，按行业设立车正、陶正等管理工官管理工匠。工匠集中在官府设立的作坊内，使用官府供给的原料，制作加工官府指定的产品。他们的职业世袭，世代为官府劳作。

■ 古代独辕战车

车，以及粮食等物资的重要供给地。

薛国由于政治修明，经济繁荣发达，加上交通便利，因此成为华夏文化的交流中心。

奚仲所开创的薛国，是齐鲁文化的重要组成部分，它与北辛文化、大汶口文化、龙山文化等一脉相承。

奚仲当年造车之处，据说就在枣庄市境内的奚公山下，奚仲死后安葬之处在奚公山顶。

奚公山南麓为古代车服祠旧址，是专门祭扫奚仲的场所。这里林木苍翠，祠宇壮观，并有溪泉长流。古时候，不少官员专程来奚山访谒车服祠，祭奠奚仲留下的文字。

奚仲发明的马车距今已有四千多年，当世界许多古老民族还正在以牛马为交通工具时，奚仲创造的木车已驰驱在广袤的华夏大地上，因此可以当之无愧地列入世界之最。

马车的发明是古代科技史上的一件大事。以马力代替人力，大大地解放了生产力，提高了交通效能，增强了人们的地域拓展能力，有利于各地区间的联系和信息交往，扩大了各地间的经济和文化交流，促进了社会的进步与发展。与此同时，马车的发明促进了道路的发展。

阅读链接

禹王得知奚仲造车的消息，前来查看，很惊讶车的坚固。奚仲说只要现在有马，就可以用马来拉。

禹王立刻叫人牵来两匹马，然后用绳子套上。奚仲手握缰绳，请禹王坐在车上，然后催动马匹，马车厚实的木轮便转动起来。禹王的脸上露出满意的笑容，并赞扬奚仲是部落最聪明的人。

不久，禹王封奚仲为车正，统管部落所有的车马。还让奚仲在那些出行的途中，建立第一个供车马休息的车服祠。

禹王临终前，把薛地封给了奚仲。奚仲在此建立了薛国。

始于商周的独辕车

商周时期，是中国古代独辕车发展的鼎盛时期。这种车构造坚固，是最好的陆上交通工具，还在驿站传递、田猎出行，尤其是远程征伐等方面发挥了非常重要的作用。

由独辕车改进的各类战车，从战国时期开始由盛转衰。由于当时的战争已由过去的中原战场扩大到北方山地和江南地区，适于平原作战的战车已难以施展其冲锋迅速、攻击力强的特长，因此战车的地位开始下降。

■ 古代的独辕马车模型

■ 山东古车博物馆
的殷商战车

源
远
流
长
的
历
史
文
化

王亥 商部落的第
七任首领。王亥
不仅帮助父亲冥
在治水中立了大
功，而且还发明
了牛车，开始驯
牛，促使农牧业
迅速发展，使商
部落得以强大。
王亥在商丘服牛
驯马发展生产，
用牛车拉着货
物，到外部落去
搞交易，开创了
华夏商业贸易的
先河。

据史书记载，商部落在
相土时，畜牧业相当发达。
相传相土用槽喂、圈养之法
饲养马匹，将马驯服，再加
上训练，于是马能拉车驮
物，成为重要的运输工具，
被称为"乘马"。

据记载，公元前2019
年，相土用驯养的马作为运载工具，将商部落迁到商
丘（河南商丘）。商部落的第七任首领王亥，学会了
用牛来驾车。他曾经赶着牛车，到其他部落的地界去
进行贸易。

夏代末年，商汤在伊尹的辅佐下，实施灭夏战
略，在作战中使用了更多的牲畜和战车、运输车。最
后讨灭夏桀，建立了商王朝。

商王朝到了武丁时期，国力增强，军队驾驭大批
独辕车向南方拓展，一直深入楚国纵深地区。商的末
代君主纣王，也曾频繁出动大量独辕车，把疆土向江
淮地区拓展。商代独辕车的使用已经十分普遍，车辆
制造技术也有很大提高，能够造相当精美的两轮车
了。由于两轮车是一个车辕，所以称为"独辕车"。
独辕车其实就是那时的战车，通常可乘站立的两三
人，车厢后面留有缺口或开门，以便于乘者上下。

商代的马拉双轮独辕车，由辕、衡、舆、轭、
銮、轮、轴等部件构成。辕的前边有衡，衡的两侧各
缚一个"人"字形轭，也就是驾车时套在牲口脖子的

曲木，用以驾马。

这种车的长度超过3米，辕长也在2.56米至2.92米。车轴长3米上下，两轮间的轨距在2.1米至2.4米之间，大约有18根粗细均匀、排列有序的辐条。车轴与车辕交接处的上方是舆所在，平面长方形，四周有栏杆，可手扶。后边有缺口，供乘车人上下之用。

在商代，这种形制的马车是最好的陆上交通工具。由于马车坚固耐用、轻便快捷的性能在实用中得到检验，其功能得到社会的广泛认同，因而马车使用的范围已相当广泛。

商王及其大臣使用马车代步，各地诸侯争相仿效。为显示其尊荣富贵，马车装饰精致、华丽，或在车上髹漆，或配以铜饰；有的对马头及马身，用不同质料的物件进行装饰。这在当时已形成风气。

至东周时期，马拉双轮独辕车得到了改进。但从形制上看，东周的车与商车基本相同，只是在结构上有所改进，如直辕变曲轨，直衡改曲衡，辐数增多，舆上安装车盖。

车马配件上也更加完备，增加了许多商时车上没有的零部件，如

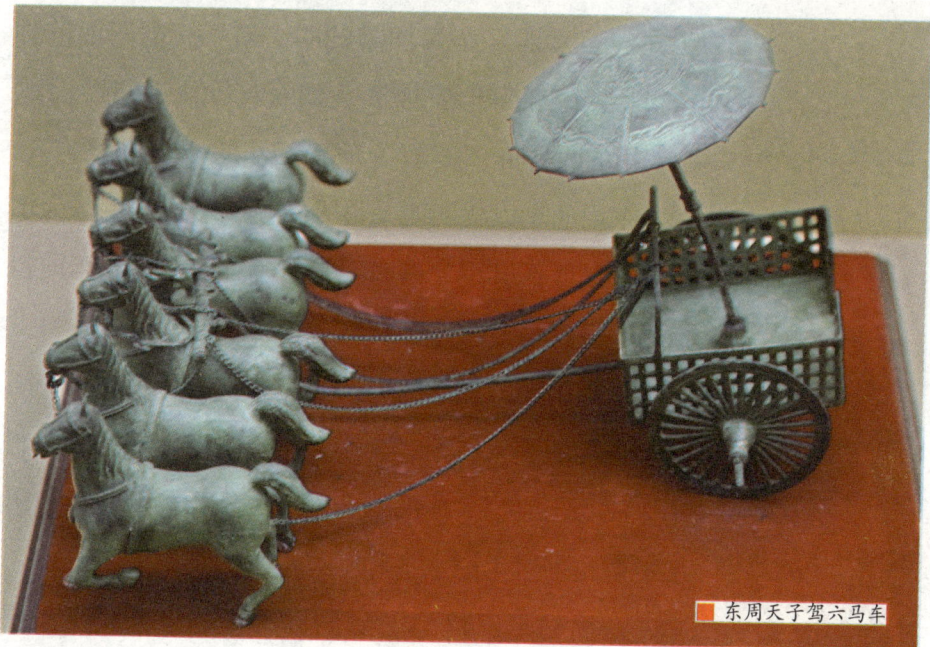

东周天子驾六马车

东周的驷马战车

铜銮、铜辖、铜钉等。为求坚固，还在许多关键部位都采用了铜构件，如变木辖为铜辖，轭上包铜饰，并有一套用铜、铅、金、银、贝和兽皮条等材料制成的饰件和鞴具，制作精美，名目繁多。

东周时驾车的马由商时的两匹增加至三匹、四匹，甚至六匹。车驾两马的叫"骈"，驾三匹的称"骖"，驾四匹的名"驷"，驾六匹马为"六骈"。其中驾辕的两马叫"服马"，两旁拉车的马叫"骖马"。

东周的车以驾四匹马最为常见，多以"驷"为单位计数马匹；又因先秦时经常车马连言，说到车即包括马，说到马也意味着有车。

东周中期，马车的形制已完善。制造一辆车，需要多工种的合作，经过大小几十道工序才能完成。制车业成为当时集大成的综合性手工业生产部门，制车水平也是当时生产水平和工艺水平的集中反映。

东周马车不仅是王公显贵出行游猎时代步和炫

诸侯 是古代中央政权所分封的各国国君的统称。周代分公、侯、伯、子、男五等，汉朝分王、侯二等。周制，诸侯名义上须服从王室的政令，向王室朝贡、述职、服役，以及出兵勤王等。汉时诸侯国由皇帝派相或长吏治理，王、侯仅食赋税。

耀身份的工具，还是战争中主要的"攻守之具"。为了争夺土地和人口，各诸侯之间经常发生征战。当时正值春秋时期，诸侯争霸，各国军队的主力是战车兵，军事编制以战车为主，攻防的主要手段也是战车。所以，拥有战车数量的多寡，成为衡量一个国家强弱的标志，当时有所谓"千乘之国""万乘之君"之说。

为了增强军事力量，以赢得战争，各国都把先进技术运用到制造战车上。于是，各类战车应运而生，成为当时的一道亮丽风景。战车按用途不同，可分为几个类型。有戎路，又称"旄车"，以车尾立饰有旄牛尾的旌旗作为标志，是主帅乘坐的指挥车。轻车，也称"驰车"，用来冲锋陷阵。阙车，即补阙之车，是用于补充和警戒的后备车。苹车，车厢围有苹草皮革为屏蔽，作战时可以避飞矢流石。广车，是一种防御列阵之车，行军时用来筑成临时军营。

这些战车统称"五戎"，其用途归纳为三类：一为指挥车；二为驰驱攻击的攻车，它是战车的主要车种；三是用于设障、运输的守车。为挥戈舞剑之便，战车一般都将车盖去掉，有的还在车轴两端的

周代战争中使用战车的场面

铜軎辖上装有矛刺，在冲锋陷阵时刮制敌方的步兵。

马车装备的武器有远射的弓矢、格斗的戈戟、自卫的短剑和护体的甲胄与盾牌。主将所乘的旗车，还要设置金鼓和旌旗，主将或鸣金或击鼓，以指挥所有战车的进退。旌旗标明主将所处的位置，它的树立和倾倒成了全军胜败存亡的象征。

每辆战车还配备十多名步兵，分列在车两边，随车而动，配合作战。作战时，每五辆战车编成一个基层战斗单位。车战时，战车先呈一线，横列排开，相去40米，左右10米，队间60米，使各车之间保持适当的间隔距离，既防敌车冲阵，也使各车行动自如，互不妨碍。

由独辕车发展演变而来的战车被广泛用于战场，车战也在春秋时期曾经发挥了重要作用。随着步兵地位的提高和骑兵的出现，战争开始由车战向以步、骑拼杀为主的形式转变，战车逐渐失去了以往的重要地位。汉代以后，曾盛极一时的车战和战车终于退出了历史舞台。

阅读链接

相传，春秋时期的齐国和卫国联合起来讨伐晋国。当时，齐侯想夸耀自己车马的豪华与精良，便事先驾上专车"广乘"去约卫侯赴宴。

席间，齐国人谎称晋军来袭，齐侯便赶忙邀卫侯乘上"广乘"。于是，两位国君合乘一车，车上甲士环列。奔驰了一阵子，齐人又报告没有晋师到来，这才止住车马，卫侯松了口气，齐侯则为他的"广乘"耐用快捷而得意扬扬。

后来，齐桓公之子曾以千辆车接力运输财产，每车八次往返，可见其车辆之多且性能之好。

秦汉单马双辕车

秦汉时期是中国封建社会最早的大一统时期，统一的时间长、范围广，这为交通工具的开拓与发展带来了空前的机遇。这一时期，车子有了很大的发展和变化，独辕车逐渐减少，双辕车有了大发展。

从西汉开始，进入双辕车大发展时期。东汉以后，双辕车便基本上取代了独辕车，车的种类增多，出现了独轮车和改进的指南车。

双辕车的出现，改变了独辕车至少系驾两马方能行走的局限，使单马拉车成为可能，从而使中国古代的车由驷马高车进入了单马轻车的发展新阶段。

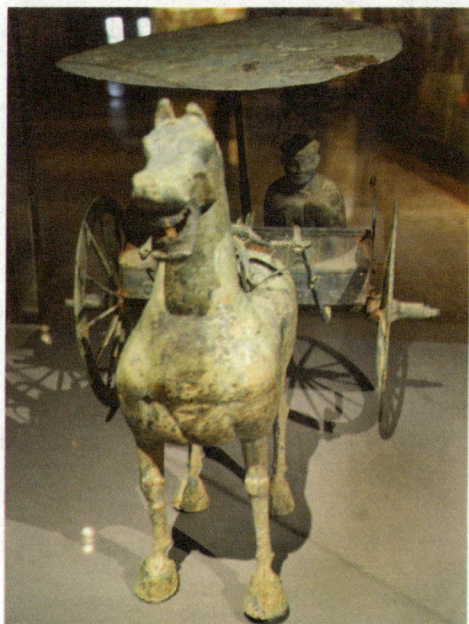

汉代单马双辕车

源远流长的历史文化

秦代陶牛车

迄今世界上最早的双辕车模型，是在秦人墓葬中出土的。秦代双辕车只需一个牲口驾辕，系驾大为简化，也更容易驾驭。

双辕车的结构，除辕变为两根外，其他各部位与独辕车基本相同。双辕开始仍为上扬曲身的形式，为防止车辕折断，往往在车辕中部到轭軥之间加缚两根木杆，以加固车辕，后来逐渐演变为平直的形式。

至汉代，双辕马车因乘坐者的地位高低和用途不同，细分为若干种类，主要有斧车、轺车、施辒车、轩车、軿车、辒车、栈车等。

汉代马车的种类复杂、名目繁多，除上述几种车外，见于记载的还有皇帝乘坐的辂车和金根车。据《续汉书·舆服志》描写，金根车上有"鸾鸟立衡""羽盖华蚤"。

高级官吏乘轩车，这是两侧有障蔽的车。一般官吏乘轺车。贵族妇女乘坐辒车，车厢像一间小屋子似

轭軥 古代车的两个部件。轭是驾车时套在牲口脖子上的曲木。轭是一种用木制造的梁，有几种类型，并给不同类型的牛使用。中国以牲畜为驱动力的古车驱动部分主要有辕和轭。軥是车轭两边下伸反曲以夹住牲头的部分。

的。此外，还有许多供某一特定目的而制作的专用车辆类型。

汉代交通发达，除乘人的马车以外，载货运输的牛车数量也大量增加。牛车自商部落时就有，因牛能负重但速度慢，所以牛车多用以载物。其车厢宽大，又称"大车""方厢车"。

牛车最初是做生意的人用来载货贩运的运输车，商部落首领王亥就曾经赶着牛车做生意。

古代中国以农业为立国之本，自古重农轻商。所以，大小奴隶主贵族死后，随葬品只用马车，而绝对不用牛车。

汉代车舆制度曾明确规定："贾人不得乘马车。"所以牛车在汉代就成为商人们运货载人的主要交通工具了，不少富商大贾拥有成百上千辆的牛车。

汉以后，人们坐车不求快速，但求安稳，直辕的优点渐渐显出，直辕车也开始盛行，而曲辕车逐渐被淘汰。

汉代牛车也采用直辕形式，它支点较低，在平地上行车时远比曲辕的马车平稳安全，而且制作时可选用较粗大的木材，提高了车辕的坚固性，而无须像马车那样附设加固杆。

无论是乘人的马车还是载物的牛车，皆必须在较宽敞的道路上行驶，而不适于在乡村田野、崎岖小路和山峦丘陵起伏地区使用。因此在东汉和三国时期出现了独轮车，这是

■ 汉代牛车人物俑

诸葛亮制造木牛流马场景

一种既经济又实用的交通运输工具，在交通史上是一项重要的发明。

根据历史记载，诸葛亮北伐时，蒲元创造"木牛"为军队运送粮草。当时的木牛就是一种特殊的独轮车。

独轮车的特点是结构简单，两个把手前端架置一轮，把手间以横木连接，形成一个框架，其上或坐人或置物，轮两侧有立架护轮。行车灵活轻便，一般只要一人推动，或加一人在前面拉曳，载人载物均可。

在狭窄的路上运行，其运输量比人力负荷、畜力驮载大过数倍。

这种手推车也叫"鸡公车"。"鸡公"之得名，大概因为其形状有点像鸡公（方言，公鸡）：一只硕大的轮子高高耸起，像昂扬的鸡冠；两翼是结实的木架，堆放货物；后面两只木柄，被推车人提起置于胯旁，自然像张扬的鸡尾了。

最初，手推车最正统的名字叫"辘车"。汉代井上汲水多用辘轳，而手推车就是由一个轻便的独轮向前滚动，形似辘轳，所以称其为"辘车"。至于独轮车之名，要晚至北宋时沈括写的《梦溪笔谈》一书中才看到。

独轮车是中国古代交通史上的一项重大发明，它以自身经济而实用的长处，历二千余年而未绝迹，至今在中国一些山野和乡村中，各种式样的独轮车仍在使用，尽管它们的名称各异，形制却相差无几，都源于汉代的辘车。

特别应该强调的是，在单辕双轮车的基础上，三国时期的马钧还发明了指示方向的指南车。

马钧是一位卓越的机械发明家，他制造的指南车，是中国古代的一项重大发明。

在发明指南车之前，马钧听到有人议论指南车只是远古神话里黄帝和蚩尤大战时出现的东西，是虚构的，根本就不存在。但他听后很不以为然。

他认为古时曾有过指南车，只是现在失传了，只

马钧 是中国古代科技史上最负盛名的机械发明家之一。马钧制成指南车后，他又奉诏制木偶百戏，称"水转百戏"。接着马钧又改造了织绫机、农业灌溉的工具龙骨水车，为中国古代科技的发展和进步做出了贡献。

■ 汉代独轮车模型

古代的指南车

要肯下功夫研究，把指南车重新造出来并不难。于是他不怕被讥笑，排除困难，经过长期摸索，终于研制成新的指南车。

马钧发明的指南车是一种由车子和一个小木人构成的指示方向的机械，车中装有可自动离合的齿轮传动装置，并与木人相连，木人有一只手指向前方。不管车辆朝什么方向行走，在自动离合齿轮装置的作用下，木人的手都指向南方。

秦汉时期是中国车辆发展的黄金时期，出现了许多种类的车辆，在中国古代车辆发展史上占有重要的地位。

源远流长的历史文化

阅读链接

东汉科学家张衡发明了记里鼓车。车分上下两层，上层设一钟，下层设一鼓。车上有小木人，车走十里，木人击鼓一次，击鼓十次，就击钟一次。

记里鼓车的原理，是利用齿轮机构的差动关系，记程功能是由齿轮系完成的。

车中有一套减速齿轮系，始终与车轮同时转动，其最末一只齿轮轴在车行一里时正好回转一周，车子上层的木人受凸轮牵动，由绳索拉起木人右臂击鼓一次，以示里程。

记里鼓车的用途很狭窄，它只是皇帝出行时的仪仗之一。

两宋时期的车辆

宋代陆路用的两种重要的运输工具，被称为"太平车"和"平头车"，满足了当时短途运输和长途运输的需要。此外还有形制构造各有特点的战车。

太平车是从远古沿袭下来的一种古旧车辆，是中国古代造车工艺趋向成熟的结晶，宋代已有较统一的样式，主要使用在中国平原地区。平头车有厢无盖，比太平车小，在当时被普遍用于长途运输。

■ 两宋时期的陶牛车

■ 青瓷牛车

源远流长的历史文化

在宋代之前，随着汉代以后士族阶层兴盛起来，乘马车的繁文缛节，使他们不能随心所欲行事，实在不堪忍受，于是便把喜好逐渐转向牛车。这样既可享受乘车之方便与舒适，又不须再为各种礼仪所拘束。

至南北朝，牛车盛行，据《魏书·礼志四》记载，北魏皇帝出行乘坐的楼辇，要由十二头牛拉车。可见北朝使用牛车之盛。南朝比之北朝，也毫不逊色。

由于士族大姓们皆贪求舒适，醉心享受，各种高级牛车便迅速发展起来，车辆也随之发生了变化。车速更快，车舆敞露，汉代那种为严格礼法所拘的"辂车"逐渐绝迹了。

颜之推在《颜氏家训》中说，当时朝野之内，满朝士大夫"无乘马者"，有的士大夫，从来就没有见过马。风习发展到极致处，甚至谁要是骑马或乘马车，还会被别人弹劾。这种状况，直至隋唐五代，也

士族阶层 "士族"这个字眼在中国历史上绝对是一个重量级词汇。士族制度是一种按门第为标准的选官制度，是贯穿魏晋南北朝时期最有时代特征的政治制度，是一种腐朽的政治制度。

鲜有变化。

至宋代，官僚们坐轿子的风气渐渐兴盛起来。这时高级车辆的制作和改进得不到重视，制车技术的重点也逐渐由乘人的车转到载货的车。另外，宋代时期良马奇缺，因此骡车和驴车占了重要地位。

北宋刚建国时，北方和西北就有强大的辽和西夏政权与之对峙。而辽、西夏所控制的广大地区都是产马之地，这就造成北宋马匹来源困难的处境。

继而金取代辽，雄踞北方，最后北宋也亡在了金的铁蹄之下。及南宋建立，迁都江南，良马奇缺。因此两宋承袭隋唐旧习，驾车以牛为主，也有骡、驴。

自两宋开始，乘轿之风渐兴，达官贵人畏惧乘车之颠簸，而醉心于坐轿的舒适，出行时但求安稳，不求快速。

当西方已出现转向自如、舆间装配有弹簧的豪

颜之推（531—约595），中国古代文学家，生活在南北朝至隋朝期间。颜之推曾著有《颜氏家训》，在家庭教育发展史上有重要的影响。是北朝后期重要散文作品；《北齐书》本传所载《观我生赋》，也为其赋作名篇。

■ 宋代的太平车

华型四轮马车之时，中国还在沿用自汉代以来就一直使用的双辕双轮车。在此期间，历代车制除在车舆的形制和装饰上有所变化外，其基本形制无大改进。

宋代官僚们乘坐人抬轿子的风习渐兴，乘车较少，宋代的制车业也以载货运输车为主。这种载货的车，当时称之为"太平车"。

太平车多由耐腐、耐震而抗碰撞的椿木、槐木等硬质木料打制而成。车底、内帮很厚，两边各有两个木轮子，每个轮子都由一段段弓形铁瓦围镶着轮边。

铁瓦又由若干大铆铁钉深深砸进车轮内圈，十分坚牢。双帮的纵底木之间卡着车轮的铁质横轴，不影响车轮在双帮之间转动。四个轱辘转起来，行驶中会发出咕噜咕噜的声音。

太平车的制造过程，一般分为开工、合车、铸造铁件、镶嵌铁器、刷油打泥。

其独特的制作技艺，一是独特选材与备料，包括木材挑选、备料、熏炕等工序，主要是为了选好用材以及对所选用材进行强化处理；二是榫头失蜡法，这是中国古代造车的独特工艺，它揭开了古代

车辆坚固耐用的秘密，表现了中华民族的无穷智慧。

太平车是中国古代造车工艺趋向成熟的标志，因为保持着商周时期独辕车的雏形，所以被称为"中国车辆活化石"。

宋代的绘画中，就有不少这种太平车的形象。仅北宋张择端著名的《清明上河图》，就描绘了十余种不同式样的车，其中几辆用四匹马或两匹健骡拉的大车就是太平车，其形制与文献记载完全相符。

从图中可以看出，太平车的行走方式与以前的车不同，即由人驾辕，牲畜拉车，缰绳一端缚绑在骡颈的轭套上，另一端缚扎在车轴上。显然采用这种人驾辕、骡拉车的系驾方法，车速是很慢的，正适用于但求负载多，不求行车快的要求。

另外，它还具有载重量大的特点，非常适宜在地势平坦的地区短途运输大批量的东西。当时拥有太平车者多是些富裕人家或商行货栈。

失蜡法 也称"熔模法"。做法是用蜂蜡做成铸件的模型，再用别的耐火材料填充泥芯和敷成外范。加热烘烤后，蜡模全部熔化流失，使整个铸件模型变成空壳。再往内浇灌液态金属，便铸成器物。以失蜡法铸造的器物玲珑别透，有镂空的效果。失蜡法在中国有悠久的历史。

■《清明上河图》局部

古代的炮车

宋代还有一种用于运输的载货车，叫"平头车"。

宋代文学家孟元老在《东京梦华录》中这样介绍平头车：

亦如太平车而小，两轮前出长木作辕，木梢横一木，以独牛在辕内项负横木，人在一边，以手牵牛鼻绳驾之。

平头车是一牛驾辕，辕牛前有配套的三头牛或四头牛。车身高大，轮与车厢齐平，车厢上加拱形卷篷，在长途跋涉时防止货物遭雨淋日晒。卷篷和车厢之间有一隔板，似为堆放车夫的行李物品处。

平头牛车均是几辆车结队而行，形成一支支有组织的长途运输队。这种牛车运输队在宋代极为普遍。

宋代以后的战车同车战时代的战车不同，主要不是乘载士兵作战的战斗车辆，而是装备各种冷兵器和火器的战斗车辆，种类比较多，形制构造各有特点。

在宋代文臣曾公亮和丁度合编的《武经总要·器图》中，绘制有车身小巧的独轮攻击型战车，包括运干粮车、巷战车、虎车和象车、枪车等。运干粮车、巷战车和虎车的构造相同。

它们是在一辆独轮车上，或在车前安置挡板，两侧安置厢板，或在车上安一个虎形车厢，以掩护推车士兵。同时在车的底座上和虎形大口中，通出多支枪刺，以便在作战时冲刺敌军。

安有四轮的象车和枪车的车身比较宽，象形车厢和挡板比较大，安插的枪刺比较多，主要是在野战中排成车阵，用来冲击敌军的前阵。

南宋抗金将领魏胜在抗金备战中，创制了几十辆抛射火球的炮车和几百辆各安装几十支大枪的如意战车，以及安有床子弩的弩车。

魏胜创制的炮车、如意车和弩车，受到了朝廷的重视，曾下令各军仿造使用。随着制造技术的日渐成熟，宋代出现了火器和冷兵器相结合的战车及火战车、火箭战车、炮车和综合型战车等。它们的构造特点是在两轮或四轮车上安装大型木柜或木架，架置各种火器和冷兵器，可发挥综合杀敌的作用。

阅读链接

宋室南迁后，宋高宗认为江南的气候潮润，路面湿滑，一些上了年纪的大臣骑马出行，很容易滑倒摔伤。于是，轿子成了当时非常普及的交通工具。当时，从事医卜星相的民间艺人，也可以乘坐两人小轿往来各地。

南宋姜夔的《鹧鸪天·巷陌风光纵赏时词》便描述了这一场景："白头居士无呵殿，只有乘肩小女随。"

其中的"乘肩"就是指坐轿子，旁边跟了一个小女仆从，很随意的样子。从词中描述的生活画面，可见乘轿在当时是很常见的景象。

轿子的历史兴衰

在中国古代的交通工具中，有一种完全依靠人力的交通工具，那就是轿子。自南宋起，无论是达官贵人还是平民百姓迎亲嫁娶，多乘轿子，因此轿子成了当时人们追求身份、地位的象征。

轿子的种类大致分为官轿和民轿两种。不管是官轿还是民轿，乘轿者安稳舒适，几乎是一种特殊的享受。

不过在清末民初，轿子已日见没落了，轿车逐步代替了轿子，具有了现代交通的雏形。

古代的轿子

■《女史箴图》中的八扛舆场景

据说，轿子的原始雏形最早出现在中国四千多年前的夏朝初期。据《尚书》记载，夏朝始祖大禹治水之时，奔走四方，就乘坐过轿子。但此后经过多年的发展，轿子在先秦时代还是很少见。

至魏晋南北朝时期，轿子的形制不同，名称也各异，有"八扛舆""版舆""篮舆"等。北宋史学家司马光《资治通鉴》说，这些不同形制的轿子，皆"人以肩举之而行"。

东晋画家顾恺之的《女史箴图·班姬辞辇图》中，有八扛舆的形象。其轿身较大，可同时乘坐两人，轿夫为八人。

八扛舆是一种高等肩舆，当时只有皇亲王公才能乘坐。而民间通用的板舆，形制比较简陋，只是把一块方木板固定在两根杠上，由两人一前一后抬行，乘坐者则屈膝或盘腿坐在板上。

东晋时，乘轿子的人才逐渐多起来。至隋唐时期，经济文化高度发达，各类出行工具都派上了用

司马光（1019—1086），字君实，号迂叟，陕州夏县涑水乡人，世称"涑水先生"。司马光是北宋政治家、文学家、史学家，历仕仁宗、英宗、神宗、哲宗四朝。他主持编纂了中国历史上第一部编年体通史《资治通鉴》。

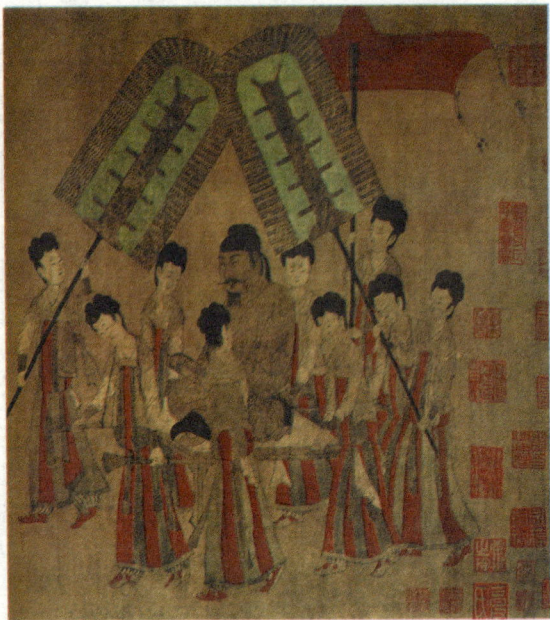

《步辇图》中皇帝乘坐步辇的场景

源远流长的历史文化

阎立本 （601—673），隋朝画家阎毗之子，阎立德之弟。唐代著名画家。擅长工艺，多巧思，工篆隶书，对绘画、建筑都很擅长，隋文帝和隋炀帝均爱其才艺。入隋后官至朝散大夫、将作少监。兄阎立德亦长书画、工艺及建筑工程。两人并以工艺、绘画驰名隋唐之际。

场，轿子也受到前所未有的青睐。

盛唐时期，轿子的种类比魏晋时期要丰富许多。比如皇帝所乘的步辇，王公大臣所乘的步舆，妇女所乘的檐子，民间通用的板舆，各种各样。

唐代画家阎立本所画的《步辇图》是最早的皇帝乘坐步辇的形象。画中所绘是吐蕃赞普派其丞相到长安，觐见唐太宗，请求文成公主下嫁一事。

妇女乘轿也始于唐代，她们乘坐的檐子，是以竹篾编扎而成，形制已接近后世的轿子。但当时乘轿的妇女仅限于朝廷命官的妻子和母亲。

轿子作为一种交通工具，得到较大普及是在宋代。从北宋初年开始，舆轿已流行于社会的各个阶层。

据《夷坚志》记载，一名乡下老妇人去见亲戚，也乘坐两名村夫抬的舆轿，可见当时乘轿已很普遍。

北宋时有大臣上奏宋太宗赵炅，认为眼下普通百姓都乘轿，不成体统。于是宋太宗规定"非品官不得乘暖轿"。暖轿是指轿顶使用布盖，四周饰有布帷的封闭型轿子，又称"暗轿"。

相传，在北宋年间，历经四朝的元老文彦博，因为年老体衰，与另一位身患疾病的名臣司马光，被皇帝特许乘坐轿子，属于是优待老臣的恩典。

南宋时期，轿子的使用数量终于超过了车，各级官员偏重于坐轿，很少乘车，因为轿比车要平稳，可以免去路途不平造成的颠簸。朝廷还加强了对于轿子等级的划分，同时取消了对车的等级规定。这表明，南宋上流社会已经把轿当成首要的出行工具。

宋代时期的轿子虽然同汉唐时期的轿子大同小异，仍两人抬杠，但选材精良，以硬木为主，上雕花纹飞龙，造型美观。

至明清时期，轿子发展为四人抬或八人抬。作为炫耀的消费品，轿子成为排场和面子的最佳载体，即使几十步也要乘轿。大明官吏几乎无一不是豪华轿子的狂热痴迷者。

嘉靖时期，左都御史张永明上奏，弹劾南京太仆寺卿王某。因升光禄寺卿赴任，王某和家口坐八抬大轿三乘，四人大轿四乘，总共用了340个扛夫和轿夫，一日花费差银40余两；从南京至陕西1500千米路，浪费差银不下千两。

明清两代，轿子几乎成为中国交通的代名词，"行到前门门未启，轿中安坐吃槟

赵炅（939—997），本名赵匡义，后因避其兄太祖讳改名赵光义，即位后改名炅。宋朝的第二位皇帝，谥号"至仁应道神功圣德文武睿烈大明广孝皇帝"。在位期间，改变了唐末以来的重武轻文陋习，加强了中央集权。灭北汉，基本完成统一。

■ 古代的轿子

榔"，关于轿子的等级制度和权力文化也在这一时期达到登峰造极的程度。

在古代，轿子分为官轿和民轿两种。官轿是皇家、官员的主要交通工具，由于坐轿者身份不同，所乘的轿子也不同。

皇帝的地位特殊，坐的轿子分为许多种。如：礼舆，是供上朝时乘坐的；步舆，是供在紫禁城内巡行时乘坐的；轻步舆，是供去城外巡狩、视察民情乘坐的；便舆则是在巡视时备用的一种轿，供随时以轿代步用的。平时，皇帝在宫内出入，一般都乘便舆，冬天坐暖舆，夏天坐凉舆。

不同品级的官员则坐不同的轿子。官轿出府，常有随从在前鸣锣开道，四周还有侍卫人员，前呼后拥，展示官威。百姓见之，必须肃静、回避。

官轿所用的轿夫也分等级，官越大，抬轿的人越多。一般七品官多为四人抬，五品以上的官员可乘八人抬，皇帝出宫时是十六人抬，自然是最高的规格。

古代轿子

抬轿也是一门技术。抬轿子讲究抬得稳，走得快，所以好轿夫都是经过专门训练和长期锻炼的。尤其是四人抬、八人抬官轿的轿夫，是要有充足的体力的。

除去官轿，还有一种轿就是民轿。通常来说，民轿的使用者大多是富户人家。在民轿中还有一种被称为花轿或喜轿的，专用于百姓婚事。拥有这种轿子的人多是一个民间组织。

古代4人抬的轿子

随着封建社会被推翻，以及科学技术的不断进步，除了在特殊场合，如某些传统婚礼场合，尚能看到一些罕见的花轿外，这种落后的交通工具，已经为时代所淘汰。

轿子的历史兴衰，与社会思想和权力有很大关系。有人认为轿子是"以人代畜"，违反道德，因此"皆不甚乘轿"。在等级森严的时代，与权势长期结缘的轿子一旦走入民间，它的生命力便旺盛昂扬起来，具有了丰富的色彩。

阅读链接

古代在官衙里当轿夫，多是子承父业。因为抬轿也是一门技术。

在衙门里当轿夫有许多禁忌，首先是行轿时不能大声说话，上肩、走轿、停轿全听领队的轿头指挥。轿头多用暗示，如起肩走轿喊一声"起轿"。其次，上坡下坡时要拍轿杠，落轿后前面的轿夫要闪开，以便官员出轿。

此外，轿夫还要忌口，不能吃大蒜、生葱和韭菜等有异味的东西，以防当官的闻到。还不能大声吐痰什么的，怕的是当官的听到硌硬。

清代豪华的轿子

清代的王公贵族之所以越来越宠爱轿子，是因为坐在这种特殊的交通工具上，无车马劳顿之苦，安稳舒适。

清代的轿子已经发展为四人抬或八人抬，皇帝出行时要十六人抬。它作为清代等级秩序的重要标志和主要交通工具，在社会生活中广泛应用，同时也折射出了当时社会生活的情况与变迁。

由于官轿是权力的象征，因此出轿的仪式异常的威风，也因轿子的颜色不同，昭示官员的地位也不同。

■ 清代轿车

清人以弓马得天下，清朝朝廷要维持所有满洲官员的尚武精神，保持战斗力，唯恐王公大臣乘坐轿子惯了，安于享乐而荒废了骑射之术。

■ 清朝王府的八人仪仗大轿

所以在清代初期，朝廷规定在京的满洲大臣不分文武一律乘马，不准坐轿。一品文官如果因为年老或疾病不能乘马的，必须经过特许才可坐轿。

满洲官员不许乘轿的禁令在康熙帝时就松弛了，乾隆朝时，乘轿已成普遍现象。但乘轿有严格的规定。

外省的汉人官员，诸如督抚、学政、盐政、织造等三品以上的官员，可以乘坐八人大轿；其余的从道员到知县，可以乘坐四人大轿。其他的杂职人员只准乘马。

武官中，若是有将军、提督、总兵，因年纪太大，骑马不方便，可以上书朝廷申请乘轿。若是外官

康熙帝（1654—1722），全名爱新觉罗·玄烨。满族人。清朝的第四位皇帝，清定都北京后第二位皇帝，谥号"合天弘运文武睿哲恭俭宽裕孝敬诚信功德大成仁皇帝"，庙号圣祖，年号康熙。他奠定了清朝兴盛的根基，开创出"康乾盛世"的大好局面。

入京，一律乘车，不准乘轿子。

满人官员乘轿的规定最为严格。亲王和郡王可以乘坐八人大轿，但平日里为了方便，也是乘坐四人轿。亲王、郡王、世子的福晋，她们乘坐的轿子规格，以及轿上的各种装饰，都有严格的规定。此外，贝勒、贝子、镇国公、辅国公，则是乘坐朱轮车轿。

■ 清代的官轿

一品文职大臣、军机大臣乃乘坐四人轿；二品大员要等到年过60岁，才能乘坐轿子。蒙古王公则一律不准乘轿。其中只有一个特例，咸丰年间被封为亲王的僧格林沁，被咸丰特许乘轿，是属于仅有的例子。

至于平民百姓乘坐的轿子也有规定，必须齐头，平顶，黑漆，帷幔也只能用皂色的布。

另外，清代还有一种用牲口抬的轿子，主要是用两根长杠子架在前后两头骡子的背上，而中间的部分置轿厢，人坐卧其中，可以应对较远的路程，名叫"骡驮轿"。

当时的轿车都是木制的，普通百姓坐的车用柳木、榆木、槐木、桦木等普通木料制作，而皇室和贵

僧格林沁（1811—1865），蒙古贵族出身的清军大将。他是道光皇帝姐姐的过继儿子，1825年，袭科尔沁郡王爵，历任御前大臣、都统等职。咸丰、同治年间，活跃于英法联军侵华等战争中，军功卓著，后在与捻军作战时战死。

族坐的则用楠木、紫檀、花梨等上好木料做成。

轿车成型后，再髹以油漆，一般是栗壳色、黑色，好木料用本色油漆，谓之"清油车"。载物的骡车叫"大车"或"敞车"，其车厢上不立棚，无车围和其他装饰。

一辆轿车由辕、身、梢、篷、轴、轮几大部件组成。车辕为两根圆头方身的长木，后连车身、车梢，构成整个车的"龙骨"。

车厢坐人处一般用木板铺垫，讲究点的，木板中心用极密的细藤绷扎，类似现在的棕绷床，其上再置车垫子。

在车辕前架有一短脚长凳，名"车镫子"，平时架在辕前，乘者上下车时，便取下作为垫脚用。有的车辕前还横置一根方形木棍，停车时，用以支撑车辕，以减轻牲畜所负的重量。

车厢上立棚架，棚上有卷篷，篷均用竹篾编制，外面裱糊一层布，布上再涂一层桐油，可防雨淋。车梢尾部较宽，用来放置行李箱笼，无行李时，还可以倒坐一人。

车轴木制，位于车厢中部的重心上。车辋是用硬质木破成扇形木

清代轿车

■ 南阳府衙内的轿车

板、开榫拼接而成，中心以硬木为毂，用十六根木辐连接毂、辋而制成木轮，轮的拼接处再用大铁钉钉牢，轮框和辋的触地滚动部分都密钉大型蘑菇头铁钉。

豪华的轿子还有许多金属饰件，如后梢横木上的"填瓦"，车厢套围子的"暗钉""帘钩"，车辕头的"包件"等。这些饰件多用黄铜或白铜刻花，豪华的还有用景泰蓝、戗金银丝的。

车棚是由木格搭成，外面还要包一层布围，以避风雨，这种布围叫车围子。无论是贵族乘坐的高级马车还是平民乘坐的普通轿车，其形制没有太大差异，主要的区分就在车围子上，其用料、缝制工艺、颜色等都有不同。

豪华轿车的车围子用绸子或锦缎制成，冬天用

景泰蓝 北京著名的传统手工艺品。又称"铜胎掐丝珐琅"，是一种在铜质胎型上，用柔软扁铜丝，掐成各种花纹焊上，然后把色釉填充在花纹内烧制而成的器物。在明朝景泰年间盛行，制作技艺比较成熟，使用的珐琅釉多以蓝色为主，故名"景泰蓝"。

皮，夏季夹纱，嵌玻璃，绣珠宝，顶绦垂穗，装饰华丽，变化万千。车围子在颜色上更是等级森严，不得僭越。皇帝用明黄，亲王及三品以上的官用红色，其余用宝石蓝、古铜、绛色、豆绿等色，各随车主爱好。

平民百姓使用的轿车围子只能是棉布或麻布制成，颜色也只能用青色或深蓝色。不论是高等轿车还是普通轿车，一般不用白色，因为白色是重孝的颜色，不能随便使用。

车围子左右还要开一个一尺见方的小窗，上嵌玻璃，讲究的车前后左右均开窗，最多可以开十三个大小不一的窗户，人称"十三太保"，窗的形状也各异。

车门设在前面，门上挂一个小夹板帘子，中间也嵌有玻璃，车内的人可以望到外面，夏天则换成细竹帘。

不上围子的轿车，叫"光架子骡车"，一般不能上街，因为处决犯人时，常乘这种车去菜市口刑场。所以，再破的轿车也要上个围子，铺上垫子才能使用。

清代象征一定地位的轿车

清代的豪华轿车

乘轿车之风兴起后，各种名目的轿车也就随之产生，如夏仁虎在《旧京琐记》中所说："旧日乘坐皆骡车也，制分多种：最贵者府第之车，到门而卸，以小童推之而行。'跑海车'，沿途招揽坐客。"还有奔驰于通衢，走长途涉远道的专线运送乘客的轿车。

徐扬画的《乾隆南巡图》里，有一种马拉的轿车，两个车轮都在车辕的尾部，是一种特殊的形制，或许是皇家的独享。

至清代后期，这种车很少使用了。但在交通不便的地方，也有人使用这种轿车。其时车的装饰极为简单，车厢立棚，外面覆以蓝布幔帐，前面挂帘。

毫不夸张地说，"轿车"似乎是古代车马最后的辉煌，随着人力车和汽车在中国的出现，中国古代车马也走到了尽头。

阅读链接

轿子，在种类上，有官轿、民轿、喜轿、魂轿等不同；在使用上，有走平道与山路的区别；在用材上，有木、竹、藤等之分；在方式上，有人抬的和牲口抬的，如骆驼驮的"驼轿"，元代皇帝还坐过"象轿"。"骡驮轿"，是"骡抬轿"的讹音，是清末民初流行过一阵的交通工具。轿子是用二匹骡子前后抬着。轿杆固定在骡背鞍子上。轿外夏包苇席或蒙纱，冬季则是棉围子。骡驮轿多用于山区或乡间崎岖小路。

漕运是利用水道调运粮食等的一种专业运输。中国古代历代封建王朝将征自田赋的部分粮食经水路运往京师或其他指定地点。

这种粮食称"漕粮",漕粮的运输称"漕运",方式有河运、水陆递运和海运三种。运送粮食的目的是供宫廷消费、百官俸禄、军饷支付和民食调剂。

漕运,是中国历史上一项重要的经济制度,在中国漫长的封建社会中,漕运是维系朝廷经济命脉的重要事务,对维护国家的政治稳定,推动经济和文化的发展,均产生了不可估量的作用。

漕粮与漕运

春秋战国时期的漕运

春秋战国时期，各个诸侯国顺应时代和社会发展的需要，积极发展漕运事业，以满足经济发展和战时运粮运兵的需要。如疏通、开凿和利用胥河、邗沟、菏水、鸿沟等，发挥了巨大的效益。

这些水利工程，其规模之大，成效之显著，设计之合理，技术之先进，在中国漕运史上都有着十分重要的地位，并且在推动社会生产的发展和促进经济文化的交流上，起了重要作用。

■ 苏州古运河

春秋时期，吴国在伍子胥等人的努力下，逐渐强盛起来。

吴国地处长江下游，河网纵横，交通全靠水路，舟师是吴军的主力。吴国的造船技术也有很大提高，已能建造各式大中型舰船，舟师成了吴军的主力。于是，吴国也和当时的其他诸侯国一样，力争称霸诸侯，做天下盟主。

古运河上的木船

吴王阖闾为运输伐楚所用的粮食，命伍子胥于公元前506年开挖了胥河，船舶可以从苏州通太湖，大大缩短了从苏州至安徽巢湖一带的路程。

胥河是中国现有记载的最早的运河，也是世界上开凿最早的运河。从苏州通至太湖，经宜兴、溧阳、高淳，穿固城湖，在芜湖注入长江。

吴打败楚国后，继而又攻破越国，迫使越王勾践臣服于吴。取得两次重大的胜利后，夫差认为吴国在长江流域的霸主地位已经确立，决定进一步用兵北方，迫使北方诸侯也听从他的号令。

但在当时，长江淮河之间无直接通道，北上用兵需由长江出发入海，再绕道入淮，航程过长，海浪过大。因此，吴国决定以人工河沟通江淮。

吴国过去连年攻楚，吸取了楚国发展航运的技术

阖闾（？—前496），华夏族，又作阖庐，姬姓，吴氏，名光，又称公子光，吴王诸樊之子。春秋时吴国第二十四任君主，也是春秋末期的霸主。他执政时，以楚国旧臣伍子胥为相，以齐人孙武为将军，使国势日益强盛。

源远流长的历史文化

■ 行驶在古运河上
的货船

郦道元（466
或472—527），
河北保定人。
北魏地理学家、
散文家。他博览
奇书，游历山
川，考察民情，
撰《水经注》40
卷。可称为中国
游记文学的开创
者，对后世游记
散文的发展影响
颇大。

经验，再根据以往开河的经验，吴国因地制宜地把几个湖泊连接起来。曾经先后在国内开凿了沟通太湖和长江的"堰渎"和太湖通向东海的"胥浦"。

伍子胥开凿的胥溪和这次开凿的胥浦，成了后来隋代大运河最早成形的一段。

公元前486年，吴王夫差下令在邗城开挖深沟，引长江水向北入淮河，沟通了江淮，以水路运粮运兵。开凿邗沟完全为军事目的，这就是漕运的开始。

因为漕运的最初目的就是为了运送军粮。后人又称邗沟为"山阳渎"。

据北魏郦道元《水经注·淮水》记载："昔吴将伐齐，北霸中国，自广陵城东南筑邗城，城下掘深沟。"它从邗城西南引长江水，绕过城东，折向北流，从陆阳、武广两湖间穿过，北注樊梁湖，又折向东北，穿过射阳两湖，再折向西北，后入淮河。

邗沟渠线之所以比较曲折，主要原因是要利用湖泊，以便减少工程量。这条运河全长约一百五十千米，它开通后大大便利了南北航运，为后来江淮运河的发展奠定了初步基础。

公元前482年，吴国夫差下令在今山东省鱼台县东和定陶县东北之间凿开了一条新水道。因其水源来自菏泽，故称"菏水"。

菏水同胥河、邗沟一样，都是吴国为了政治、军事需要而开凿的。在后来的长时间中，对加强黄河、淮河和长江三大流域的经济、政治、文化的联系，也起到了重要作用。

"战国七雄"之一的魏国也在积极发展漕运，魏惠王为称霸中原，公元前360年开挖了沟通黄河和淮河的人工运河鸿沟。鸿沟是中国古代最早沟通黄淮的人工运河。

鸿沟先在河南荥阳把黄河带有较多泥沙的水引入圃田泽，使水中的泥沙沉积在圃田泽中，减轻了下游

魏惠王（前400—前319），魏武侯子，魏国第三代国君，后称梁惠王。他在位期间，用李悝为相，实行政治改革；信任庞涓，军事实力大增；问政孟轲，治国尽心竭力。是一位很有作为的君主。

223

王朝命脉

漕粮与漕运

■ 春秋时期吴国开凿的"菏水"

战国时期魏国开凿的鸿沟

渠道的堵塞。

然后引水向东，绕过大梁城的北面和东面，向南与淮河支流的丹水、睢水、涡水、颍水等连接起来，许多自然河道连接成网，船只可以畅通无阻。

鸿沟修成后，建立了直通东方各诸侯国的水路交通线。经过秦代、汉代、魏、晋、南北朝，一直是黄淮间中原地区主要的水运交通线路之一。西汉时期又称"狼汤渠"。该地北临万里黄河，西依邙山，东连大平原，南接中岳嵩山，是历代兵家兴师动众、兵家必争的古战场。由于它所联系的地区都是当时中国经济、政治、文化最发达的地区，所以在历史上影响很大。

阅读链接

伍子胥受命开挖河道后，亲率二十余万士兵和民工施工。很快，这条世界上最早的人工运河终于凿通了。人们为了纪念他，遂将此河取名为"胥河"。

胥河凿通后，吴王阖闾拜孙武为大将，伍子胥为副将，亲率大军突然向楚国发起进攻，将楚国的军队打得一败涂地，溃不成军，并很快占领了楚国的都城。

那时，楚平王熊弃疾已经去世，他的儿子楚昭王熊轸也逃之夭夭。后来，秦国出兵救楚，击败了吴军，吴王阖闾才撤兵回归。

秦汉时期的漕运

秦汉两代继续发展漕运事业。比如秦始皇令监禄凿灵渠，萧何将关中粮食转漕运至前线，刘濞开挖"茱萸沟"运道，汉武帝开凿了与渭河平行的人工运河漕渠，汉明帝时王景使黄河、汴河分流，东汉广陵太守陈登改道与疏通邗沟，等等。

从以上资料不难看出，古代的运河大多以运送粮草和军队为主，但客观上却促进了国家的统一，经济的繁荣，民族的融合。

■ 扬州古运河

■ 秦朝运输粮饷的灵渠

源远流长的历史文化

岭南 是指中国南方的五岭之南的地区，相当于现在广东、广西及海南全境，以及湖南及江西等省的部分地区。岭南是中国一个特定的环境区域，这些地区不仅地理环境相近，而且人民生活习惯也有很多相同之处。

秦始皇统一中原后，接着又向岭南进军。但是战争并不像预料的那样顺利。岭南的险峻地形，使行军极度困难。

粮草的运输主要靠人背牲口驮。运粮队伍要翻山越岭，走上好些日子，除去自己的消耗，到达营地时已经所剩无几了。

更麻烦的是，行进在崇山峻岭的运粮队伍，往往要遭到敌人的突然袭击。粮草问题，更直接地说是运输问题，要是不能得到解决，作战根本无法取得胜利。就这样，常常空着肚子打仗的秦军进行了三年战争，还是没有什么明显进展。

为了解决南征部队的粮草运输问题，秦始皇决定派史禄领导"凿渠运粮"，在五岭之上开了一条运河。初名"秦凿渠"，又称"零渠"，即今灵渠。

史禄将灵渠的路线，选在广西壮族自治区兴安县城附近湘江和漓江的分水岭上。这里两江相近，最近处不到1500米，山又不太高，相对高度30米。只需沟通两江，中原地区用船运来的粮草，就可以从水路一直越过五岭，进入岭南地区。

在这些山区河道行船，最重要的是如何使船"爬"上山。船要"爬"山，对水面"坡度"就要有一定的要求。

水面的"坡度"，航行术语叫作"比降"。开凿灵渠的劳动人民用智慧和辛勤劳动，创造了许多山区河道行船的好办法。

在开挖灵渠时，让河道迂回曲折，多拐几个弯，让船多走几个"之"字形。这样，有限的河道被延长了，水面的"坡度"就相应变得小了，船"爬"山也就容易得多了。

史禄 又称监禄，姓不详，名禄，秦国人。史，官名，即监御史。秦始皇灭六国后，为运送征服岭南所需的军队和物资，便命史禄在今广西兴安县开凿河渠以沟通湘、漓两水。沟通了长江水系和珠江水系。

■ 蜿蜒曲折的灵渠

古画中的灵渠概貌

在山上进行这种施工，从地理上来讲是不可能的，即使有可能，从工程上来讲也是不经济的。于是，民间又发明了"斗门"，也叫作"陡门"。

在灵渠水位比降大而又不适于延长河道的地方，分别用巨石做了一个又一个的斗门。最多时设36座斗门，最少时也有10座斗门。每个斗门都有专用的工具，如斗杠、斗脚、斗编等。

船进入一个斗门后，随即把身后的斗门用专用的工具堵严，使其不能漏水，然后徐徐开启前进方向上的另一个斗门。随着斗门打开，水从前方的斗门涌进来，不一会儿，两个斗门间的水位就平了。

于是船就可以前进到前一个斗门内，随后又堵住船的后斗门，再打开前面斗门。如此周而复始，船就一级一级地向山上"爬"去。同样道理，船也可以从山上一级一级"爬"下来，不过方向相反罢了。

除了使船"爬"上山的好办法外，劳动人民还创造了另外一种重要的好办法，就是实施了引湘江水入灵渠的分水工程。

湘江上游的海洋河水量较丰富，他们在海洋河上建立分水工程，以使灵渠保持充足水量，便于船只从海洋河通过分水工程进入运河。

分水工程位于兴安县城东南约2千米远的分水村。这里不是距离运河最近的地方，但是此处海洋河河床较高，大体与灵渠海拔高度相当，便于把水引入运河。所以也就舍近求远，把分水工程选择在此。分水工程包括"人"字形的拦河坝和铧嘴两部分。

平时，坝下一段海洋河旧道不再通水，但来洪水时，大水可以翻越大坝流入旧道。

铧嘴位于"人"字形拦河坝顶端的河心，其作用与都江堰的角嘴一样，把海洋河水分成两部分，七分进北渠，三分入南渠。进入北渠的水，从"人"字坝向北，经过约3.5千米的渠道，回到湘江故道。进入南渠的水，经过人工开凿的4.5千米的渠道，引入灵渠，作为运河的主要水源。

为了完成这个任务，数十万秦军和民工，开石劈山，进行了艰苦劳动。

他们经过五年努力，排除了许多困难和干扰。至公元前214年，这条长33千米的灵渠终于挖成了。

灵渠修成后，秦军加强了对岭南的攻势，长驱直入，深入越人腹地。终于在公元前214年彻底平定南越，并在那里设置桂林、象、南海三郡。

第二年，又迁徙50万刑徒戍守岭南，与当地越人杂处，

■ 灵渠及蓄水闸门（古画）

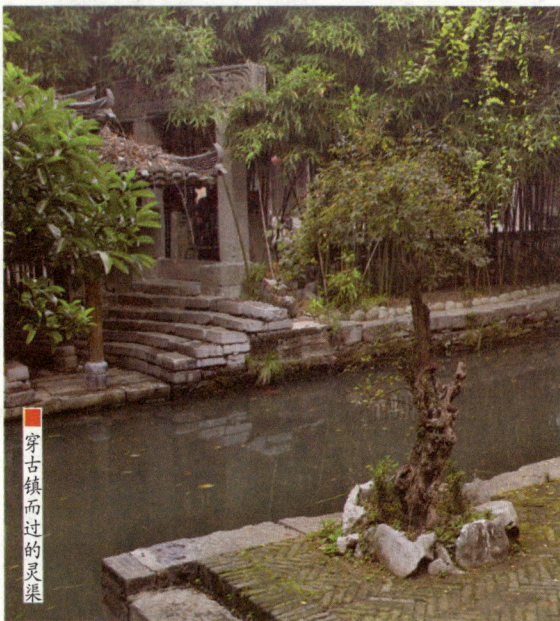
穿古镇而过的灵渠

共同开发南方地区。

在攻取岭南的同时，秦始皇派兵修筑通往云贵的道路，道宽5尺，称"五尺道"。秦军通过五尺道进入西南地区，设郡立县，委任官吏管理这一地区。

灵渠是世界上最早建造并使用船闸的运河，也是最早的跨越山岭的运河。中国古代劳动人民发明的这种利用船闸的行船技术，一直沿用至现代。

秦汉之际，萧何从关中漕运粮食到广武前线。当时的路线是从关中将粮食装上漕舟，然后顺渭水东下，经黄河险段三门峡后再东流至广武。

其中三门峡一段的漕运十分危险，不仅河道窄，而且水流急，还有不少暗礁，稍有不慎，即船毁人亡。萧何将关中之粮运至前线特别的艰辛。

萧何在长达五年之久的兴汉灭楚的战争中，巩固后方战略基地，多靠漕运足食足兵支援前线，其杰出的军事后勤保障，对于最终战胜项羽做出了重大贡献。所以刘邦称萧何功劳最大，位列第一，不是没有道理的。

西汉定都长安后，每年需从关东运输大量谷物以满足关中地区贵族、官吏和军队的需求，转漕逐渐制度化。

当时，汉高祖刘邦的侄儿吴王刘濞设都城于广陵城。刘濞曾对运

源远流长的历史文化

河做出过重大贡献，他开挖了一条著名的"茱萸沟"运河。

茱萸沟运河西起扬州东北茱萸湾的邗沟，东通海陵仓及如皋磻溪，使江淮水道与东边的产盐区连接，在运盐和物资运输方面发挥了重要作用。

至汉武帝初年，全国每年的漕运量增到100多万石，以后又增至400万石，高峰时达至每年600万石。当时漕运用卒达6万人。由各地护漕都尉管理，沿途县令长也有兼领漕事的。漕粮则输入大司农所属的太仓。

漕转关中，费用浩大，需时很长，动员人力很多，特别是漕船要经过三门峡砥柱之险，粮食损耗很大。当年萧何就曾历经三门峡段漕运的危险。

西汉朝廷曾先后采取过多种改进办法。其中收效最大的是漕渠的开通。

汉武帝用三年时间，沿秦岭北麓开凿了与渭河平行的人工运河漕渠，使潼关到长安的水路运输路程和时间大大缩短，运输费用从而减少，沿渠民田也能收到灌溉之利。这是西汉一项重要的水利工程。

汉宣帝时，令三辅、弘农、河东、太原之粟以供京师。这种做法，对缩短漕运路线，减少漕运压力，避开砥柱之险，起了良好的作用。

东汉建都洛阳，从山东、河北、江淮等地转漕粮食至京师，路程较近，又不需经过砥柱之险，改

西汉漕运运河

古代漕运木船

善了漕运困难的局面。因此汉光武帝初年便罢了护漕都尉。

但是，这个时期的漕运事业仍有一定的发展。后来，汉光武帝在洛阳南修阳渠引洛水以为漕。

汉明帝时，从荥阳至千乘海口，筑堤修渠，使黄河徙道后混流的黄河、汴河分流，便利了南来的漕粮自淮河入汴，北来的漕粮循河、洛而西，使京师粮食供应不忧匮乏。这是东汉漕运事业的最大成就。

秦汉时期的漕运工程，满足了当时运送粮草和军队的需要，也促进了这些地区经济的繁荣，有利于民族融合与国家统一。

源远流长的历史文化

阅读链接

东汉广陵太守陈登鉴于夫差时期所修邗沟过于曲折迂回、舍近求远，对它做了改道与疏通。他从樊良湖穿渠至津湖，再从津湖凿渠至白马湖，至山阳末口入淮。

陈登对邗沟动了大手术，拉直了原樊良湖至末口的弯曲水道，大大便利了漕运航行。史书上将这一工程称作"陈登穿沟"。人们习惯于把这条渠道称作"邗沟西道"，将原河称作"邗沟东道"。

隋代大运河水运网

　　魏晋南北朝时期，江南的经济有了显著发展，尤其是会稽郡，成为江南最富庶的地区。

　　隋代的政治中心在北方，北方经济虽然发展较快，但两京和边防军所需的粮食相当多，需要江淮地区供应。

　　陆路运输，速度慢，运量小，费用大，无法满足北方的需要。开通运河，利用水利运输，成为当时社会经济发展的需要。

京杭大运河及河岸

■ 陕西渭水河道

源远流长的历史文化

隋初以长安为都。从长安东至黄河，西汉时有两条水道，一条是自然河道渭水，另一条是汉代修建的人工河道漕渠。渭水流沙多，河道弯曲，不便航行。

由于东汉迁都洛阳，漕渠失修，早已湮废。隋代只有从头开凿新渠。

581年，隋文帝杨坚即命大将郭衍为开漕渠大监，负责改善长安、黄河间的水运。但建成的富民渠仍难满足东粮西运的需要，三年后又不得不再一次动工改建。

这次改建，要求将渠道凿得又深又宽，可以通航"方舟巨舫"。改建工作由杰出的工程专家宇文恺主持。在水工们的努力下，工程进展顺利，当年竣工。

新渠仍以渭水为主要水源，自大兴城至潼关长达150余千米，命名为"广通渠"。新渠的运输量大大超过旧渠，除能满足关中用粮外，还有很大富余。

隋炀帝杨广即位后，政治中心由长安东移洛阳，很需要改善黄河、淮河、长江间的水上交通，以便南

隋文帝杨坚
（541—604），隋朝的开国皇帝，谥号"文皇帝"，庙号高祖，尊号"圣人可汗"。他统一天下，建立隋朝，社会各方面都获得发展，形成了辉煌的"开皇之治"，使当时的中国成为盛世之国。

粮北运和加强对东南地区的控制。

605年，隋炀帝命宇文恺负责营建东都洛阳城，同时开通济渠，还扩建山阳渎。工程规模之大，范围之广，都是前所未有的。其中通济渠与山阳渎的修建与整治是齐头并进的。

通济渠可分东西两段。西段在东汉阳渠的基础上扩展而成，西起洛阳西面，以洛水及其支流谷水为水源，穿过洛阳城南，至偃师东南，再循洛水入黄河。

东段西起荥阳西北黄河边上的板渚，以黄河水为水源，经开封及杞县、睢县、宁陵、商丘、夏邑、永城等县，再东南，穿过安徽宿县、灵璧、泗县，以及江苏的泗洪县，至盱眙县注入淮水。两段全长近1000千米。

山阳渎北起淮水南岸的山阳，径直向南，至江都西南接长江。两渠都是按照统一的标准开凿的，并且两旁种植柳树，修筑御道，沿途还建离宫四十多座。

离宫 是指在国都之外为皇帝修建的永久性居住的宫殿，皇帝一般固定的时间都要去居住。也泛指皇帝出巡时的住所。中国有史以来最大的离宫是承德避暑山庄，承德或河北北部地区的人们一直称避暑山庄为"承德离宫"。

■京杭大运河一角

在施工过程中，虽然也充分利用了旧有的渠道和自然河道，但因为它们有统一的宽度和深度，因此，主要还要依靠人工开凿。这项工程虽然浩大而艰巨，但历时很短，从3月动工，至8月就全部完成了。

在完成通济渠、山阳渎之后，608年，隋炀帝决定在黄河以北再开一条运河，即永济渠。

永济渠也可分为两段：南段自沁河口向北，经今新乡、汲县、滑县、内黄、魏县、大名、馆陶、临西、清河、武城、德州、吴桥、东光、南皮、沧县、青县，抵天津；北段自天津折向西北，经天津的武清、河北的安次，到达涿郡。

南北两段都是当年完成。永济渠与通济渠一样，也是一条又宽又深的运河，据载全长950多千米。深度多少，虽不见文字，但大体上说，与通济渠相当，因为它也是一条可通龙舟的运河。

永济渠开通后，隋炀帝自江都乘龙舟沿运河北上，带着船队和人马，水陆兼程，最后抵达涿郡。全程2000多千米，仅用了50多天，足见其通航能力之大。

广通渠、通济渠、山阳渎和永济渠等渠道，虽然不是同时开凿而

京杭大运河上的古桥

成，但可以算作各自独立的运输渠道。

由于这些渠道都以政治中心长安、洛阳为枢纽，向东南和东北辐射，同时也连通了春秋战国时期修建的胥溪、胥浦，组成了一个完整的体系，从而形成了一条连通南北的大运河。

隋代大运河从长安、洛阳向东南通到余杭，向东北通到涿郡，是古今中外最长的运河。由于它贯穿了钱塘江、长江、淮河、黄河、海河五大水系，交通运输之利辐射周边地区，极大地便利了漕运。

大运河修成后，对加强国家的统一，促进南北经济文化的交流，其价值是不可估量的。

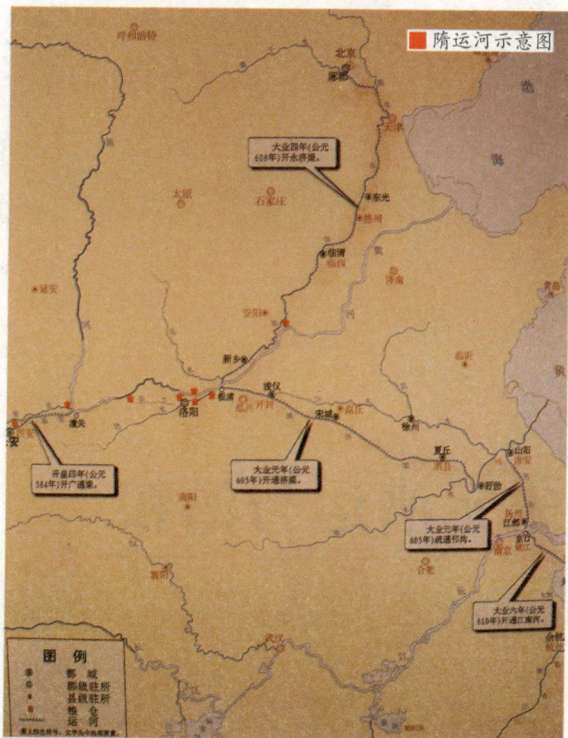
隋运河示意图

阅读链接

隋炀帝在大运河上行驶的龙舟，据《大业杂记》所记："其龙舟高45尺，阔45尺，长200尺。"共分四层。

上层是正殿内殿和东西朝堂；中间两层有120个房间，都用金玉装饰，是皇上休息娱乐的地方；最下一层是内侍住。龙舟前面是昂首的龙头，后面是高翘的龙尾，彰显一派真龙天子的无限威严。

整个船队，舳舻相接100千米，两岸有20万士兵和10多万步兵夹岸护航。从远处看，根本分不出哪是河中哪是岸上，只见旌旗蔽野，非常壮观。

宋元漕运与漕粮

北宋由于庞大的官僚机构和养有大量的军队，对漕粮的需求大大增加。开封、南京、陈州等重要城市都仰赖外地的漕粮，加之北宋漕线较隋唐缩短近半，故运输能力大增，年漕运量高达600万甚至800万石，创中国古代漕运之最。南宋漕粮主要沿江运往各军事重镇。

元代的漕运是海运、河运并行而以海运为主，海运主要是将南方粮食由海路调运。元代海运兴通，漕运进入新阶段。

■ 苏州古运河平门城楼

■ 宋代漕运浮雕

　　北宋建都开封。从地理位置上说，这个都城更接近当时盛产粮米的地区，并缩短了漕运的路线。不仅都城开封的粮食需由南方供应，就连南京、陈州等地也开始仰赖漕粮。

　　宋代的漕量非常大，甚至超过前代，主要是由于北方各省的农业生产，在长期的战争中受到严重摧残，由本地收取的粮食数量越来越少，而仰赖外地供应的数量越来越大。

　　宋代的官僚机构重叠庞大，常有一个官五六人共做的现象，做官必须食俸禄，高级官员每月要支禄米100石。官吏一多，国家支出的粮食自然就多了。

　　宋代朝廷还养着大量军队，军队的给养也大多仰赖漕米。有了以上的客观需要，再加上北宋的漕运线路比唐代要近一半，由淮入汴，水道畅通，滩阻较少，而且无须接运，所以宋代每年的漕运量，成为中国漕运史上的最高纪录。

陈州　即河南省淮阳县。太昊伏羲氏建都于此，后炎帝神农氏继都于太昊伏羲之旧墟，故易名为陈，陈由此始。夏时，陈属豫州；秦设陈县，后置陈郡；三国魏帝封曹植为陈王；南北朝时，郡州相间；元朝，复为陈州；明时，废宛丘县入陈州；清雍正十二年（1734）升陈州为陈州府。

忽必烈御赐会通河雕像

宋代主管漕运的官员，在朝廷内是三司使。三司使是朝廷主管财政的大员，地位仅比宰相和枢密使低一等，号称计相，职权很大。各路都设有转运使掌管漕运，因此转运使又称漕司。

宋钦宗靖康年间，北宋的国都东京被金兵攻破。接着康王赵构在南京即位，后来又将国都迁到临安，这就是南宋。

南宋的国都就处在水利发达、土地肥沃的江浙地区，漕运路程也比北宋短得多。至于湖广、四川等地，当时也是有名的富庶地区，这些地区的粮食就大多运往沿江各军事重镇，供应军队的需要。

元代首都和北方部分地区的粮食供应主要取自南方，南方的粮食经海道运至直沽，再经河道运达大都。运往元都的漕粮，在至元、大德年间为百余万石，后来增至三百余万石。元代岁运的最高额为三百五十余万石。

元代并在直沽河西务设都漕运使司，负责接受南来的粮食物资及所属各仓公务；在大都设立京畿都漕运使司，负责将前司接纳的粮食物资运赴大都各仓。

元朝朝廷对漕运管理非常严格。当时，朝廷规定，在漕运过程中如果损耗了漕粮，损耗由押运官员赔偿；如果船只翻沉，造成船民死亡时，则可免赔。

元朝朝廷为了寻找经济、安全的海运线路，从1282年起，海道漕运线路一共变更了三次。

第三次的线路是：从刘家港入海至崇明岛的三沙进入深海，北去经成山角折而西北行，经刘家岛、沙门岛过莱州湾抵达直沽海口。这一条新线路比以前的线路短些、快些，顺风时十多天就可以到达。

此外，为了克服海道运输的困难，元代海运机关接受船民的建议，在西暗沙嘴设置航标船，竖立标旗，指挥长江入海口的船只进出。后又接受船民的建议，在江阴的夏港、需沟等九处，设置标旗指引行船。

又在龙山庙前高筑土堆，土堆四周用石块砌垒；土堆上从每年4月中旬开始，白天高悬布幡，夜间悬

崇明岛 地处长江口，是中国第三大岛，也是世界上最大的河口冲积岛，世界上最大的沙岛。崇明岛不断冲涨，现在形成了马家浜、平洋沙、长沙等沙洲，其中的长沙即是崇明岛的前身。

■ 南洋古镇运河

南阳古镇运河一角

点灯火，以指挥船只行驶。这收到了很好的效果。

元朝朝廷大规模地挖河造船，对促进经济发展无疑是有利的。总的来讲，元代的漕运是海运、河运并行而以海运为主。

在航行实践中，元代劳动人民在航途上树立航标，确立港口导航制，编出通俗的口诀，对水文和气象进行预测预报，为开发中国东部海域的航运做出了贡献。

同时，海运的开通和发展，加强了元代南北物资和文化的交流，促进了元代造船技术的提高和外贸事业的发展，沿海城镇也由此而繁荣，对元代的政治、经济和文化都产生过积极的作用。

阅读链接

漕运不仅促进了经济的发展，还促进了文学的发展。

相传，北宋文学家苏东坡，有一年从海南北返，他半袒上身，乘一叶扁舟，由后河入运河，驶向东水关。在通济桥河段，当地人听说大文豪苏东坡路经此地，万人争看。

苏东坡自觉快风活水，心旷神怡。

南宋抗金名将文天祥在乘船过常州弋桥时，留下了"苍天如可问，赤子果何辜。唇齿提封旧，抚膺三叹吁"的慨叹。

志士文人在漕运河道上抒发情怀，也是漕运文化的重要组成部分。

明清漕运及其制度

　　明代漕运发展到一个新阶段。这时征运漕粮的有南直隶、浙江、江西、湖广、河南和山东。

　　漕粮又按供应地区的不同区分为南粮和北粮。清代开凿中运河，改善了漕运条件，另外还制定了严格的漕运制度。

　　漕运的畅通，为明清两代商品经济的发展和东南地区的繁荣，直接或间接地起到了积极的作用。

■漕运浮雕

北京通州的古漕运码头

白粮 明清时期向江南五府征收的粳、糯，为专供宫廷和百官用的额外漕粮。白粮由粮长解运京师，运费和途中的损耗，由纳粮户均摊。清代续征白粮，虽免除民运，但另加耗米和运费。

明代的漕粮主要征自南直隶和浙江，约占全国漕粮的60％。漕粮的数额，宣德年间最高时达到640万石，成化年间规定了岁运400万石的常额。在用途上，漕粮为京都、北边军饷，白粮供宫廷、宗人府及京官禄粮。

明朝朝廷初置京畿都漕运司，以漕运使主管。后废漕运使，置漕运府总兵官。1451年始设漕运总督，与总兵官同理漕政。漕府领卫军总共12.7万人，运船1.1万艘，另有海军7000人，海船350艘，专职漕粮运输，称为"运军"。

在地方，以府佐、院道和科道官吏及县总书等掌管本地漕事。朝廷户部和漕府派出专门官员主持各地军、民粮船的监兑和押运事宜。州县以下由粮长负责征收和解运。粮长下设解户和运夫，专供运役。

明代初期承元之故，以海运为主，河、陆兼运为辅。一由江入海，经直沽口至通州，或径往辽东；一由江入淮、黄河，自阳武县陆运至卫辉府，再由卫河运至蓟州。江南漕运，则由江、淮运至京师南京。

以承运者而言，海运为军运，其余都是民运。雇运是一种辅助形式。

永乐年间因迁都北京，粮食需求日增，而海运艰阻，于是整治大运河，即从杭州湾通往北京的漕河。其办法一是疏浚会通河，造漕船三千余艘，以资转运；二是在运河沿岸淮安、徐州、临清、德州和天津建置漕粮仓库，也称"水次仓"。

漕运方法历经改革后，在明代已经趋于完善，计有支运法、兑运法和改兑法。

支运法也叫"转运法"。由漕运总兵官陈瑄推行。规定各地漕粮就近运至淮、徐、临、德四仓，再由运军分段接运至通州、北京。一年转运四次。

■ 古代漕运码头卸货场景

■ 古代漕运工人搬货场景

源远流长的历史文化

农民参加运粮即免纳当年税粮，纳当年税粮则免除运粮，其运费计算在支运粮内。民运的比重约占支运的四五成。

兑运法也是由陈瑄等推行。各地漕粮运至淮安和瓜洲，兑与运军转运；河南于大名府小滩兑与遮洋总海运；山东则于济宁兑与军运。军运的费用由农民承担。

后来又定漕粮"加耗则例"，即按地区的远近计算运费，随正粮加耗征收，于兑粮时交给官军。起初兑运与支运并行，其后兑运渐居优势。

改兑法即长运法或直达法。由漕运都御史滕昭推行。由兑运的军官过江，径赴江南各州县水次交兑。免除农民运粮，但要增纳一项过江费用。淮安等四仓支运粮为改兑。自此，除白粮仍由民运外，普遍实行官军长运制度。

滕昭（1421—1480），曾先后任明代陕西道监察御史、顺天府主考等。滕昭在总督漕运时，他发现运输手续复杂，管理混乱，于是制定了改兑法，简化了运输手续，减轻了百姓的负担。因督办漕运有功，召还京城都察院理院事。

为维持漕运，明朝朝廷规定漕粮全征本色，不得减免，严格限制漕粮改折。只许在重灾、缺船或漕运受阻等严重情况下才实行部分的改折，折征时正、耗各项合计在内。

清朝朝廷为了确保漕运，对运道的疏通十分重视，采取了治黄兼顾治运的方针，这样，客观上给运河地区，特别是黄淮地区的水利事业带来一定的好处。

清代开凿了中运河。中运河原为发源于山东的泗水下游故河道，后为黄河所夺。中运河的开通，是清代的一项重大水利工程，是清代南北漕运所必经的河段。它也是大运河的一部分。

清代漕运方法基本承明制，但又有下列名目：正兑米，运京仓粮，定额330万石；改兑米，运通州仓粮，定额70万石；折征，将漕粮折算成银，价银统归地丁项内，上报户部。

清代漕船数与编制稍异明代，一般以府、州为单位，10人一船，10船一帮，10船互保。总数10000多艘，而实际运于漕运的仅7000艘左右。每船装运量不得超过500石，另可装土产往返各口岸行销，后因运道淤塞而禁止。

清代后期实行官收官运，承运者是军籍中较殷实的军丁，也就是运丁。发运时每船配运军一名，运副一名，雇募水手9名至10名。各省运军水手多少不等，总数在10万名左右。

漕运最高长官为漕运总督，驻淮安。其下为各省粮道，共7人，掌本省粮储，辖所属军卫，遴选领运随帮官员，责成各府会齐、佥选运军等；坐守水次，监督、验明漕粮兑换，面交押运官，并随船督行至淮安，呈总督盘验。

为确保漕运无误，清朝朝廷于淮安、济宁、天津、通州运河沿线设置巡漕御史，稽查本段漕运。此外，淮安淮北沿河置有镇道将

■ 漕运工人雕塑

漕运复原图

领，以催促入境漕船前行；在镇江与瓜洲的南漕枢纽处，出镇江道催促，同时由总兵官或副将巡视河岸，协同督促漕船过江。

清代在道光年间于上海设海运总局，天津设收兑局，并特调琦善等总办首次海运。漕船从黄浦江出发，经吴淞口东向大海，行2000余千米达天津收兑局验米交收。清朝朝廷特准商船载运免税货物20％往来贸易，调动了商船的积极性。

晚清时期发生了一系列与漕运有关的事件，如商品贸易的发展及轮船和铁路交通逐渐兴起等，最终导致漕运的衰落。

248

源远流长的历史文化

阅读链接

清代漕粮征运制度极为严密而成熟。清代通过规模庞大的文册《户部漕运全书》，全面记载漕运制度。

《户部漕运全书》是御史夏之芳经钦定编纂的，内容涉及漕粮额征、征收事例、兑运事例、通漕运艘、督运职掌、选补官丁、官丁廪粮、计屯起运、漕运河道、随漕款项、京通粮储、截拨事例、采买搭运、奏销考成等，每一大项制度还包括多方面的子项。

全书的分类内容涵盖了漕运事务的各个方面，充分反映了清代漕运制度的全面和严密。

造船与航海

　　我们的祖先曾经以其非凡的勇气和智慧走向了海洋，开辟了中国航海事业的先河。在这个过程中，中国古代的造船技术和航海技术，取得了令世界瞩目的成就，不仅对于古代社会经济的发展起了重要的作用，也促成了明代郑和下西洋的历史性壮举。

　　明代造船与航海技术的发展，将中国的造船与航海事业推向一个新的高峰。在这一有利的技术条件支持下，明代著名航海家郑和七次远渡重洋，促进了政治、经济与文化交流，在人类历史上产生了深远影响。

古代造船和航海技术

造船与航海是综合性的科学技术，涉及流体力学、材料力学、运动学、天文学、数学、磁学、地理学、气象学及制造工艺技术等广阔的领域。我们的祖先以其非凡的勇气和智慧，创造了先进的造船技术与航海技术，开辟了中国航海事业的先河。

在造船技术上，发明了船舵、水密隔舱和船体龙骨结构；在航海技术上，利用天文和地文进行航海。这些成就，都在很长一段时间内处于世界领先地位。

郑和宝船模型

中国的造船史绵亘数千年，从远古时就开始了。

早在新石器时期，我们的祖先就广泛使用了筏和独木舟。据考证，筏是舟船发明以前出现的第一种水上运载工具，是新石器时期中国东南部的百越人发明的。

秦汉时期，中国造船业的发展出现了第一个高峰。汉代出现的舵，是世界航海史的一项发明。广州西村皇帝岗西汉古墓中出土的木质船模中，便已经发现了舵的存在。

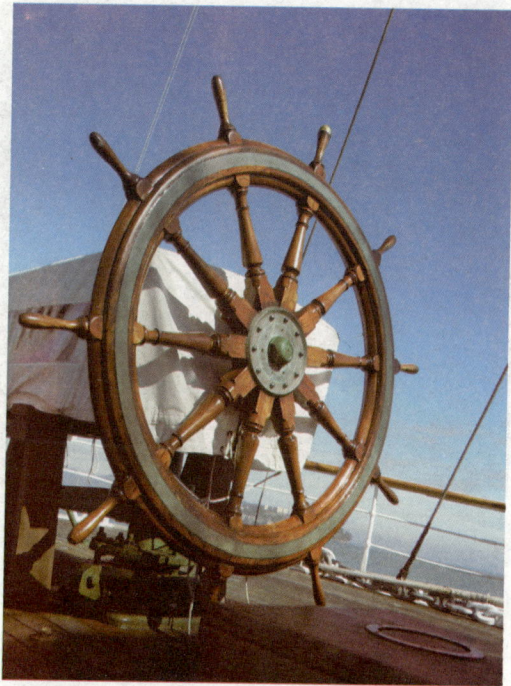

舵是安装在船尾后操纵航向的装置。舵虽然是小小的装置，但它能使庞大的船体运转自如。其奥妙在于，航行中的船只，如果要向左转，就要将舵向左偏转一个角度，水流就在舵面上产生了一股压力，即舵压。舵压本身很小，但它距离船的转动中心较远，所以使船转动的力矩比较大，船首会相应地转向左方。

舵的发明是中国古代人民对世界造船史的一大贡献，它改写了世界航海事业的历史，为航海者进行远洋航行提供了关键的技术条件。

水密隔舱大约发明于唐代，宋以后在海船中被普遍采用，部分内河船也有采用。

所谓水密隔舱，就是用隔舱板把船舱分成互不相通的一个一个舱区，舱数有13个的，也有8个的。这

■ 近代的船舵

独木舟 又称为独木船，它是利用一根木头制成的船，是船舶的"先祖"，是最早的船舶。在《易经·系辞》中有"刳木为舟"的记载，就是说独木舟是刳木而成的。1958年，江苏省武进县出土的三艘独木舟，据考证是春秋战国时的独木舟，现存中国历史博物馆。

源远流长的历史文化

古代造船雕塑

一船舶结构是中国在造船方面的一大发明，它具有多方面的优越性。

首先，由于舱与舱之间严密分开，在航行中，特别是在远洋航行中，即使有一两个舱区破损进水，水也不会流到其他舱区。从船的整体来看，仍然保持着相当的浮力，不致沉没。

如果进水太多，船支撑不住，只要抛弃货物，减轻载重量，也不至于很快沉入海底。如果进水严重，也可以驶到就近的口岸或陆地进行修补。因此，水密隔舱既提高了船舶的抗沉性，又增加了远航的安全保障。

其次，船上分舱，货物的装卸和管理比较方便。不同的货主可以同时在个别的舱区中装货和取货，提高了装卸的效率，又便于进行管理。

最后，由于舱板跟船壳板紧密连接，起着加固船体的作用，不但增加了船舶整体的横向强度，而且取代了加设肋骨的工艺，使造船工艺简化。

中国古代船舶的龙骨结构是造船业中的一项重大

船舶抗沉性 是指船舶在一个舱或几个舱进水的情况下，仍能保持不至于沉没和倾覆的能力。为了保证抗沉性，设置双层底和一定数量的水密舱壁，以储备浮力来补偿进水失去的浮力，既保证了船舶的不沉，也为堵漏施救创造了有利条件。

发明，对世界船舶结构的发展产生了深远的影响。

中国古代航海技术同样取得了举世瞩目的成就，在天文航海技术和地文航海技术方面颇多创造。

天文航海技术主要是指在海上观测天体来决定船舶位置的各种方法。中国古代在航海上，很早就知道通过观看天体来辨明方向。比如《淮南子》中就说过，如在大海中乘船而不知东方或西方，那观看北极星便明白了。

至元明时期，中国天文航海技术有了很大的发展，已能观测星的高度来定地理纬度。这是中国古代航海天文学的先驱。这种方法当时叫"牵星术"。牵星术的工具叫"牵星板"。

牵星板用优质的乌木制成。一共12块正方形木板，最大的一块每边长约24厘米，以下每块递减2厘米，最小的一块每边长约2厘米。另有用象牙制成一小方块，四角缺刻，缺刻四边的长度分别是上面所举最小一块边长的四分之一、二分之一、四分之三和八分之一。

比如用牵星板观测北极星，左手拿木板一端的中心，手臂伸直，眼看天空，木板的上边缘是北极星，下边缘是水平线，这样就可以测出所在地的北极星距水平的高度。求得北极星高度后，就可以计算出

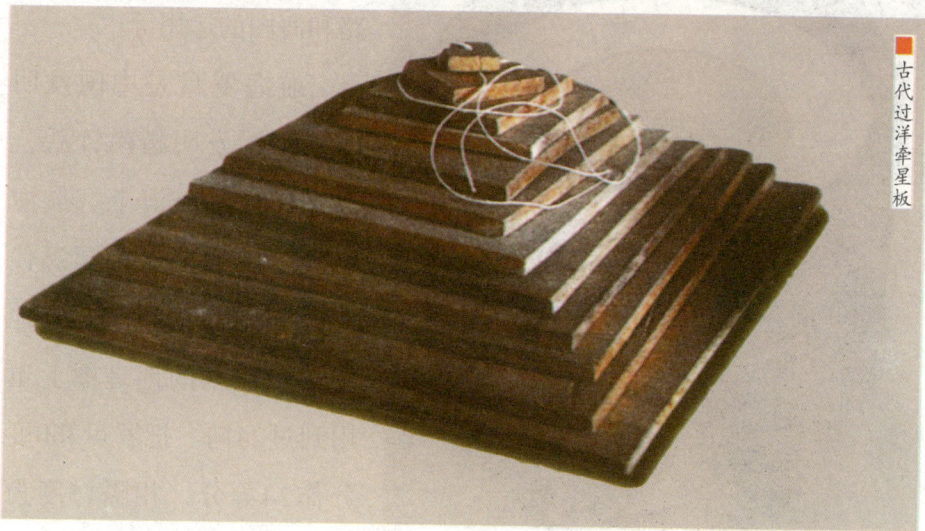

古代过洋牵星板

所在地的地理纬度。

中国古代航海者已经非常准确地掌握了季风规律，并利用季风的更换规律进行航海。对于东南亚的太平洋航线来说，如有的古籍中说："船舶去以11月、12月，就北风；来以5月、6月，就南风。"

对于通往朝鲜、日本的东北亚航线，对季风的利用则正好相反。当然，航海中遭遇的并不单单是季风，还有瞬息万变的各种气象。

因此，古代航海者总结了大量预测天气的经验，并巧妙地利用独特的风帆，即可以或降或转支的平式梯形斜帆，根据风向和风力大小来进行调节，使船可驶八面风，保证了不论在何种风向下，都要以利用风力进行航行。其中，对于顶头风，南宋以后已发明了走"之"字形的调帆方法，就能逆风行船了。

中国古代地文航海技术的成就，包括航行仪器如航海罗盘、计程仪、测深仪的发明和创造，以及针路和海图的运用等。

航海罗盘是中国发明的。中国发明指南针后，很快使用到航海上。航海罗盘上定24向，中国汉代就有24向的记载。北宋地理学家沈括的地理图上也用到过24向。把罗盘360度分作24等分，相隔15度为

■古代航海罗盘

一向，也叫"正针"。
但在使用时还有缝针，
缝针是两正针夹缝间的
一向，因此航海罗盘就
有48向。大约南宋时已
有48向的发明了。

48向的每向的间隔
是7.5度，这要比西方的
32向罗盘在定向时精确得多。关于32向的罗盘知识在明末虽从西方传
进来，但是中国航海家一直用中国固有的航海罗盘。

计程仪又叫"测程仪"。三国时期吴国海船航行到南海一带去，
有人写过《南州异物志》一书，书中有这样的记载：

> 在船头上把一木片投入海中，然后从船首向船尾快跑，
> 看木片是否同时到达，以此来测算航速航程。

这是计程仪的雏形。直至明代还是用这个方法，不过操作方法更
为具体。

中国迟至唐代末年已有测深的设备。一种是"下钩"测深，一种
是"以绳结铁"测深。深度达二十多米，这还是浅水测深。再稍晚一
些，有记载说用纲下水测深，"纲长五十余丈，才及水底"。纲是大
绳，五十多丈，这已是深水测深了。

南宋末年吴自牧的《梦粱录》上说："如果航海到外国做买卖，
从泉州便可出洋。经过七洲洋，'船上测水深约有七十余丈'。"可
见宋代已经有比较熟练的深水测深技术了。

宋代已经有针路的设计。航海中主要是用指南针引路，所以叫作

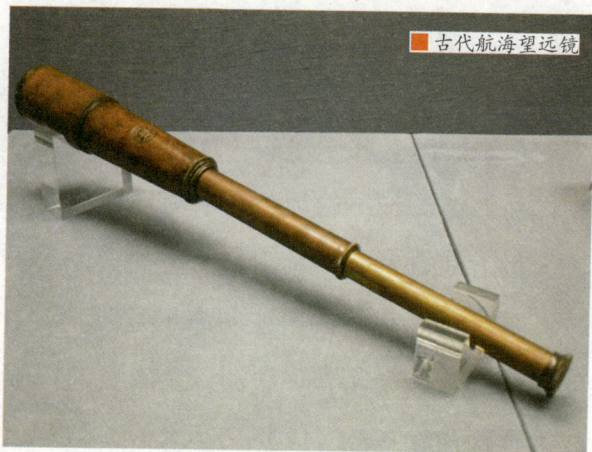

古代航海望远镜

"针路"。有的古籍中叫"针经"，或"针谱""针策"。凡是针路一般都必写明某地开船、航向、航程和船到某地等。

至于海图，北宋徐兢《宣和奉使高丽图经》上已有海道图，这是中国航海海图最早的记载。中国现存最早的海道图是明代初期《海道经》里附刻的《海道指南图》。

明末时期有些古籍注明海上危险物，比如"有草屿""有芦荻"等，还有浅滩、暗礁、沙洲以及岩石的记载。这些和近代海图上的要求大致符合。

上述这些造船技术和航海技术，在明代得到了进一步完善和充分运用。这就从物质技术方面为明代的郑和下西洋创造了必要的条件。

源远流长的历史文化

阅读链接

法显是中国历史上第一位到海外取经求法的大师，杰出的旅行家和翻译家。东晋时期，法显从印度搭船回国，几经换乘才回到祖国。

回来后他说，当时在海上见"大海弥漫，无边无际，不知东西，只有观看太阳、月亮和星辰而进"。直至北宋以前，航海中还是"夜间看星星，白天看太阳"。

从北宋开始，在航海技术中加了一条"在阴天看指南针"。自从指南针被用于航海，在海上航行的人们就再也不会像法显那样"不知东西"了。

郑和七次远渡重洋

　　从1405年至1433年，郑和先后七次远渡重洋。曾到达过爪哇、苏门答腊、真腊、暹罗、阿丹、天方、左法尔、忽鲁谟斯、木骨都束等三十多个国家，最远曾达非洲东海岸、红海、麦加。

　　郑和七下西洋，成为大航海时代的先驱。他不仅发展了中国与亚非国家的海上交通，而且对发展中国与亚洲各国政治、经济和文化上的友好关系，做出了巨大贡献，他的事迹光耀千古，推动了人类文明。

郑和下西洋船队的粮船

■ 湄州妈祖庙郑和
雕像

源远流长的历史文化

南洋 是明清时期对东南亚一带的称呼，是以中国为中心的一个概念。包括马来群岛、菲律宾群岛、印度尼西亚群岛，也包括中南半岛沿海、马来半岛等地。清朝时期也将自江苏以南的沿海诸地称为"南洋"。南洋概念与西洋、东洋、北洋相对应。

1405年7月11日，郑和第一次启程下西洋。船队顺风南下，到达爪哇岛上的麻喏八歇国。

爪哇古名阇婆，为南洋要冲，这里人口稠密，物产丰富，商业发达。

当时，爪哇岛上的东王、西王正在打内战。郑和船队的人员上岸到集市上做生意，被西王麻喏八歇王误杀计170人。"爪哇事件"发生后，西王十分惧怕，派使者谢罪，要赔偿6万两黄金以赎罪。

郑和得知是一场误杀，鉴于西王诚恐，于是禀明朝廷，力主化干戈为玉帛。明王朝放弃了麻喏八歇国的赔偿，西王知道后十分感动，两国遂和睦相处。

1407年10月13日，郑和回国后，立即进行第二次远航准备，主要是送外国使节回国。

这次出访所到国家有占城、渤尼、暹罗、真腊、爪哇、满刺加、锡兰、柯枝、古里等。到锡兰时郑和船队向有关佛寺布施了金、银、丝绢、香油等。

1409年夏，郑和船队回国。

郑和第三次下西洋始于1409年10月。船队从太仓刘家港起航，11月到福建长乐太平港驻泊。同年12月从福建五虎门出洋，经过10昼夜到达占城，后派出一支船队从占城直接驶向暹罗。

郑和船队离开占城又至真腊，然后顺风到了爪哇、淡马锡，即今天的新加坡、满刺加。在满刺加建造仓库，下西洋所需的钱粮货物，都存放在仓库里以备使用。郑和船队去各国的船只，返航时都在这里聚集，装点货物等候南风开航回国。郑和船队从满刺加开航，经阿鲁、苏门答腊、南巫里到锡兰。

1411年7月6日，郑和船队回到了祖国。

1412年12月18日，朝廷令郑和进行规模更大的一次远航。这是郑和第四次下西洋。这次开航首先到达占城，后率大船队驶往爪哇、旧港、满刺加、阿鲁、苏门答腊。又从苏门答腊派分队到溜山，就是现在的马尔代夫群岛。而大船队从苏门答腊驶向锡兰。

在锡兰，郑和再次派分船队到加异勒，而大船队驶向古里，再由古里直航忽鲁谟斯阿巴斯港格什姆岛。这里是东西方之间进行商业往来的重要都会。郑和船队由此起航回国，途经溜山国。

1415年8月12日，郑和船队回国。这次航行，郑和船队跨越印度洋到达了波斯湾。

1417年6月，郑和第五次下西洋。这次是奉朝廷之命送来华的19国使臣回国。

郑和船队首先到达占城，然后到爪哇、彭亨、锡兰、沙里湾尼、柯枝、古里。船队到达锡兰时郑和派一支船队驶向溜山，然后由溜山西行到达非洲东海岸的木骨都束、麻林。

大船队到古里分成两支，一支船队驶向阿拉伯半岛的祖法儿、阿丹和剌撒，即今也门民主共和国境内，一支船队直达忽鲁谟斯。

1419年8月8日，郑和船队回国。

1421年3月3日，郑和第六次下西

郑和下西洋船只浮雕

洋。这次是奉明成祖朱棣之命送来华的16国使臣回国。这次到达国家及地区有占城、暹罗、古里、锡兰山、溜山、苏门答腊、阿鲁、满剌加、甘巴里、幔八萨。

1422年9月3日，郑和船队回国。随船来访的有暹罗、苏门答腊和阿丹等国使节。

1430年6月29日，明宣宗朱瞻基命郑和又一次出使西洋。

宝船从龙江关出水，集结于刘家港。经占城、爪哇的苏鲁马益、苏门答腊、古里，向南到达非洲南端接近莫桑比克海峡，然后返航。当船队航行至古里附近时，郑和因劳累过度一病不起，于1433年初春在印度西海岸古里逝世。船队由王景弘率领返航，回到太仓刘家港。

1433年7月22日，郑和船队回到南京。

郑和下西洋古画

260

源远流长的历史文化

阅读链接

郑和第一次下西洋到达爪哇岛上的麻喏八歇国时，曾经和平处理一起误杀事件。后来的许多印尼学者都认为，郑和舰队是当时世界上最强大的海上特混舰队。

当两国发生冲突时，郑和仍能保持极大的克制，委曲求全，以理服人，化干戈为玉帛，表现出明王朝对邻国的和平共处、睦邻友好的愿望。

时至今日，爪哇岛的人谈及此事，都十分敬佩，说郑和对各国不论强弱亲疏，平等对待，一视同仁。

郑和下西洋的意义

郑和下西洋是一种国家行为，而他的船队则是一支强大的战略力量，使中国的海军纵横大洋，实现了万国朝贡。从当时的情形来看，对巩固明代的统治地位具有一定意义。

这是中国古代历史上最后一件世界性的盛举。郑和已经随着时间的推移演化成了一种精神，那就是冒险与探索，传播和平与文化。总之，郑和是中华民族的航海英雄，他的功绩永垂千古。

■郑和画像

郑和下西洋图

明朝朝廷派遣郑和船队下西洋，是从当时国家利益的需要出发的，郑和下西洋的功绩在当时是伟大的。

郑和下西洋稳定了东南亚的国际秩序。

在郑和下西洋之前，中国周边的国际环境动荡，主要表现在东南亚地区各国相互猜疑，互相争夺。东南沿海倭寇、海盗猖獗。这些不稳定的因素，一方面极大地影响了明代的国际形象，一方面直接影响中国南部的安全。

在这种形势下，明朝朝廷采取了"内安华夏，外抚四夷，一视同仁，共享太平"的和平外交政策，派遣郑和率领船队下西洋，试图建立一个长期稳定的国际环境，提高明王朝的国际威望。

郑和下西洋调解矛盾，平息冲突，消除隔阂。有利于周边的稳定，维护了东南亚、南亚地区的稳定和海上安全，提高了明代的声望。同时，震慑和打击了倭寇、海盗的嚣张气焰。

郑和下西洋的使命主要是政治目的，同时也带有一定的经济目的。郑和船队在下西洋过程中开展了许多贸易活动，主要有朝贡贸易、官方贸易和民间贸易三种形式。

朝贡贸易是郑和下西洋贸易活动的基本形式，带有封建宗主国的性质。它通过这种形式获得这些小国对明代宗主国地位的认可，这是朝贡贸易的政治目的。

官方贸易是郑和下西洋的重要内容，它是在双方官方主持下与当地商人进行交易，是明代扩大海外贸易的重要途径。郑和船队装载的除了赏赐用的礼品外，还有中国的货物，如铜钱、丝绸、瓷器、铁器等。这种贸易可以用明代铜钱，多数以货易货。

民间贸易是在郑和下西洋贸易活动的带动下出现的。当时的东南亚百姓对中国丝绸、瓷器、工具非常喜欢，郑和船队一到都争先恐后地划船或到码头交易，有的还请官兵到当地的集市设摊交易。

郑和下西洋不仅对当时的明王朝建立了不朽功勋，也对海洋事业产生了深远影响。既把中国古代的海洋事业推向发展高峰，也对人类的海洋文明做出了重要贡献。

郑和对西太平洋和印度洋进行了一些海洋考察，

朝贡贸易 是中国政府与海外诸国官方的进贡和回赐关系。在中国历史上，曾经有很多国家前来寻求同中国建立友好关系。这些国家使节来朝贡，货物由朝廷处置。国力强盛时期，这种朝贡贸易占主导地位。

■ 郑和下西洋浮雕

郑和下西洋古画

收集和掌握了许多海洋科学数据。这无疑有利于扩大海外交通和贸易范围。

在航海过程中，郑和船队综合应用了天文和地理导航手段，其中有多项技术在当时的世界上是很先进的。

郑和下西洋开辟了亚非的洲际航线，为西方大航海时代的到来铺平了亚非航路。比如葡萄牙航海家就曾经沿着郑和船队开辟的航线顺利到达了印度。

郑和下西洋所到之处，不仅进行海外贸易，还传播先进的中国文化，在中外文化交流史上写下了新的篇章。诸如中华礼仪和儒家思想、历法和度量衡制度、农业技术、制造技术、建筑雕刻技术、医术、航海造船技术等。

郑和下西洋在海洋事业上还有许多贡献。郑和的功绩是辉煌的，它属于中国，也属于世界。

阅读链接

郑和下西洋期间，曾经在所到之处广泛开展民间贸易活动。这种贸易活动有许多有趣的故事，其中最有影响的是击掌定价法。

在印度古里国，郑和船队到达后，由当地的代理人负责交易事宜，将货物带到交易场所。双方在官员主持下当面议价定价，一旦定下，绝不反悔，双方互相击掌表示成交。这种友好的贸易方式，在当地传为美谈。

郑和的后几次下西洋，贸易规模不断扩大。因为当时实行平等自愿的等价交换，所以具备了国际贸易的一些基本原则。

商贸纵观

历代商业与市场经济

豪商巨贾

春秋战国是中国历史上的上古时期。这一时期，社会生产力不断进步，社会分工更加详细。随着商业的发展，涌现出许多著名的大商人，成为该时期商业领域的领军人物。

范蠡用智慧开创了中国商业文化；子贡凭借"孔门十哲"的金字招牌，成为名副其实的儒商；白圭的经商之道和贸易理论，无愧于经济谋略家的称号。

以"奇货可居"著称的吕不韦，更是以风险投资成为古今中外第一人。这些豪商巨贾开了中国商业史之先河，并产生了十分深远的影响。

文财神范蠡

先秦商业的起源与发展

先秦是指中国统一以前的历史，主要指春秋战国时期。在这一时期，随着生产力的发展和生产关系的变化，商业发展达到前所未有的水平，进入了中国商业史上的第一次飞跃。此时，由于官府控制商业的局面逐渐被打破，各地出现了许多商品市场和大商人。

这一时期商品交换的频繁促进了货币制度的发展，中国金属货币在春秋中晚期使用广泛，各国自行铸钱，如要进行贵重商品交易，则使用黄金。

此外，由于经济活跃，以放债营生的行业也渐渐盛行。著名的孟尝君就曾经营过高利贷活动。

■先秦时期的钱币

■ 先秦时期急于奔走的商人

　　春秋以前的商业交换活动，基本上还是些远距离的各地土特产和装饰品的交换，在整个社会经济生产和生活中还没有地位。

　　应当说，春秋以前的社会还是十足的自给自足的社会。商业交换活动显著发展起来，是在春秋战国时期开始的。

　　公元前770年，周平王东迁洛邑，建立东周，开始了中国历史上的春秋战国时期。也就是从这时起，中国历史上独立从事耕作或手工业的人开始大量出现，社会生产更趋向商业化。

　　周灭商后，商王朝人失去了贵族权，能活下来的，就外出做生意去了。做"生意"的原意是"求生"，即另谋生路去了。但商人贵族后代又不甘于种田织布那种下人的苦力活，于是就全做起买卖来了。

　　商王朝虽灭，但他们尚有较雄厚的资金。以后，

周平王（约前781—前720），姬姓，名宜臼，东周第一位王。在位期间，王权旁落，虚有其名，实权全在势力强大的诸侯手上。不过，即使周天子再不像西周时名实相符，却仍算是共主，得到有权势的大诸侯的表面尊重。

商代运输马车模型

凡是做生意做买卖的，统称为"商人"。当时全是商人后代在做买卖。

从社会经济这个角度来看，春秋时期，由于社会有了一定程度的分工，出现了商贾这样的专门职业。东汉末年的经学大师郑玄说："行曰商，处曰贾。"

这也就是说，商，是指专门从事远程贩运。在外组织货源的人，这就是"行"。贾，就是居肆列货。直接面向消费者售卖，以求其利，这就是"处"。

春秋时期有许多土特产的运输者和买卖者。楚国的木材、皮革，就远输到晋国。《左传·襄公二十六年》中说，楚国使臣声子自晋还楚对楚贵族子木说："杞梓皮革，自楚往也；虽楚有材，晋实用之。"

意思是说：杞、梓、皮革，本来是楚国特产，却在源源不断地被运到晋国。楚国固然人才众多，但

四民 是中国古代对平民职业的基本分工，指士、农、工、商，但其次序历代有所不同。其说始于管仲，《管子》道："士农工商四民者，国之石，民也。"春秋时期齐国宰相管仲最先定下"士农工商"的次序，一直沿用至今。

实际上是晋国人在使用他们。晋国的杞、梓、皮、革，是从楚国运去的。杞、梓、皮、革是楚国的特产，经过运输交换变成商品。

当时的商贾已被列为四民之一。《左传·宣公十二年》称"商农工贾，不败其业"。尽管此时商人社会地位还很低下，还处在官府的直接控制之下，但是已经是一种专门的职业了。

春秋时期诸侯国林立，纷纷兴筑都城。这些都市位居津要，自然成为商品集散的最佳地段，初期的都市形态逐渐转变为以商业贸易为中心的繁荣城市。如赵国的邯郸、齐国的临淄、秦国的咸阳等，都是当时著名的商业城市。

城市内往往设有许多个"市"，作为商品交换的固定场所，市的四周有"市门"，设"市吏"管理。市内列肆成行，商品分类出售。

当时的商业活动，虽在城市里的市上进行，但是根据当时的管理制度，必须由政府来垄断市场，掌握物价。据《左传》记载，郑国、卫国和宋国都有专门的官吏掌管，鲁国管理市场的官吏叫"贾正"。

春秋时期虽然政府管理商业，但由于经济活跃，列国中出现了有钱有势的大商人。这些富商积累了大量财富，常常经营高利贷，以放债营生的行业由此渐盛。著名的孟尝君就曾经营高利贷活动。

孟尝君是齐国贵族，慕名而来者甚多，但他对食客热情款待与己无二，所以，食客往返归之如云，高峰期竟达三千余人。

■孟尝君（？—前279），田文，因封于薛，又称薛公，号孟尝君。战国时齐国贵族，门下有食客数千。以养"士"著称的有魏国的信陵君、齐国的孟尝君、赵国的平原君、楚国的春申君，合称为"战国四公子"。

冯谖 战国时齐人，是薛国国君孟尝君门下的食客之一，为战国时期一位高瞻远瞩、颇具深远眼光的战略家。冯谖虽然向孟尝君索取了不少待遇，却着实为孟尝君效力不少。通过"薛国市义"、营造"三窟"等活动，冯谖为孟尝君立下了汗马功劳，使其政治事业久盛不衰。

为了接待食客，孟尝君开办了旅店，但食客的吃、住、行都需要钱，所以，孟尝君的收入抵不住食客的浩繁开销。因此，孟尝君兼放一些高利贷来补充。

深谋远虑的食客冯谖对孟尝君经营高利贷有自己的看法，他在为孟尝君收债时，对确实无能力偿还债款的多户债主，建议孟尝君当众将债券焚烧。此举得到多数穷苦百姓的崇敬和欢迎。

另一方面，孟尝君也把旅店对外营业，从中得一部分盈利来填充巨大的开销。旅店内部分"食客部"和"对外部"两班人马管理。

在接待食客方面客舍分三等：上等为"代舍"，食有肉，行有车；中等为"幸舍"，食有肉，不乘车；下等为"传舍"，食普通饭菜。

对外部的商业经营方面，饭菜也分三等：势大钱多的人供名贵饭菜；绅士富人供高等饭菜；普通百姓供价格便宜饭菜。另外，特别贫苦遭难之人给予特别施舍且分文不取。

孟尝君开设的大旅店，规模宏大而管理有方且又礼仪待人，所以生意兴隆，闻名遐迩，有"孟尝君子店，千里客来投"之说。

到春秋末战国初，由于商业贸易的进一步发展，一些原来身居显位的卿相也开始经商。如曾经帮助越王勾践雪会稽之耻的范蠡，后来离越入齐，又从齐到当时属于交通中心的商

■ 先秦钱币布币

■ 战国时期商人的
交通工具

业城市陶邑，从事商业，号称"陶朱公"。其后子孙继续经营，富至巨万。

战国时期，市上的商品种类更加丰富，有吃的米粮，有用的绸布、皮货、衣履、刀剑，还有各种牲口，及各式奢侈品如珠宝、玉器、象牙床、千里马、狐裘之类，无不具备，而且出现了为买卖双方评价说合的"牙人"。

工商业发展后，便涌现出握有巨万资财的富商巨贾，大者富比国都，中者富比县郡，下者富比乡里，而且这样的人不在少数。

后来的西汉史学家司马迁在《史记》中称这些新兴工商业者说："千金之家比一都之君，巨万者乃与王者同乐。"

战国时期，由于商品交换关系的发展，乡村集市也开始形成，并出现了商人垄断乡村集市的现象。

绸 在古代，丝绸就是蚕丝织造的纺织品。丝绸是中国古老文化的象征，中国古老的丝绸业为中华民族文化织绣了光辉篇章，对促进世界人类文明的发展做出了不可磨灭的贡献。中国丝绸以其卓越的品质、精美的花色和丰富的文化内涵闻名于世。目前已知的最早丝织物，出土于距今约4700年的良渚文化遗址。

■ 文财神范蠡像

孟子（前372—前289），姓孟名轲，字子舆、子车或子居。生于战国时期的邹（今山东邹县东南）。战国时期著名思想家、政治家、教育家，民主思想的先驱。他继承并发扬了孔子的思想，成为仅次于孔子的一代儒家宗师，对后世中国文化的影响全面而巨大，有"亚圣"之称，与孔子合称为"孔孟"。孟子及其门人著有《孟子》一书。

战国时期思想家孟轲形象地描写了站在乡村市集的高地上，操纵贸易、伺机牟利的"贱大夫"。他在《孟子·滕文公上》中说：

> 有贱大夫焉，必求垄断而登之，以左右望，而罔市利。

意思是说：在旷野的集市上，有个商人站到高地上，即"垄断"上，东张西望，想把市利都弄到自己手里。

这些自由商人的出现，最初多是由一些小商贩发展起来的，他们的地位低贱，所以孟子说"有贱大夫焉"。后来人们把操纵和把持贸易的行为叫作"垄断"，就是从这里引申出来的。

孟子对于"垄断"的解释，正确地反映了商业贸易史的发展进程，特别是春秋战国之际这个商业贸易史上的一个转变过程。

战国时期，一些卿大夫也有一面当官，一面从事商业活动的。魏惠王的大臣白圭，就是一个从事倒卖谷物活动的商人。

到了战国晚期，投机商人更为活跃，吕不韦就是一个突出的例证。他原是个大贾，后把商业上的投机方法运用到政治上，最终他出任秦之相国，封为文信侯，并取得了"仲父"的尊号，一度掌握秦国大权。

春秋战国时期之所以会出现商业的发展，是因为社会生产力的持续进步，让整个社会拥有了大量可供用来流通的商品。同时，区域性诸侯国的产生，割断和阻碍了整个社会的自由联系，这就使许多商品的流通变得有利可图。

另外，各诸侯国为了满足对生活物品和战争的需求，以及增加国家财政收入，便用行政手段鼓励发展商业。这些因素，都大大刺激了当时商业的发展。

阅读链接

公元前597年，在晋楚两国争霸中原的邲之战中，晋国大夫荀䓨被楚国所俘。有一个财力雄厚的商人到楚国经商，想用金钱贿赂楚国的看守人员，把荀䓨秘密营救出来。后来没有成为事实，因为楚国把荀䓨释放了。

荀䓨回国后见到那个商人，非常感激他。而那个商人却认为是楚国释放的荀䓨，所以自己不敢居功。

这则史实告诉我们，商人能参与援救荀䓨的活动，也一定与楚国的贵族有广泛的联系。他们政治活动的基础来自他们的经济力量。

被尊为商圣的范蠡

范蠡是春秋末年楚国著名的政治家、军事家和实业家。范蠡大约出生于公元前536年，约于公元前448年无疾而终，享年高龄，几近百岁，被称为中国商人圣祖。

范蠡三次经商成巨富，三散家财，乃中国儒商之鼻祖。他创立了商业运筹学、价格学以及循环论等关于经商的理论，在以后的两千多年里都产生了很大影响。

范蠡的神奇之处在于，从政可为宰相，经商能为巨富。他用大智慧开创了中国商业文化。被后人尊称"商圣"，更被供奉为财神。

中国商人圣祖范蠡画像

范蠡出身贫寒，父母早亡，由哥嫂扶养成人。他从小就天资聪慧，博闻强识，喜欢读书，学到了许多历史知识和治国安邦的理论。

当时著名的商业理论家计然到范蠡的家乡南阳云游，范蠡拜其为师，跟他学习经济知识和经商技巧。

范蠡和楚国名士文种是好友。当时列国纷争，相互争霸兼并，楚国政治不明，有才之士得不到重用。于是，两个人商议之后，来到越国。

范蠡和文种入越后，深得越王勾践的重用，勾践任范蠡为大夫，又擢为上将军。

范蠡对勾践忠心耿耿，出谋划策，与文种同心协力为越国共谋良策，促进了越国的强盛。最后勾践灭掉劲敌吴国，当了霸主。

越国君臣设宴庆功，群臣欢歌笑语，十分高兴。此时，只有勾践一人面无喜色。范蠡看到后，暗自叹息，深思熟虑后，决定携带家眷悄悄出走。

范蠡临行前告诫文种："勾践为了兴越灭吴，不惜卧薪尝胆。如今如愿以偿，却不想将功劳落到大臣名下，猜疑嫉妒之心已见端倪。看来与越王只能同患难，不能共享乐，大名之下，难以久居。如不及早急流勇退，日后恐无葬身之地。"

计然 姓辛氏，又作计倪、计研、计砚，字文子，号称渔父。春秋时蔡丘濮上人，博学无所不通，尤善计算。对治理国家的策略极有研究，善于从经济学的角度来谈论治国方略。云游到范蠡家乡南阳时，范蠡惊其才，从之为师，计然授计谋于蠡。

先秦钱币金块

文种并没有和范蠡一起出走。后来，勾践果然赐文种一剑，令其自杀。文种临死前后悔当初没有听范蠡的话。

范蠡乘舟到达齐国后，隐姓埋名，自称"鸱夷子皮"。在齐国，范蠡在海边选了一片土地，和儿子一起开荒种地，种植谷物，并引海水煮盐，日出而作，日落而归，没有几年光景，就置下家产数十万，成为当地巨富。

后来，齐国国君听说了范蠡的事情，觉得此人是个奇才，就想任命他为相。可是范蠡却把相印交还给了齐君，还把大部分资财散发给了乡邻好友，一家人又重新迁居他处。

这次，范蠡到了"陶"这个地方，就是现在的山东定陶。当时陶地客商云集，店铺鳞次栉比，商业往来频繁。他认为陶是天下的中心，是交易买卖、互通有无的商业要道。这正是经商的好地方，就先定居下来，自称"陶朱公"。

相传，范蠡有一次来到一个镇子的集市上经商。当时镇上很是热闹，有各种各样的店铺，人们熙熙攘攘，连大树底下也都摆满了杂货小摊，有皮毛肉类和各种山货。

相 春秋末齐景公置左右相，相为官名始此。战国时或称相邦，或称丞相，为百官之长。后世历代，对相职的称谓多有变化，但权力很大这一点通古未变。文献所见相之名，为沿袭旧名。

县令 中国古代官名，起于战国。战国时三晋和秦已称县的行政长官为令。秦商鞅变法后，并诸小乡为县，设置令及职责。县令本来直隶于国君，在战国末年，郡县两级制形成后，县就属于郡了，县令就成为郡守的下属了。

镇子旁边有一个大湖，范蠡向人一打听才知道，原来这里就是昔日洪水横流时，大禹治水的熊耳山下古莘卢邑。

那时禹王带领民工在山的东北角处劈山开石，疏通河道，使洛水东流后水位下降，留下一片几十里的大湖，人们才在湖边镇上安居乐业。

范蠡了解到当地盛产山珍野味、肉类皮毛、粮食药材等土特产品，但是农民缺少食盐、葛麻布衣、日用杂品等。他觉得做生意的好机会来了。

于是，范蠡就在当地开了个杂货铺，做起了收购山货的生意。他收购的山货价格很高，一传十，十传百，供货人都往这里跑，还不满一个月，各种山货就堆满了几个大库房。

这些购回来的货物很快就卖完了，他把往返一个来回的利润一盘算，赚了很多钱。后来，当地的农民也都纷纷来批发些盐和日用杂品下乡去卖或换货，学着做生意，这个地方的人渐渐地也都富裕起来了。

有一次，一家收山货的店铺起火，范蠡的店铺就在隔壁，结果殃及池鱼，范蠡的店铺也随之起火，接着，接二连三，一条街的店铺都烧着了。

镇上的人都忙乱救火，但范蠡却没有去救火，而是带上银两，网罗人力到附近的镇上去采购竹木砖瓦、芦苇椽桷等筑房材料。

火灾过后，百废待兴，大家都开始忙着

■ 范蠡雕像

猗顿 战国时魏国人。猗顿是其号,姓名已无可考。山西省临猗县人。他是中国战国初年著名的大手工业者和商人,为山西地区手工业和商业的发展起了很大的推动作用。

建新房子,范蠡采买回来的大批竹木砖瓦这时正好派上了用场,人们纷纷来找范蠡买这些建房子的材料。

范蠡原来被烧毁的店铺虽然损失惨重,但卖砖瓦木材所赚的钱数十倍于店铺所值之钱,同时也满足了百姓的需要。

范蠡经营了几年山货,又积累了几十万家财,他把绝大部分资财都送给他的好友和乡邻,又散发许多钱给穷苦人,人们都感谢不尽。

当地县令为了纪念这位伟大的商人,就把范蠡经商的镇子命名为"范蠡镇"。

范蠡年老的时候,由子孙持家,最后的家产越来越大。当时有一个叫猗顿的人听说陶朱公经商有法,就拜他为师,后来经商致富,家产达千万。时人每当说起富豪,就把他俩并称为"陶朱猗顿之富"。

范蠡经商受人称赞,他把财富分给穷人及较疏远的兄弟,不为金钱所累。富豪者,行善积德应该是第一要务。

范蠡有一次做生意到了商洛,据说这里是最早发明青铜器的地方。商洛当时生产的青铜器具很精美,远近闻名,当时上至豪门,下至百姓都以使用青铜器为荣耀。

范蠡打听到邻近的秦国需求量大,他想:物以稀为贵,如果把商洛的青铜器运到秦国,肯定能够赚

■ 范蠡雕像

取高利。范蠡于是就雇了很多牛车和人，到商洛地区收集青铜器，然后到秦国去卖。

在去秦国的时候，为了标明身份，就在牛车上和青铜器上都铸个"商"字，"商"的意思是游走买卖。

到了秦国国都咸阳，秦人看到牛头上写着"商"字，青铜器上铸有"商"字，加上一件件器具光亮耀眼，精美绝伦，于是人们都叫着"商人来了，商人来了"，很快就把器具抢购一空。

"商人"后来就成为买卖商品人的代称，"商人"的名称由此而来。

在经商过程中，范蠡总结出了许多有价值的经验。比如他对商品的价格上涨或下跌的趋势有着精辟的见解。

范蠡将商品分为"谷物类"和生活所需的"非谷物类"，他认为，"谷物类"商品与"非谷物类"商品的价格波动方向相反：当收成好谷物价低时，人们对其他商品的需求就会增多，使其他商品价格上涨；当谷物价高的时候，人们对其他商品的需求减少，它的价格就会下降。

范蠡认为，凡是商品，必以将来迫切需要者为有利可图，所以夏天要预测皮毛商品，冬天要预测葛麻

■ 范蠡塑像

商品 是满足人们某种需要的，用来交换的劳动产品。狭义的商品仅指符合定义的有形产品；广义的商品除了可以是有形的产品外，还可以是无形的服务。比如"保险产品""金融产品"等。商品的基本属性是价值和使用价值。

范蠡画像

商品，手中还要经常掌握着实物的积蓄，因为商品价格的涨落不是无限度的，上涨到一定限度就会下跌，下跌到一定限度就会上涨。

商品价格高时，就要尽快把手头商品像粪土一样毫不吝惜地抛售出去；商品价格下落时，要把它看作珠玉一样，大量地收购进来。这样才能获取更多的利润。

范蠡还提出了一个"水则资车，旱则资舟"的"待乏"原则。就是说，在水灾之年做车的生意，在旱灾之年做船的生意。这初听似乎违背常理，其实是大有道理的，因为当水灾时，大家都在做船的生意，利润必定不高。而车的生意此时必定无人问津，如果趁此机会囤积一大批车，水灾一旦结束，车将成为特别需求的商品，价格必然上涨。这时，将水灾之年积下的车一下抛出，就能迅速获取巨利。

范蠡本一介布衣，一生三次迁徙，《太平广记·神仙传》有"在越为范蠡，在齐为鸱夷子，在吴为陶朱公"一说。

阅读链接

相传范蠡是十六两老秤的发明者。当时人们买卖东西都是用眼睛估计，很难做到公平交易。

后来，范蠡偶然想到了井里汲水的方法：井边竖一木桩，一横木绑在木桩顶端；横木的一头吊木桶，另一头系石块，此上彼下，轻便省力。

于是，他便仿照着做了一杆秤，并用南斗六星和北斗七星作标记，一颗星一两重，十三颗星是一斤。此外又加上福、禄、寿三星，十六两为一斤。

范蠡告诫商人，缺一两折福，缺二两折禄，缺三两折寿。

源远流长的历史文化

儒商之鼻祖的子贡

子贡是卫国人，名字叫端木赐，子贡是他的字。子贡是孔子的得意门生，是由孔子亲自教育出来的商人，属于首屈一指的大富豪，而且是有史以来名副其实的儒商。孔子称其为"瑚琏之器"，在孔门十哲中以言语闻名。

子贡不仅在道德、学识、能力上具有超群的才华，能够做到富而不骄，富而好礼，而且他是孔门七十二贤之一，孔门十哲之一。有孔门高徒的招牌，因而在商业竞争中，他的软实力和无形资产，是一般商人无法比拟的。

■ 儒商子贡塑像

端木夫子谥赐字子贡

■ 子贡石刻像

源远流长的历史文化

孔子（前551—前479），名丘，字仲尼，春秋时期鲁国陬邑人，就是现在的山东曲阜市南辛镇。春秋末期的思想家和教育家、政治家，儒家思想的创始人。孔子在世时被誉为"天纵之圣""天之木铎"，后世统治者尊之为孔圣人、至圣、至圣先师、万世师表。

春秋战国时期，是中国工商业开始兴起并逐步走上繁荣的时期，此前那种宗族公社自给自足的封闭经济模式，民至老死不相往来的自然状态已土崩瓦解。

具有丰富的学识，新颖的思想，出众的口才，谦虚的品格和不甘平庸的进取精神的子贡，紧紧抓住这一历史机遇，投身商海，大展身手。

子贡出生于商人家庭，20多岁继承祖业开始经商。子贡虽然家累千金，但他不忘天下人。《吕氏春秋》《说苑》《孔子家语》等典籍都记述了子贡自己掏巨资，赎回一批鲁国奴隶的善举。可见，子贡是一个施于民而济于众的商人。

子贡投奔到孔子门下以前，就已经是一个非常成功的大商人了。子贡是孔子最亲近的学生之一。在众弟子中，孔子与子贡的关系超出一般。子贡钦佩和崇敬孔子，对孔子评价最高，是孔子及其学说的宣传者和捍卫者。

孔子曾经招了三千多学生，规模很大，加之周游列国，人在旅途，费用很高。而子贡作为一位成功的大商人，又是孔子的得意门生，自然成了孔子教育事业的主要赞助者。可见子贡的重情重义。

司马迁在《史记·货殖列传》里面说得很明白：

使孔子名布扬于天下者，子贡先后之。

意思是说，孔子之所以能够在当时名扬四海，和子贡的帮助有很大的关系。

子贡在经商发财以前，也是比较贫穷的。靠着经商，他脱贫致富了。子贡经历了穷和富两种人生体验，于是开始深入思考：一个人贫穷的时候应该采取什么样的人生态度呢？有钱了又应该采取什么样的人生态度呢？

子贡思考的结论是："贫而不谄，富而无骄。"意思是说：贫穷的时候，没有自卑感，不低三下四地讨好别人；有钱的时候，没有自大感，不盛气凌人、趾高气扬、傲慢无礼。

子贡对于自己的想法非常得意，并且自信自己就是这样做的。于是，他就自己的想法向孔子请教。

孔子教导他，贫而不谄，富而无骄，当然已经很不错了，但是还比不上"贫而乐道，富而好礼"。就是说，贫穷，却仍然坚持不懈地追求真理；富有，却喜欢学习礼仪，有意识地提升自己的道德水平。

孔子强调的是人的内在修养。人的内在修养，是要靠不断地学习而得到提升的。而如果缺乏内在的修养做基础，就有可能只是装样子给别人看。

因为，它不是发自内心的一种自觉的行动，反而会成为非常痛苦的，甚至是虚假的东西。

听了老师的话，子贡豁然开朗，懂得

■ 春秋战国钱币

儒家 又称儒学思想，形成于春秋战国时期。是信奉以孔子为先师，以"儒"为共同认可的符号，各种与此相关或声称与此相关的思想道德准则，是中华文明的最高礼法以及最广泛的道德遵从。

了内在修养更加重要、更加根本，德行的修养是没有止境的，一个人对于修养，应该不断地追求进步。

孔子的教导对子贡后来的人生发展起到了关键性的作用，他把学和行有机地结合在了一起，因此在他的言行举止上，无不体现着儒家的思想，使精神上有了自己的安身立命之地，所以他不但有钱而且也有了心理上的幸福。

相传，孔子病危时，子贡未能赶回。他觉得对不起老师，别人守墓三年离去，他在墓旁再守三年，共守墓六年。

儒商的价值观所包括的是仁爱善良的道德观，强国富民的目的观，取财有道的价值观，以民为本的服务观，见义勇为的责任观，公正平等的权益观。一言以蔽之，君子爱财，取之有道。

子贡作为中国历史上正宗的儒商，具有特殊的贸

■孔子师徒周游列国塑像

易技巧和儒商的高水平。

子贡具有开阔的国际视野。他在进行贸易的过程中，把鲁国问题放到大背景之下来看。然后采用了商业竞争中经常使用的"借助外力"的策略，利用自己以外的力量，达到自己的目的。

子贡善于洞察时事。他追随孔子周游列国十几年，所到之处，都是与各国的王公贵族打交道。而且他做的是珠宝生意，他的客户，也多数是有钱有势的王公贵族。这使得子贡对于各国的政治情况有非常清楚的了解。

子贡所植树

正是在洞察时事的前提下，他的营销策略更有针对性，从而使贸易活动收到经济效益和社会效益。子贡做买卖需要见诸侯时，各国的君主都以平等的礼节来会见他，可见子贡的富有和声望达到了什么程度。

子贡能抓住人的心理，诱之以利。为什么那么多的国君都愿意相信子贡的意见呢？就是因为子贡对于人的利己本性有非常深刻的认识。天下所有人，都为着自己的利益最大化而奔忙。

子贡作为成功的商人，要比一般人更能深刻地认识到人的这种利己本性。所以，他在进行贸易的时候，首先站在对方的立场上，从对方自身利益出发，激发起他们的利己之心，并且巧妙地利用了他们的利己之心，让他们觉得，按照子贡的意见办，就能够得到最大利益。

被后世奉为财神的子贡塑像

先贤端木子赐神位

子贡是孔子的高徒，这个身份本身就非常有号召力。在孔子周游列国的过程中，很多诸侯国的君主不愿意采用孔子的主张，也不打算重用孔子，但他们对于孔子的道德文章还是很尊重的。因此也格外重视子贡这个名门高徒。

子贡跟随孔子学习多年，拥有很高的素质和修养，举止斯文，彬彬有礼，能言善辩，谈吐不凡。他的意见所产生的说服力和可信度，自然不是一般人所能比的。因此，他的商业活动屡屡成功。

儒商子贡靠着他的良好修养，不仅在他的时代受到了人们的广泛尊重，而且也被后来历朝历代的商人奉为楷模。

阅读链接

子贡曾经自命不凡，最初并不把孔子的学问放在眼里。他对孔子的敬仰经历了一个过程。

子贡跟着孔子学习不到一年的时候，自认为学问已经超过孔子了。学到第二年的时候，虽然不再自以为超过孔子，但也觉着自己与孔子差不多了。等到学到第三年的时候，子贡才真正认识到了自己比孔子差得远。越学习越感受到了孔子思想的博大精深，认为老师的水平是不可能达到的，就仿佛登天无路一样。

子贡的变化，反映了一个有知识又爱好学习的商人的进步。

秦汉至隋唐是中国历史上的中古时期。秦汉的统一，使商业活动开始通行四隅，官商与民商在其中扮演着重要角色。

魏晋南北朝时期，各分裂政权为了获取战略物资采取安商政策，商业在一定程度上反而有了更大发展。隋唐的统一，对于中国境内外的商业发展更具正面影响。

在秦汉和隋唐这两个相对稳定的阶段，由于空前统一、国力强盛，商贸活动日益频繁，以至于形成了以中国为中心的东亚地区经济体系。这是中国中古时期商贸的最大亮点。

中古时期

商通四海

秦汉时期商业的活动

秦王嬴政统一中国后，统一货币，统一度量衡，统一文字，统一车轨。伴随着这种统一局面的形成、巩固和农业、畜牧业、手工业的发展，商业经济也出现了繁荣的局面。

两汉时期，伴随着统一局面的形成，政府实行"开关梁，弛山泽之禁"的政策，商业在秦朝基础上有了初步发展。丝绸之路的开通更是促进了中外商业的文化交流。

秦汉时的商贸活动，有官营和民营之分。在中原地区，在少数民族居住的地区和在边界及辽远的域外，也都有各具特色的商业活动。

■秦始皇画像

■ 汉文帝 （前202—前157），即刘恒，汉高祖之子，汉代第五位皇帝。在位22年，对稳定汉初封建统治秩序，恢复发展经济，起了重要作用。文帝与其子景帝的两代统治，被史界称为"文景之治"。庙号太宗，谥号"孝文皇帝"，葬于霸陵。

秦汉时期商业能够得到发展，首先是全国的统一、政治的稳定提供了良好的环境；其次，文字、货币、度量衡的统一利于各地区交流，促进商业发展；再次，道路等交通设施的发展提供了条件；还有国家经济的发展，人民生活水平的提高。

秦汉时期商业的发展，体现在官营商业、民营商业，以及与少数民族居住地和世界各国的商业活动。

秦汉时期有官府直接经营的商业存在，郡、县地方官府机构，都有出卖其破旧器物及原料的权力。而重要资源盐、铁，更是官府经营的主要产品。

秦代官府经营商业的做法，到西汉初期，有所放宽，特别是关于盐、铁的经营。

汉文帝之时，允许私家出卖盐、铁，使官府商业的比重有所下降。但汉武帝时，又实行了官营盐、铁的政策，并扩大了经营范围，乃至除盐、铁之外的金、银、铜、丹砂和酒的生产和销售，都进入了官府经营的领域。

汉昭帝之时，酒的专卖制度虽然取消了，但盐、铁的官营，一直循而未变。王莽统治时期，官营商业又进一步扩大。

汉武帝 （前156—前87），刘彻，幼名刘彘。汉朝第七代皇帝，谥号"孝武皇帝"，庙号世宗。中国历史上著名的政治家、战略家。他凭借雄才大略、文治武功，使汉朝成为当时世界上最强大的国家，赢得了一个国家前所未有的尊严。

汉昭帝 （前94—前74），刘弗，原名刘弗陵，即位后，因名字难避讳的缘故更名刘弗。刘弗陵继位时年仅8岁，遵照汉武帝的遗诏，由霍光辅佐政务。

■ 汉代盐井画像砖

源远流长的历史文化

盐铁官营 汉武帝实行的财经政策。民私自煮盐和铸铁要受到刑罚。这一政策虽然在增加国家财政收入，抑制商人势力，改进与推广先进技术方面起了积极作用，但亦不免带有封建官营事业共有的弊病。

玳瑁 是一种有机宝石。很多文化中都有玳瑁工艺品的使用。在中国的战国时期，玳瑁饰品已经是很普遍的男子饰品。在唐代，玳瑁曾用于制造钱币——开元通宝，此钱币出土于西安法门寺地下藏宫，全世界仅有13枚。

东汉时期，虽然把盐、铁改为各郡国主管，实行了民营官税的制度，但其他官府手工业部门依然存在。个别的郡县，仍然实行官府经营采矿、冶铁和销售的制度。如东汉初期的桂阳郡便是如此，以致一岁之入增加了五百余万，可见耒阳县官营冶铁的规模之大。

关于民营商业，在战国时期的秦国就已经出现。秦献公时"初行为市"，秦孝公时，都城咸阳已有市。所有这些情况，都说明秦国存在专门从事商业贸易的固定市场。虽然这中间也包括官府经营的商业，但民营商业也是其组成部分。

到了西汉，民营商业获得了很大的发展。究其原因，一方面同上承战国以来商业发达的余绪有关，另一方面是海内统一局面与奖励政策的结果。加上汉初农业与手工业的恢复与发展，在各地区经济发展不平衡和土特产各异的情况下，大批农民或出卖剩余产品，或脱离农业走向手工业与商业。

在商业发达的情况下，汉代许多土特产都成了商品，如木材、竹子、楮木、野麻、旄牛尾、鱼、盐、漆、丝、楠木、梓木、生姜、金、锡、铅矿石、丹砂、犀牛角、玳瑁、珠玑、兽角、皮革等。以至在当时的大城市中，各种商品琳琅满目。

正因为任何土特产品都可以作为商品出卖而实现为私有财富，因此，在当时社会上形成了一个普遍流行的概念：从事商贾之业，是致富的主要途径。

由于民营商业的发达，唐代经学家颜师古所说的两大类型的商贾进一步增多：一是所谓"行商"即流动性商人，他们打破地区与地区之间的界限，周流天下；二是"坐贾"，即固定性的商人，这些人大都在城市里设有固定的店肆，贱买贵卖，从中取利。

东汉时期，由于取消了汉武帝以来的盐铁官营制度，产盐铁的郡国虽仍设有盐官、铁官，但仅征收租税而已，其生产与销售均由民间来经营，故民间煮盐、铸铁之业又兴盛起来。

颜师古（581—645），字籀，祖籍琅琊临沂，名儒颜之推的孙子。唐初儒家学者，经学家、语言文字学家、历史学家。他遵循祖训，博览群书，擅长于文字训诂、声韵、校勘之学；他还是研究《汉书》的专家，对两汉以来的经学史也十分熟悉。

■ 秦汉时期的手工业——纺织

云梦秦简 即睡虎地秦墓竹简，又称睡虎地秦简，是指在湖北省云梦县睡虎地秦墓中出土的大量竹简。其内容主要是秦朝时的法律制度、行政文书、医学著作以及关于吉凶时日的占书，为研究秦帝国的发展历史提供了翔实的资料，具有十分重要的学术价值。

除了盐铁之外，其他商贾贸易，也相当昌盛，尤以洛阳为最。洛阳商业发达之状况，表明当时全国各地的情况大都如此。

不过，东汉时期的许多富商大贾，同时就是大地主，而且以其田庄为基地进行商贾贸易活动，从而削弱了他们作为富商大贾的色彩。

秦汉时期与少数民族居住的地区和域外也有商业活动。这些地方见于记载的商业活动起源甚早。以少数民族居住的地区来说，云梦秦简中的"客""邦客"和"旅人"中，除了有从东方诸国来的商人外，也有从西北少数民族地区来的商人。比如秦灭六国时被迁徙于临邛的赵氏、卓氏，还有著名的大畜牧业主乌氏倮。表明当时是在少数民族地区进行的贸易。

到了汉代，同北边匈奴、鲜卑、乌丸等族和西南诸少数民族的贸易更为频繁，与西南少数民族的贸易

■ 汉代张骞去西域画面

秦汉时同波斯人绸缎交易场景

也比较发达。

此外，汉代通过陆上丝绸之路同西方诸国的贸易，尤为发达。早在汉代以前，中国通过河西走廊就与西方诸国发生关系。通过陆上丝绸之路，中国与中亚诸国的商业贸易频繁，有利国用。

秦汉时期的商贸活动，不仅强化了当时国人的商业观念，而且加强了同周围邻国的友好交往。

阅读链接

汉武帝曾经两次派张骞出使西域，最初的目的是联合大月氏和乌孙国夹击匈奴，以消灭边患。

张骞率使团访问了西域的许多国家，广泛开展贸易活动。西域各国派使节回访长安，汉王朝和西域的交往从此日趋频繁。

东汉派班超出使西域，他帮助西域各国摆脱了匈奴的控制，被东汉任命为西域都护，加强了西域与内地的联系。

班超首次将丝路从西亚一带打通延伸到欧洲，到了罗马，罗马也顺着丝路首次来到东汉京师洛阳，这是目前丝绸之路的完整路线。

魏晋南北朝的贸易往来

魏晋南北朝时期，由于各个分裂政权纷纷采用安商政策以获取战略物资，分裂反而使各区域市场之间的联系更加紧密，使对商人的控制更加软弱。因此在这一时期的商业不但没有萎缩，反而在一定程度上有了更大的发展。

这一时期贸易活动的发展，将中国商业推进一个新的重要历史阶段。

其具体表现是：市场类型多样化，商人队伍不断扩大，传统的"重农抑商"政策效力有所减弱。

■ 南朝在位时间最长的皇帝梁武帝画像

■ 魏晋时期的金叶

魏晋南北朝时期，尽管经济发展呈现出断续性和地区间的不平衡性，但从多方面的情况来看，还是呈发展上升之势。

各地在商品经济发展的基础上均已形成比较完善的区域性市场，市场之间的联系不再依靠行政权力，而是一种类似外贸的市场运作体系。同时，在长期的战争环境下，市场还被打上了军事烙印。

魏晋南北朝时期，由于各政权在其都城均需要商品流通，建设商品市场成为他们的一项重要政务。

市场规模一般以廛、肆为主。廛比肆大，为某种货物集中批发销售之区；肆则相对较小，侧重于零售。这种大型集市在这一时期一直延续下来。

除了这种集中的大型市场外，还有一些中小型的专业性市场，如在洛阳东石桥南有北魏朝时的马市。

由于这一时期陆路和海路交通从未中断，使得对

马市 中国古代中原王朝和边地少数民族确立和平互市，是中国历史上各民族友好交往的光辉篇章。当时长城沿边各口，先后开放了马市贸易，各族人民尤其是蒙汉之间借以进行马匹和其他商品的交易。

■ 魏晋时期描绘买
卖的墙砖

互市 中国历史
上中央王朝与外
国之间贸易的通
称。汉初曾同南
越和匈奴通商。
隋唐以后，各王
朝都设有专门的
管理机构。宋、
明时期同边疆各
族进行的茶马互
市也很频繁。

外贸易活跃起来。南方的外贸口岸以广州为主。当时
同中国南方贸易的国家有大秦国，有在今中印半岛
南部的昆仑国，南方通过海路进行贸易的还有朝鲜
半岛。

当时的北方市场以各政权的首都以及西域为主，
采用的交易方式主要为互市和朝贡贸易。

由于这一时期基本处于分裂状态，各分裂地区出
于发展经济、获取战略物资和便利生活的需要，经常
在各自的边界开展互市，而且南北互市具有很强的互
补性。

设立互市一般具有军事目的，是为了能获得对方
的军事物资。比如弓竿、漆蜡等主要用以制造军器，
因此各方对互市持慎重态度，反复商讨互市商品。对
于私自互市者要进行严厉处罚，对于有关国防安全的
商品，更是严禁并防止间谍冒充商人刺探机密。

当时还出现了比较特殊的军市。由于动荡不安的
社会环境必然导致战争的频繁，军事行动各方为了保

证军队的日常用品和军事物资的供应，便在军队所到之处设立市场，吸引商人，流通物资。

军市是适应当时商品经济发展的新形势，在驻扎军队的地方，由军队出面设置，军市上的租税收入也就供军用了。这种办法，对解决军队的经济收入和当地居民的商品流通都有一定的好处，所以能够出现和存在。

各政权不仅在其都城建设商品市场，完善市场管理也是一项重要政务。这一时期的市场管理也力求完善，主要表现在有专人负责，有健全的市场秩序，有正常的市场交易时间。

当时专门管理市场的官员称"市长""市令""市王"，下属有"市吏录事"等。市令的主要职责是保证市场的运营秩序。有的分裂政权还设立了管理商业的中央机关，称"商贾部曹"。

在市场秩序上，一些官府也抓得很紧。为了保证公平交易，市场还设立公平量器。市场均有一定的开罢市时间，当时一般按照古代"日出而作，日落而息"的作息规律，鼓为罢市，钟当为开市之用。

魏晋南北朝时期，商人的成分复杂多样。由于分裂动乱的历史环境，封建礼法制度的约束力受到严重削弱，官僚阶层和平民阶层已很少顾忌传统的贱商思想。

南北朝时朝贡贸易画像砖

源远流长的历史文化

从皇帝开始，各社会阶层均大量参与商业活动。既有民商又有官商，还有外商和皇商，形成一个结构松散、各阶层参与的商人群体。

民商是当时人数最多的商人。构成民商的商人有世代从商者，也有临时从商者；其构成的资本有大有小，势力视其与官府的联系程度有强有弱。

■ 彩绘胡商陶俑

通过经商，一些普通民众成为富比王侯的巨贾。也有些人经商是为了兴趣和爱好。比如隐士投入到经商的行列，其经商的目的或者尽孝或者济友，也可称之为商隐。

■ 北朝时胡人牵驼画像砖

江淮是当时的南北征战区，边贸兴旺，因此民商也多集中在江淮一带。江淮估客已成为当时比较大的商人群体。

官商是商业资本最为庞大的一个商人群体。对于商业利润的极度追逐，是形成官商群体的一个重要动力。除上层官僚致力于商业外，中下层官僚也追求商业利润。

外商有时也称胡商，多集

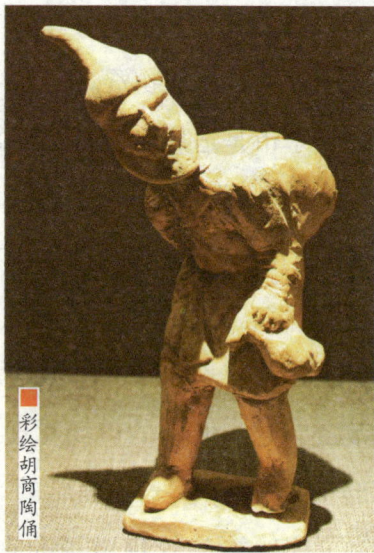

■ 南北朝青瓷五盅盘

中居住。随着陆路和海上交通的发展，前来中国贸易的外商日渐增多，形成了一个很大的商人帮派。

这些外商在中国长期贸易后，出现了世代居住中国进行商业活动的情况，有的甚至参与到政治活动中。

皇商包括皇帝本人和皇室亲族均经营商业。他们虽然不是专业商人，但是凭着皇家的势力，能将商业规模做得很大。皇帝和太子经商是当时商业经营中的一大奇观。

北魏皇室的商业实力很强，当时北魏孝武皇帝一次就赏臣子数区店铺，耕牛30头。

皇帝本身也很贪财，对于商业利益的追逐是皇帝和太子经商的直接动力。在皇帝和太子的带领下，当时的皇族普遍经商逐利。比如会稽地区就是刘宋皇室经商的重点地区。

魏晋南北朝时期，传统的抑商政策虽然不利于商业经营者，但相比前代则要宽松得多。

估客 一般指往来各地经商的人，也称之为"游商"。这部分人具有吃苦、勤劳、聪慧、低调、团结、拼搏的性格特点和人生信念，他们讲求实效，不尚空谈，踏实苦干，善于把机遇转化为加快发展的先发优势。

南北朝时进贡图

抑商政策一直是中国古代社会的主流政策，在以南北分裂为主的魏晋南北朝时，这一政策也没有放松。但是这种自上而下的政策，其实际作用是很有限的，比之两汉大为减弱。

事实上，在战争时期，商业是沟通分裂各方的重要桥梁，也是促进当时经济发展的重要推动力。因此，分裂各方在对商业进行抑制的同时，为了争夺有限的战略资源，也实行安商政策。

所谓安商政策，就是为商业经营者提供一定的保障条件，使其安心经营商业。比如对商人给予免收税赋的优待。为了给商人一个稳定的经商环境，有些政权还对外商实行保护政策，使外商在旅途中更安全。

对官僚疯狂追逐商业利润的现象，有时皇帝和一些正直的大臣也看不下去，他们从维持自己政权的目的出发而给予批评并纠正。如宋益州刺史刘道济在郡经商，中央政府警告他深思自警，但刘道济仍不悔改，最后受到惩罚。

魏晋南北朝时期的商业经营，极具时代色彩，体现为商业伦理精神的弘扬和经商技巧的锻炼。在当时，一些有学问的经商者为了弘扬商业精神，体现商业文化内涵，他们通过经商，追求和实现自己的儒学抱负，表达自己的人格，崇尚商业经营的诚信原则。

这一时期的商业诚信在长期战争的环境中并没有失去自己的本来面目。虽然战争助长了人们急功近利的经济思想，但是在商业经营中注重商业道德，成为诚信典范，仍是当时不少商人的自觉行动，特别是他们对所售商品的质量毫不隐瞒。

源远流长的历史文化

■ 阮籍（210— 263），字嗣宗。陈留尉氏人。是建安七子之一阮瑀的儿子。三国时期魏国诗人。曾任步兵校尉，世称阮步兵。崇奉老庄之学，政治上则采谨慎避祸的态度。与嵇康、刘伶等七人为友，常集于竹林之下肆意酣畅，世称"竹林七贤"。

与商业诚信并存的是商业经营技巧的高超。商业诚信和商业经商技巧二者在"道"上既相同又不同，在一定的条件下二者有可能达到统一。

有的商业经营者通过锻炼经商技巧，实现商业经营目的。还有一些中下层商人使用各种手段来增加销售。有的以美女做酒店招待，以增加酒的销量，如阮籍邻家妇有美色，当街设垆卖酒，获利颇丰。

有的重视商业信息，通过掌握商业信息来获取商业财富。当时的商业技巧有很多是以商业诚信为指导，当然也有少数人违背了商业诚信。

总之，在魏晋南北朝时期，广设市场并加强管理，各种身份的商人大量涌现，安商政策效力增强，商人大多注重商德和经商技巧，使这一时期的贸易活动呈现出持续发展的势头。

阅读链接

阮籍是"竹林七贤"之一，不拘繁文缛节。对旧传礼教，竹林名士是不承认的。

阮籍邻居家有个少妇，容貌姣好，当街卖酒为生。阮籍常常前来喝酒，一饮即醉，醉则侧卧少妇身旁。少妇的丈夫每每看到，知道阮籍的为人，也不怀疑。

阮籍曾听说有一个少女很有才色，不幸未嫁病死。他并不认识女孩家人，闻得才女夭折，便一路前去大哭一场，尽哀而还。

阮籍的嫂子要回娘家，阮籍与之当面道别。有人讥笑他，他说："俗礼岂能为我所设！"

隋代发达的都市商业

在南北朝时期，由于南北在经济交往、民族文化交流等方面逐步进入了大融合的过程中，国家的统一已经成为当时主要的发展趋势。隋文帝杨坚适应了这种趋势，建立了统一的封建王朝——隋朝。

隋代都市商业发达，是隋代都市商业繁荣的代表。

隋代兴建的大兴城和东都洛阳，不仅是全国的政治经济中心，也是贸易的重要城市。这两座城市繁荣的商业景象，反映了隋代城市商业贸易的面貌。

■ 隋文帝杨坚画像

隋唐洛阳城池图

隋代商业繁华的都市依序有大兴城、洛阳、江都、成都和广州，在当时的世界是罕见的。在这之中，大兴城和洛阳城作为隋代两京，最能反映当时都市商业的发展水平。

隋文帝杨坚平定天下后，便考虑建都立朝的事。他本身非常中意关中这块地方，可关中的汉长安城经过几百年的使用，各种资源殆尽，加上它处于龙首原的北麓，地势低洼，水里含的盐分高，不利于民生。

而且汉时处理垃圾的方法是掘土掩埋，导致地下水严重污染。总之，这个城市历经数百年的使用，已经进入了暮年。于是，隋文帝决定另建一座新城。

582年，隋文帝下旨在长安旧城东南方向，龙首原的南坡建造新都，紧靠凤栖原，名"大兴城"。他把建造新城的任务交给了左仆射高颎、将作大匠刘龙、钜鹿郡公贺娄子干、太府少卿高龙叉等人。

隋代兴建的大兴城，成为后来唐代长安城的基础，618年唐建国后，改大兴为长安。

隋朝官员高颎画像

隋大兴城内有东、西两市，东为"都会"，西为"利人"，在皇城外东南和西南作对称分布。两市是城内手工业和商业的集中地，店铺林立，四方珍奇宝货荟萃其中。

在隋初打通河西走廊后，随着隋代与域外贸易往来的加强，大大刺激了中原和西域的交流，中原的商品远销欧洲，而罗马、波斯等许多欧洲国家的商人居住在大兴城，很多欧洲国家的使节也前往大兴城朝拜。

大兴城作为隋代帝都，尤其对于西域地区的胡人有着极强的吸引力。来大兴城经商和生活的外来胡人虽数量众多，但并非杂乱无序，而是在特定区域基于自身的民族身份、语言文字、宗教信仰等因素，逐渐形成了颇具特色的胡人聚居区。

事实上，当时的西域"胡商"以其独特的地理条件，东进隋都大兴城，西进中亚、西亚乃至欧洲，在自己获利的同时，起到沟通中外、联系内地与边疆的重要作用。

东都洛阳是隋后期的首都。洛阳地处中原，农业发达，交通便利，隋炀帝杨广觉得是理想的建都之地，遂决意迁都。

605年，隋炀帝下令营建东都洛阳城。负责营建的是担任营作大监的尚书令杨素、纳言杨达和担任营作副监的将作大匠宇文恺。

宇文恺看中了洛河边上，汉魏洛阳城和东周王城之间长约15千米的土地，在这里主持建造了洛阳城。606年，隋炀帝将国都迁往洛阳。洛阳遂成为全国政治、经济、文化和交通的中心。

源远流长的历史文化

■ 宇文恺（555—612），字安乐。朔方夏州，治所在今陕西靖边县人，后徙居长安。隋代城市规划和建筑工程专家。他自幼博览群书，精熟历代典章制度和多种工艺技能。

洛阳城的兴建也在一定程度上缓解了关中地区物资的不足。长期的开发与战乱对关中地区的经济影响还是很大的，这时的关中在全国经济中的比重已经远不能与西汉时期相比了。后来唐代在将近300年的时间里也是以洛阳为东都。

在大规模营建东都洛阳的过程中，全国的物产如同浴缸里拔了塞子的水一般，通过隋代运河迅速向洛阳倾泻而去，洛阳城成了整个国家财富的集散地。

为了充实城市，繁荣市场，隋炀帝大量迁入城市人口，又使得城市的粮食供应严重紧缺。隋文帝时所建的几个常平仓已经远水不解近渴，满足不了洛阳城的庞大需求。为此，隋炀帝又在东都新建了含嘉仓、兴洛仓和回洛仓来储备粮食。

兴洛仓和回洛仓的规模之大也是前所未有的：兴洛仓在东南原上，周长10多千米，有3000个窖，窖容8000石以还，置监官并镇兵千人。回洛仓于洛阳北，仓城周长5000

■ 隋炀帝杨广（569—618），又名英，小字阿㦍，隋文帝杨坚、独孤皇后的次子。隋代第二位皇帝，在位期间修建大运河，营建东都迁都洛阳城，开创科举制度。

隋运河分布图

源远流长的历史文化

米，有300窖。不仅粮食储备如此，连盐的储藏量都非常惊人：大兴城街西有子含嘉仓，仓有盐20万石。

隋炀帝迁徙天下富商大贾数万家于洛阳后，一时间，洛阳城内冠盖如云，百业俱兴，热闹非凡。

有了洛阳城定都的政治地位和中心城市的地理位置，才有了大运河的开凿。通济渠、广济渠两条运河由洛阳始发，向南一线连接余杭，即今杭州；向北一线则连接涿郡，即今北京。在这之前，隋文帝时开凿的广通渠，连接了长安至潼关，向西的终点站也是洛阳。

运河的开凿贯通由西向东的海河、黄河、淮河、长江、钱塘江五大水系，形成了南北向的人造运河与东西向的自然河流相互连接的水运体系，对于加强经历数百年开发已经成为全国经济重心的江淮、江南地区的联系，加强北方边防的控制，具有深远的意义。

这一运河网络把长江流域和黄河流域以及今北京附近的地区连成一体，从而使隋朝能够以南方的粮食和其他物资供养宏大的都城长安、洛阳，并给北方边境提供战略后勤保障，为南北的统一提供了具体而坚实的物质基础。

事实上，整个帝国的水利工程如同一个蜘蛛网，洛阳城就在这个网的中央。洛阳也就成为南北经济交流和物资集中的枢纽，因而集中体现了封建城市经济的繁荣。

洛阳城是当时的世界中心，从东南西北遣使来朝的外国、外藩的汗王使臣，络绎不绝，相衔于路。在西面，西域的44个酋长国，来朝见的就达到30余国；在北面，奚、契丹、室韦、靺鞨，先后来朝；在东面，高句丽、百济、新罗与大隋的关系非常紧密，倭国也遣使小野妹子来朝；在南面，林邑、赤土、真腊、婆利也先后遣使来朝。

为了夸耀大隋的富强鼎盛，隋炀帝改革原来负责外交职能的鸿胪寺，增设四方馆，专门招待来宾。一时间，洛阳城商胡云集，店肆林立，成了世界政治、商业和娱乐的中心。

■隋朝大运河旧址

洛阳有丰都、通远和大同三市。丰都市周围4千米，通12门，其中有120行，3000余肆，珍奇山积；通远市临通济渠，周围3千米，20门分路入市，商旅云集，停泊在渠内的舟船，数以万计；大同市周围也有2千米之长，经商者很多。

像这样规模宏大、商业繁华的都市，在当时的世界上是罕见的。洛阳的城市商业可谓盛极一时。

隋代大兴城的兴建，不仅是中国古代城市建设规划高超水平的标志，堪称"世界第一城"，也是当时国家经济实力和科技水平的体现。

而东京洛阳不仅成为当时的政治中心，更是经济的重心。尤其是运河开通后，洛阳成为两段运河的衔接点，成为南北经济交流和物资集中的枢纽，都市商业更加发达。

隋代商业城市除大兴城和洛阳外，还有一些地区性的商业城市。如广州是南方最重要的海外贸易港

通济渠 又称汴河，隋唐大运河的首期工程，连接黄河与淮河，贯通了西安到扬州，全长650千米。共历现今3省18县市，历经隋、唐、五代、宋、辽、西夏、金、元八个朝代，通航了720年。

大兴城 又称唐代长安城，是隋唐两朝的首都，也是当时世界上规模最大的城市，外国文献上称为胡姆丹。城市由外郭城、宫城和皇城三部分组成，面积达83.1平方千米。

■ 古都洛阳街市图

古都洛阳街市图

口，达3.7万多户。广州所处近海，多犀象珠玑等奇异之物，令很多商贾在这里致富。

长江下游南朝旧都丹阳，也是隋代重要的商业城市，有2.4万多户。丹阳是南朝京都所在，人口本来就多，商贩也不在少数，他们市廛列肆，有与隋都二京一较高低之势。

长江上游的成都，有10.5万户，也是隋代繁荣的商业城市。成都山川重阻，水陆汇聚，商业之繁华，几乎就是隋代西南的小都城。

阅读链接

传说有一天，隋文帝见一只非常漂亮的大鸟在宫殿上空盘旋，见到隋文帝后，领首三下，向东南飞去。隋文帝赶紧和大臣们骑马去追，来到了一个叫"凤栖原"的小丘陵上，不见了大鸟的踪影。

座下大臣有精通风水者，环顾四周，说："这里正是龙首原的南坡，是接受上天灵气的绝佳之地，看来大鸟带我们来此处必含深意啊！"

隋文帝心想：肯定是大鸟指引我，要我在此处建造都城。于是，隋文帝下令在这里兴建了国都大兴城。

唐代繁荣的对外贸易

唐朝是中国历史上一个强大鼎盛的朝代，农业和手工业的发展，促进了商业的繁荣和内外交通的发达。当时以长安为中心，设置驿路，贯通于全国各地，进一步刺激了对外贸易的发展。

唐太宗李世民大力倡导接纳少数民族和外国人，甚至为了对外交流和国际贸易，可以给予外国人超国民待遇。并且唐代允许境外的货币在国内流通，以此方便外国人在中国的经贸活动。

大唐一代，"盛唐气象"的恢宏、博大与开放，成为这一历史时期的象征，也成为中国历史上最繁荣的时期。

■唐太宗李世民画像

■ 唐代陆上丝绸之路上的商人像

开展对外贸易必须首先扩展对外交通，这是最基础的一项工作。唐代在扩展对外交通方面无疑是极为成功的，既有陆路交通，也有海上交通。在这方面，史书中多有记载。

在陆路交通方面，据唐代贾耽撰写的《皇华四达记》记述，当时通往周边民族地区的交通干道，主要有安东道，高句丽、渤海道，大同、云中道，回鹘道，西域道，天竺道，广州通海夷道。此外，还记有从长安分别通往南诏的南诏道和通往吐蕃的吐蕃道。

上述道路，西向可通往西域，穿越帕米尔高原和天山的各个山口，到达中亚、南亚与西亚，甚或远至欧洲，即著名的陆路"丝绸之路"。

唐代对外贸易的繁荣兴旺，还表现在海上交通与贸易的发达上。后因战乱陆上丝绸之路交通受阻，海

贾耽（730—805），字敦诗，沧州南皮人。唐代著名的政治家、地理学家。史称贾耽"政绩茂异"。爵位魏国公，赠太傅谥"元靖"。他的地理著作有《古今郡国县道四夷述》《皇华四达记》《吐蕃黄河录》，还有地图《海内华夷图》。

阎立德（约596—656），名让，字立德，雍州万年（今陕西西安）人。唐代建筑家、工艺美术家、画家。曾受命营造唐高祖山陵，督造翠微、玉华两宫，营建昭陵，主持修筑唐长安城外郭和城楼等。他的绘画代表作品有《文成公主降番图》《王会图》和《古帝王图》等。

上交通与贸易的发展显得更为重要。

据《新唐书·地理志》记载："广州通海夷道。"已能通往印度洋，直达波斯湾，全长十多千米。此航线，中国和亚非各国商船往返不绝，促进了唐朝与阿拉伯国家、东南亚各国的贸易往来。

"海上丝绸之路"的兴起，也是基于唐代海运事业的发展。据《新唐书·阎立德传》记载：唐贞观时阎立德在洪州造"浮海大船五百艘"。

除了扩展对外交通，唐代在国家统一后实行对外开放的政策，并采取了必要的政策和措施保证，是对外贸易繁荣的根本所在。

唐代在"贞观之治"与"开元盛世"时期，社会经济稳定发展，贯通南北的大运河，使西北政治中心、东北军事重点防御区和南方经济富庶区连接起来，大大加强了南北的经济文化交流和相互促进。

这些都为开放的国策奠定了物质基础，使得国人在面对外来文化和商品冲击时具有充分的自信心。

■ 唐代商船复原模型

■ 唐代港口粮食交易画面

唐太宗李世民对华夷观念主张"华夷一家"，这一观念不仅是对前人的超越，也对后世制定国策产生了深远影响。在唐代，"万国""四海""华夷""蕃汉""胡汉"等名词使用的频率很高，体现了一种开放的态势。

在这样的观念下，整个社会呈现出一种全面发展的局面：地域向外拓展；民族迁徙与民族融合有了新的进展；在文化上汲取与推广并行；在科举制度下的人才选拔；社会观念和社会风俗开放，包括婚姻、家庭、女性、娱乐、休闲、节庆的调整与包容，等等。

唐政府还实行必要的政策和措施保证。首先是设置专门的官署，以适应对外贸易发展的需要。

为适应对外经济贸易由西北内陆向东南沿海的转移，从陆路丝绸之路向海上丝绸之路的转移，唐代除原有接待外来人士的鸿胪寺，还设立了管理边境贸易事务的互市监，中央和地方官府还采取一些变通的措施，鼓励外籍商人在边境地区进行民间自由贸易。并设立了管理沿海贸易的市舶司等机构，以适应海陆贸易的发展。

其次是对外籍商人在政治、经济上实行多种优待政策。比如：对外籍工商业者、艺人和宗教人士进出，以及外籍商人在唐代民间的经营方式和经营内容，实行比较宽松的政策；在商品交易中实行开放式的货币政策，很多境外货币可以在唐代流通；尊重外籍商人的习俗和信仰；通过减免税收的政策鼓励外籍商人入唐长期从事经营；等等。

统一而又富强的唐王朝，采取对外开放政策，并为此制定相应的政策和措施，无疑会使唐王朝对外贸易蓬勃发展。

外商运进中国行销的商品种类主要是珠宝、玉石、香料、稀有珍奇动物、药材、马匹以及土特产品，运出的主要是中国的丝绸。

唐中期以后，瓷器逐渐成为对外出口的大宗，海运的发展也为运输瓷器这类质重易损的商品提供了便利条件。因此，有人将海上丝绸之路又称为"瓷器之路"。在朝鲜、日本、东南亚、南亚、西亚、非洲都出土了大量唐代和五代的瓷器。

这时期商品经济的发展不仅表现为总量的增长与市场的开拓，也表现为深层次的渗透。各国、各地区的联系日趋广泛，商业贸易需求推动着东西方以及亚洲大陆内部更为密切的交流。唐代把握住了商品

源远流长的历史文化

唐代《客使图》

经济的契机，对外贸易呈现出新的面貌

■ 唐代皇帝接见朝贡使团

据记载，唐末在广州从事贸易活动的外国人有一个时期竟达12万人以上，他们带着香料、药物和珠宝，换取中国的丝织品、瓷器等物。"海上丝绸之路"的兴起，也是基于海运事业的发展。

随着唐代对外贸易的发展和深入，大量外商涌入中土，在城市工商业群体中占有相当数量，这是唐代外贸经济的重要特色之一。

在外商中，既有万里求宝卖珠的行商，也有开店设铺的坐贾；既有在民间游走的私商，也有以朝贡名义开展变相经贸活动的官商。"胡商""胡店""胡饼""胡姬"等名称正是现实的反映。

大城市有专门接待胡商的邸店和住坊，有单独为胡人居住的蕃坊。往来居住的外商在中国的活动范围很大，几乎所有水陆交通发达的大中城市都有他们的

胡姬 原指胡人酒店中的卖酒女，后泛指酒店中卖酒的女子。在唐代长安城里有许多当街卖酒的西域胡女，她们个个高鼻美目，身体健美，热情洋溢。唐代诗人李白《少年行》之二："落花踏尽游何处，笑入胡姬酒肆中。"这是对胡姬的美妙描述。

唐代外国使者俑

足迹。也可以说，凡是外商经常出入或聚集人数较多的城市，必是商业或转输贸易兴盛的城市。

唐代对朝贡使团有很多优待政策和措施，如根据路程远近给付资粮，安排住宿，馈赠物品，允许入市交易，邀请参加皇帝举办的"宴集"。据统计，南亚、中亚与西亚来唐使团共343次，每团少则数人，多者可达数百人。

当时，与唐发生联系的国家和地区有三百多个，包括周边少数民族政权，周边内附少数民族部众，与唐有藩属关系的国家和独立政权，甚至极其遥远的地方国家。

总之，唐王朝对外贸易范围广泛且具有连续性，贸易渠道众多而内容丰富。与此同时，在交往过程中形成了中华文化圈，对世界文明的发展做出了巨大贡献。

源远流长的历史文化

阅读链接

唐代通过海路去日本有三条路，一条从登州出发，渡渤海沿辽东半岛东岸和朝鲜半岛西岸到日本；二是由楚州出淮河口，沿山东半岛北上，东渡黄海、经朝鲜半岛达日本；三是由扬州或明州出海，横渡东海，直驶日本。

到南亚的海路，从广州经越南海岸，后过马六甲海峡到苏门答腊，由此分别到印尼的爪哇、斯里兰卡、印度。

到西亚的海路，从广州出发，经东南亚，越印度洋、阿拉伯海至波斯湾沿岸。唐朝还初步开辟了到埃及和东非的海上交通。

从五代十国至元代是中国历史上的近古时期。这一时期，分裂年代与统一年代不同的商贸方式，鲜明地体现出时代特色。

在五代十国这一分裂阶段，国内外贸易交流没有因战乱而终止，反而因战争所需刺激了商业的发展，境内商品化生产及对外贸易都有不同程度的发展。

宋元王朝统一天下后，中国商业贸易呈现出更为强劲的发展势头。两宋时的榷场贸易和海外贸易，以及元代商品化程度的深度和广度，都在中国商业史上留下浓墨重彩的篇章。

近古时期

内外商贸

五代十国的商贸特点

　　五代十国时期商业贸易的特点，主要表现在贸易形式和商品种类两个方面。

　　在贸易形式上，国内各区域间的贸易比较兴盛，南北方的货物交流一直没有间断；对外贸易也很兴旺，东自高丽、日本，西至大食，南及占城，都有商业往来；官营商业有所发展。

　　在贸易商品种类上，用于贸易的商品种类与唐代相比，农产品商品化的趋势不断扩大。

■ 五代十国时期的货币天府策宝

■ 后晋高祖石敬瑭（892—942），五代时晋王朝的开国皇帝，谥号"圣文章武明德孝皇帝"，庙号高祖。石敬瑭年轻时朴实稳重，隶属李克用义子李嗣源帐下。当时正值后梁朱温与李克用、李存勖父子争雄，石敬瑭冲锋陷阵，战功卓著。

　　五代十国时期尽管诸国林立，兵祸连年，但通商贸易、互通有无是大势所趋，各政权区域间的贸易交往比较兴盛。

　　国内各区域间贸易频繁，与当时国内政治有着直接关系。当时南北各地同时有大大小小的若干政权存在，由于各地自然条件的不同，物产各异，为了巩固政权，发展经济，便不能不重视商业贸易，加快商品的流通。因此，各国政府无不重视促进区域间物流的畅通。

　　吴国杨行密获楚王马殷之弟马蜜，便将其送归楚国，目的在于沟通商贾，互通有无。后晋高祖石敬瑭也曾下诏：淮南、西川两处边界，今后不得阻滞商旅。南唐皇帝曾经主动致书后汉"请复通商旅"，恢复因叛乱而中断的南北商业贸易。

　　周世宗更加注意发展区域间的贸易，多次颁布敕令要求加快商品流通，鼓励各地间的通商。周世宗还采取了对部分商品免税减税的政策，以促进贸易的发展。所有这些政策的实施，都在一定程度上促进了区域间商业贸易的繁荣与发展。

　　在这一历史时期，各区域间的贸易规模也是很大的，如后唐明宗准诏"放过淮南客二百三十人通

杨行密（852—905），字化源，庐州合肥（安徽合肥）人。吴国奠基人，谥"武忠王""孝武王""武皇帝"，庙号太祖。唐末著名政治家、军事家。他开了唐宋之交政治的整合和经济文化中心南渐的先河，有"十国第一人"之誉。

■ 周世宗 （921—959），柴荣，邢州尧山柴家庄（河北省邢台市隆尧县）当地望族。五代时期后周皇帝，谥号"睿武孝文皇帝"。在位期间，整军练卒，裁汰冗弱，招抚流亡，减少赋税，使后周政治清明、百姓富庶，中原开始复苏。

商"。割据于岭南的南汉境内亦有岭北商贾活动，而且人数亦不少。

另据记载，周世宗进攻南唐的淮南地区时，令军士伪装成商贾而渡淮袭取临淮城，其人数必须要达到一定的规模，人数过少则无济于事，这也印证了平时往来于淮水南北贩运羊马的商贾人数一定不少。

正是因为南北贸易规模较大，所以后周在疏通汴水以通航运后，曾在汴梁进行了大规模的营建。其实扩大汴梁城廓，也就是为了适应商业发展的需要。

区域间商业贸易的扩大，并不意味着坐地列肆式的交易就不再重要了，在任何一个历史时期这种贸易形式都占有重要地位。只是因为这一时期区域间的贸易发展较快，与其他历史时期相比较突出而已。

五代十国时期，由于中原王朝疆域缩小，对许多隶属的民族不再拥有管辖权，朝贡关系也随之中断。即使仍保持关系的一些民族，贸易额下降的幅度也是很大的。

这种情况主要是指与唐代相比而言的。在唐代内地与周边民族的贸易非常繁荣，突厥、吐蕃、契丹、党项、回纥、室韦、鞑靼、南诏及西域中亚各族都与内地保持了比较密切的贸易关系，而且朝贡贸易也十分兴盛。

五代十国时期，对外贸易也很兴旺，陆路贸易线路向北转移，这就是"草原丝绸之路"。其具体走向是：通过今山西、陕西北部、内蒙古，再向西行；或者经今陕西北部、宁夏北部、内蒙古、唐努乌梁海，再向西行，到达今新疆北疆地区。

这条路线还可以经中亚草原直通欧洲。其中碎叶城就是东西商贸的集散地，由此向西南至阿拉伯海、地中海，向西北经中亚草原，越过乌拉尔河、伏尔加河直至欧洲。

由于这条路线曲折偏僻，道路险阻，所以每年的贸易额有限，远不如传统的丝绸之路繁荣兴旺。

在五代十国时期，中国的对外贸易主要是通过海上交通线进行的，同时对外口岸和贸易额都发生了较大的变化。

从贸易口岸的数量来看，除了原有的广州外，还增加了泉州、福州、杭州、温州、明州、台州、金陵、扬州、登州、莱州等港口。

金陵、扬州由于是通过长江口与海外进行贸易，故其对外贸易的繁荣程度比不上其他沿海城市。福州与泉州港都隶属闽国，也都是这一时期新建的对外贸易口岸。

杭州、温州、明州、台州等商港，都位于吴越国境内，对外贸易比较频繁。其中的杭州是盛极一时的对外贸易的大港口，许多商船从这里出发，驶向新罗、日本乃至远航至占城、大食。

五代十国时期，官营商业也有所发展，主要表现在对一些特殊物

五代十国时期开元通宝铁母钱

源远流长的历史文化

■ 源于茶马互市的茶马古道 茶马互市起源于唐代，是中国西部历史上汉藏民族间一种传统的以茶易马或以马换茶为中心内容的贸易往来。实际上是朝廷在西部游牧民族中尚不具备征税条件的地区实行的一种财政措施。

金陵 是南京的别称。南京历史悠久，有着六千多年文明史、近两千六百年建城史和近五百年的建都史，是中国四大古都之一，有"六朝古都""十朝都会"之称，是中华文明的重要发祥地。

资的控制上，而且经营规模较大。

如楚国直接经营茶叶贸易的情况，吴国杨行密曾派遣军将把万斤茶货运往汴州售卖，后汉派三司军将路昌祚到湖南贩茶，适逢南唐灭楚，被俘至金陵，南唐政府问明情况后，根据损失的茶叶数量，补偿其1.8万斤。以上这些都是官府经营商业的例子。

不仅内地存在官营商业的现象，即使在少数民族中也有官营商业的情况存在。如契丹曾派人以羊3万只、马200匹赴南唐贩卖，就是一种政府行为。

大批官僚上到皇家成员、后晋贵族，下到地方官员参与了商业经营，这虽然是一种个人行为，与政府无关，但其经营之广，规模之大，加之其所具有的政治背景，成为一种重要的经济现象。

五代十国时期，主要表现在农产品商品化的趋势不断扩大上，从而使商品的种类进一步增加。

这一时期，南北方的贸易从唐代的以粮食、绢布为大宗贸易商品而转变为以茶马为大宗贸易商品，即北方的羊马与南方的茶叶相互输出。

随着饮茶风习的盛行，饮茶风习逐渐由上层向社会下层普及，遂使其所需茶货的数额有了较大的增长。因此，茶马贸易逐步发展，后来成为内地与周边民族贸易的最主要形式。

五代十国时期，海外输入中国的商品主要是香料、珍宝、药材、象牙等质轻而价重的商品。这一点与唐代相比并无大的变化，所不同的只是由于海上交通的发展，输入量有了较大的增长。

最大的变化在于中国对外输出的商品种类，除了传统的丝绸外，茶叶、陶瓷以及铜铁制品等都成了对外输出的大宗商品。

五代十国时期，北方经济发展滞后于南方，而南方诸国经济的变化主要表现在农业中经济作物生产的不断扩大上，从而为商业贸易提供了不少新的商品种类。

在当时，除了茶叶、桑蚕生产继续发展外，在蔬菜、水果、养蜂、养鱼、种药、花卉等行业都出现了专业化生产的发展趋势。反映了当时商品种类的增多情况。

比如许多农民变为专业化的菜农，以种菜卖菜为生活来源。再如因南方水果大量向外地销售，出现了专门从事水果经营的商人。

阅读链接

杨行密是吴国的奠基人。江淮之间本为富庶之地，但是经过长期混战，早已经变得疮痍满目。为解决财政困难和物资短缺的问题，杨行密本想通过以茶盐换取民间布帛的方法来充实军用。

这时幕僚高勖建议：兵火之余，十室九空，应该召集流散，轻徭薄赋，劝课农桑，使社会经济在战争的间隙获得恢复。

杨行密采纳了该意见，通过与外地开展贸易的办法来筹募军费，结果未及数年，公私富庶，为吴政权奠定了坚实的物质基础。

两宋时期的边贸外贸

　　宋代曾经与辽、金、西夏少数民族政权并存。榷场是宋代官办边境贸易的场所，以通辽、夏、金的互市贸易。榷场有专门的官吏主持和监督，交换各自所需要的大宗商品。宋太宗赵炅时期，宋辽间就已在宋境的镇州等地设置了榷场。

　　因受战争影响，宋代的贸易方向主要是海洋。所以，宋代设立了一个专门机构"市舶司"来管理对外贸易以及从对外贸易中所获得的利润。

　　在市舶司主持下的两宋海外贸易，对社会经济和国家财政的影响也远远超过前代，开创了中国在对外贸易中的主导地位。

■ 最先设立榷场的宋太宗赵炅画像

宋代经济发达，除了与农业、商业政策有关，还与宋朝科学技术的发展有关。宋代在科学技术方面取得的巨大成就，在当时居于世界的前列，不但在中国历史上是伟大的，就是联系整个中世纪的世界史，也是罕见的。正是宋代特有的农工商政策，致使当时的边贸外贸与汉唐相比有了突飞猛进的发展。

宋初对与辽的互市贸易并未设官署管理，977年初，北宋中央政府在河北路的五个州设"榷场"，与西夏进行香药、犀牛角、象牙及茶的贸易往来。

宋真宗曾下旨在延州、保安军设置榷场，宋以缯帛、罗绮兑换西夏的骆驼、马、牛、羊、玉、毡毯、甘草，又以香药、瓷漆器、姜桂等物兑换西夏的蜜蜡、麝脐、羱羚角、柴胡、苁蓉、红花、翎毛。

后来又在陕西路、河东路设置榷场，当时商贩如织，任其来往，反映了宋夏边境贸易的盛况。宋夏开战后，榷场贸易停止，议和后又恢复了榷场贸易。

河北路 北宋于997年设置，治大名府，今河北省大名县治。其地东临滨海，西临太行，南临黄河，北据三关以南河北省全境，以及河南、山东黄河以北之地。1073年定为东西两路，东路仍治大名府，西路治镇州。

宋真宗（968—1022），赵恒，宋朝第三位皇帝。在位期间，在与辽的战争中于澶渊定盟和解，以每年进贡辽金银为"岁币"。历史上称"澶渊之盟"。此后，北宋进入经济繁荣期。

■ 宋辽订立"澶渊之盟"画面

　　宋初与辽的关系是时战时停，榷场也是时开时停。991年，宋辽在雄州、霸州、静戎军、代州雁门寨，置榷署开展贸易。

　　1004年，宋辽订立"澶渊之盟"，次年即在雄州、霸州和安肃军三地设榷场，又于广信军设榷场，被称为"河北四榷场"。宋方的货物有帛、漆器、粳糯，输入的商品有银、钱、布、羊、马、骆驼等。

　　宋金榷场贸易始于"绍兴和议"后的1142年，首先建榷场于盱眙军，以后又置于光州、枣阳军、安丰军西北的花靥镇。

　　当时规定，货物价值在100贯以下的称为小客。每10人为一保，留一半货物在宋方榷场，带一半货物到金朝榷场交易，并购买金方货物回宋寄留在榷场后。然后将另一半货物运往金朝榷场贸易，统一计算往返货物的总钱数，按十分之二抽息钱归官府。

　　所带货物价值在100贯以上的商人称为大客。客商与货物都只能留在宋方榷场等候金方客商前来贸易，宋方货物主要是粮食、茶叶、各种手工业品、书籍及外贸而来的药材、手工业品等。

　　1159年，因金入侵，南宋只保留盱眙榷场，关闭了其他榷场。"隆兴和议"后，南宋于1165年复设盱眙、花靥镇榷场，将原枣阳榷场移至襄阳府西北的邓城镇，光州的榷场设于所属光山县北的中渡市，重开宋金榷场贸易。

事实上，宋方在榷场贸易中获利是很大的，北宋与西夏、南宋与金的榷场贸易中的情况也大体如此。

宋的海外贸易自971年后才有了南方的海港，同年设置了第一个海外贸易的一级管理机构，这就是当时的广州"市舶司"。

后来，宋中央政府于杭州设两浙市舶司，992年移杭州市舶司于明州定海县，就是现在的宁波镇海。其后，杭州、明州各置市舶司。

北宋中期以前，只有广州、杭州、明州三地设置市舶司，船舶到达其他沿海港口，都要赴近处的市舶司勘验。这种做法，显然不能适应海外贸易日益发展的需要。于是，北宋政府在户部尚书李常的建请下，于1087年10月，首先于福建路泉州增设市舶司。

帛 中国战国以前称丝织物为帛。战国时就已经有生丝织成的"帛"。单根生丝织物为"缯"，双根为"缣"，"绢"为更粗的生丝织成。据考古资料，在殷周古墓中就发现了丝帛的残迹，可见那个时候的丝织技术就相当发达。

■ 宋代港口海外贸易场景

宋代银锭

北方的密州板桥镇，是一个内外贸易都兴旺的镇市，北宋于1088年设置了北方唯一的市舶司，并升为胶西县。北宋末年，又在秀州华亭县设置二级机构"市舶务"，后因航道淤塞而暂停，疏浚后复设。

此外，镇江、平江府虽未设市舶机构，但有主管舶货贸易的税务监官依市舶法进行管理。

南宋将两浙路市舶司移至秀州华亭县，即今上海市松江区。说明上海地区在南宋时，就已成为华东地区海外贸易的中心。除本处外，还在临安府、明州、温州等设市舶务，后又于江阴军设市舶务。

广州、泉州两处市舶司，虽都未在他处另设市舶务，但外贸交易规模大，是南宋的主要外贸海港。南宋绍兴末年的外贸收入达200多万贯，超过北宋最高年份的一倍以上。

广州、泉州港主要通往东南亚、南亚、西亚、东北非，秀州、明州、杭州、板桥港主要通向东北亚的日本和朝鲜半岛等地。

阅读链接

宋朝对海外贸易十分重视，南宋时期更是如此。活跃的外贸活动，促使宋代造船技术十分发达，所造海船载重量可达5000石，相当于现在的300吨。北宋后期，指南针已广泛应用于航海，还出现了记载海路的专书《针经》。

与宋朝有海上贸易的达50国以上，进出口货物在400种以上。进口货物主要为香料、宝物、药材及纺织品等，出口货物主要是纺织品、农产品、陶瓷、金属制品等。

元代商业的空前发展

　　元朝由蒙古族人忽必烈建立，是中国历史上第一个由少数民族建立的大一统帝国。元朝规模空前，对外关系的开拓及畅达四方的水陆交通，为中外商旅提供了商业发展的优越环境。

　　由于蒙古族对商品交换依赖较大，故元朝比较提倡商业，使得商品经济十分繁荣，使其成为当时世界上相当富庶的国家。

　　为了适应商品交换，元朝建立起世界上最早的完全纸币流通制度，是中国历史上第一个完全以纸币作为流通货币的朝代。

■元代纸币"至元通行宝钞"模板

朱清（1236—1306），字澄叔，崇明姚沙人。元代海运创始人。因贩私盐，熟悉南北海道诸岛门户。他在元朝廷寻求南粮北调的运输路线时，建议海运，被采纳。与张瑄合作开发海运，太仓发展成为东南沿海的大港，置办大批海船，与东南亚诸国通商，使太仓成为盛极一时的"六国码头"。

元代商业有空前的发展，与元朝盛世统一南北东西，结束长期纷乱的割据战争有重要联系。其时，中国南北东西都形成了商业发达区。元代商业交通网络的发达，商业市场的增多，中小商业经营者的增多，使当时人们的商业意识较前代更为浓厚。

元代商品生产有显著的发展，并且这种发展与元代商业政策的具体内容相联系。据《元史·食货志》《元典章》及其他众多史籍加以概括，主要有以下数种：鼓励通商、减轻商税、保护商道安全、维护商贾资财。在这些政策的作用下，众多的农牧业和手工业产品开始商品化。

在元代，有不少土地所有者，利用土地进行商业性的土地经营，开展商品生产。于是大量的棉、麻、丝、茶、糖、粮食等产品被投入市场。就粮食市场而言，不仅在发达的内地，而且在偏远的漠北草原城市

■ 丝绸之路浮雕

■ 蒙古商人雕塑

和林等地也出现了粮食市场。

由于农业的发展，以及某些对社会生活发生重大影响的经济作物种植区的出现，粮食商品化的程度大大提高。其时，工商业发达的城市，依赖商品粮食的供给。

经过商贾将米粮贩运至缺粮地区，稻米和面粉都有出售。北方粮食供应依靠南方，每年由大运河或海道转运粮食。元代南粮北调规模之大，从前任何一个朝代都不能比拟。

在元代粮食市场发展过程中，还出现了一些左右市场的大米商。他们垄断粮市价格，势力之大，取利之丰，是前代范蠡、白圭、子贡等所不及的。

元时曾负责海运南粮工作的要官朱清、张瑄，是江南首富，《辍耕录》卷五《朱张》记载：朱、张两家门庭盛时，田园宅馆遍天下，粮仓相望。

他们既然是经营粮运起家的暴发户，其众多的私

张瑄（1417—1494），字廷玺，江浦人，元末明初官员。降元之后，丞相伯颜令他和朱清负责开辟海道，运粮至大都。曾任刑部主事，后改任郎中，有能干的名声。景泰年间任吉安知府。后来擢为广东右布政使。

■ 伯颜（1236— 1295），蒙古八邻部人。元代大将。他曾经担任中书右丞相，又在枢密院任职。其曾祖述律哥图、祖阿剌从成吉思汗征战有功，封为八邻部左千户及断事官。

仓中应多储粮之仓。而这些囤积之粮，正是他们垄断粮食市场价格取利的重要条件。应该说朱、张二人是元代最大的垄断粮市价格的大米商。一般的中小米商在粮食市场上是竞争不过他们的。

在元代，粮食转化为商品，并不仅有直接投入市场转售这一途，它还可通过酿酒业实现。从历史记载来看，其时商品粮除供给城市居民直接消费外，还有很大一部分用来酿酒，进而使之转化为饮料类型商品。据记载，元代中原粮食由酿酒之途转化为商品的量实在是惊人的。

在元代，竹木业、菜园果园业、纺织业以及与纺织业相关的染料作物种植业中的商品生产均有长足发展。茶叶种植业、桑棉种植业的商品生产也引人注目。至于景德镇瓷器、松江棉布、杭州丝织品、福建荔枝生产的商品化更为突出，名播中外。

从上述情况中可以隐约窥见，元代商品生产在某些方面相当发达。农产品和手工业产品交换的发展，也使元代的商品经济出现更兴盛的局面。

元政府重农，措施极详，且又重视至极，但不抑商，这是元代商业繁荣与国内和国外贸易发达的重要原因。

元代商业之盛不只表现于国内贸易领域。在元代，对外贸易也盛极一时。其时对外贸易通过海陆两路与亚非欧各国大规模开展。

元时丝绸之路，从今甘肃敦煌沿天山南北路往西延伸。又增加了经里海以北抵达黑海北岸的钦差道。但波斯道依旧重要。

伯颜元帅灭南宋后，海道贸易逐渐在元代对外贸易中占据主要位置。原因在于海道贸易地域更广，运载货物更多，来往更便捷。

元政府对海外贸易是采取积极支持和鼓励政策的。元代有众多的海外贸易港口，有远比宋朝细密的海外管理规章，且放任主义的色彩极浓。这种情况集中体现了元政府对外开放的经济国策的进步性。

在元代的海外贸易中，中国出口的物资颇多，深受外商欢迎。其时，中国商人与外商交易，一般都是平等的。

元代的海外贸易，对加强元代与海外各国经济文化的交流，促进元代自身经济的发展，增进中国和亚非欧诸洲各国人民的友谊起到了不可低估的作用。

意大利人马可·波罗除对大都商业发展状况有大量记载外，对全国其他地区的商业发展状况也作了记述，可以说元时全国商业的盛景尽收其笔下。尤其详细记述了元大都的经济文化民情风俗。

在元代商业发展的过程中，为数众多、遍及城乡的中小商人功不可没。他们开店坐肆、跋涉贩运。他们的足迹留于大江南北之区、边

■元代海外贸易船只

市舶司 是中国古代的官署名。负责海上对外贸易之事。唐时对外开放，外商来货贸易，广州等城市就成了市舶司的重要通商口岸，国家在此设市舶司，或特派，或由所在节度使兼任。始于唐，盛于宋，至明末逐渐萎缩。清时设海关而废市舶司。

疆偏僻之域、沿海港口岛屿。应该说，他们是元代商业的主要经营者。在这之中，元代回民族商家可谓独树一帜。

元代的回民族商人利用其政治地位的优势和国家对商业活动的保护政策，充分展示了他们善于经商的特长，"多方贾贩"，其足迹遍及全国，对繁荣经济、促进物资交流有一定的贡献。

如在地处河西走廊的肃州东关，专设有回族商人经商的街道，其"富庶与城内埒"。回族商人把国外进口的包括象牙、犀角等在内的宝物，各种布匹，沉香、檀香等香货，不同种类的珍贵药物，以及木材、皮货、牛蹄角、杂物等商品贩运至大都、上都等城镇，把南方的粮食输往大都、上都及北方缺粮地区，又把中原的物资运销至漠北等边远民族地区。

亦集乃路地处边陲，位置在现在的内蒙古额济纳旗东南，当时是草原丝绸之路纳怜道驿路上的重要枢纽，也是通过大戈壁进入蒙古腹地之前的供给基地。

元时有不少回族商人在此经商。他们在沟通大漠南北物资交流、维护草原丝绸之路畅通方面做出了很大贡献。

元政府规定"往来互市，各从所欲"。回族商人既有陆路通商，又有海道兴贩。对于由海陆

■ 通行于蒙古与中国的国际通行证

元代陶器制作作坊

两道而来的回族和信仰伊斯兰教的商人，元政府仍予以优厚待遇。

东来的回族商人具有雄厚的经济实力，其商业活动直接影响元朝财政，他们来华贸易中交纳的关税和其他"例献"之物，是元中央与地方政府重要的财政来源。

元代在市舶司管理、市舶条例制订等方面在宋代基础上进一步完善，外贸商品更多，与中国发生外贸关系的国家和地区更加扩大，海上丝绸之路进一步延伸，交通繁忙畅通，海外贸易空前繁荣。在对外贸易中，回民族商人对元代市舶司的建立与扩大，市舶制度的完善，招徕海外客商来华贸易等方面，贡献很大。

1277年，元朝在泉州、宁波、上海、澉浦等地相继设立市舶司，后又增设温州、杭州、广州三地市舶司。回民族商人利用已经取得的政治、经济优势，基本控制了元代海外贸易。

元代回民族商人主要活动于北京、杭州、泉州、昆明、兴元、甘州、凉州、广州、和林等众多的城市。这种情况，可以从许多的历史典籍记录中得到印证。

元代官吏蜡像

源远流长的历史文化

元时北京的回民族人共有2900多户，其中多富商大贾兴贩营运，可见元代北京的回民族商人数目不少，而且颇有经济势力，相当活跃。

元时东南沿海的城市里，回民族商人的活动也很活跃。广州是元代回民族商人聚居之地。比如蒲庚就是元时有名的回民族富商。他的家族有经商传统，其祖先由阿拉伯东迁，曾是占城的贵人，后来又成为广、泉二州的大富商。到了蒲庚这一代，更成为著名的大商人。

泉州是元代最大的港口之一。这里的番货、异宝、奇货甚多，号为天下之最，其中有不少人是回民族富商，有的富商所用之舟近10艘，可称豪富。

在元代南方回民族商人中，多数人是香料经营世家。其中许多家自唐宋以来就专营此项买卖。他们当中的大贾巨商极善谋利，凡是比较大的商业城市中，必居其津要，获利颇丰。

阅读链接

马可·波罗在中国期间，借奉元世祖忽必烈之命巡视各地的机会，走遍了中国的山山水水，中国的辽阔与富有让他惊呆了。每到一处，他总要详细地考察当地的风俗、地理、人情。在回到大都后，又详细地向忽必烈进行汇报。

在《马可·波罗游记》中，马可·波罗盛赞了中国的繁盛昌明；发达的工商业、繁华热闹的市集、华美廉价的丝绸锦缎、宏伟壮观的都城、完善方便的驿道交通、普遍流通的纸币等。书中的内容，使每一个读过的人都无限神往。

贸易政策

　　明清两代是中国历史上的近世时期。明清时期商品经济有较大发展，贸易十分活跃，许多地方特产进入市场，进行商业贸易，并出现了牙行、牙人等中间商。

　　明清两代政府制定的市场经济制度及其管理，顺应了社会经济发展的需要，促进了商业和商品经济的发展，使国内外贸易逐步走向规范化和专业化经营。

　　明清时期的商帮、会馆与公所，是由地域关系联系在一起的商业集体和商人社团。它们的形成和发展，从一个侧面反映了中国近代商业的发展趋势。

明清时期的五大商帮

　　商帮是中国历史上由地域关系联系在一起的商业集团。中国历史上有五大商帮，他们分别是晋商、徽商、浙商、鲁商和粤商。

　　这五大商团最活跃的时期是明清时期，尽管形成的时间并不相同，但他们支配着中国近代民间贸易，并在一定程度上影响了全国经济，构成中国民族商业轰轰烈烈的宏大景观。

晋商票号掌柜蜡像

■ 晋商票号地下银库

晋商，通常意义的晋商是指明清500年间的山西商人，晋商经营盐业、票号等商业，尤其以票号最为出名。

晋商的兴起，是与商品经济的发展同步的。随着商业竞争的日趋激烈，为了壮大自己的力量，维护自身的利益，晋商的商业组织开始出现。

起初由资本雄厚的商人出资雇佣当地土商，共同经营、朋合营利成为较松散的商人群体，后来发展为东伙制，类似股份制，这是晋商的一大创举，也是晋商能够经久不衰的一个重要原因。

晋商发展到清代，已成为国内势力最雄厚的商帮。茶庄票号正是当时非常热门的行业。世界经济史学界把他们和意大利商人相提并论，给予了很高的评价。晋商的发展不仅给他们带来了财富，而且也改变了当时人们多少年"学而优则仕"的观念。

票号 山西商人资本中的货币经营资本形式，最著名的是票号。票号又叫票庄或汇兑庄，是一种专门经营汇兑业务的金融机构。首创者是雷履泰。

■ 晋商钱庄票号内景

特别值得指出的是，在晋商称雄的过程中，一共树有三座丰碑，就是驼帮、船帮和票号。

驼帮从事对外茶叶贸易。清代经营对俄罗斯、蒙古茶叶贸易的有许多晋商商号，渠家是其中一家。比渠家茶叶贸易规模更大的是被称为"外贸世家"的榆次常家。

当年中国出口国外的茶叶主要有两条通道，一条是从广东的广州和泉州出发把茶叶运到欧洲，经这条路出口的主要是绿茶；另一条是晋商通过陆路把茶叶运到俄罗斯和蒙古。

这条陆上之路在山西境内再往北运主要是靠"沙漠之舟"骆驼。当时，晋商把十五峰骆驼编为一队，十队为一房。数房相随，首尾难以相望。驼铃之声在茫茫沙漠中日夜不断，飘荡四野，数里可闻。所以，晋商中经营对外茶叶贸易的称为"驼帮"。由驼帮所从事的对外贸易是晋商史上光辉的一页。

船帮出现在清代中叶，随着商品经济的发展，货币流通量猛增，但当时中国产铜量极低，仅靠云南产的滇铜远远满足不了铸币的需求。

在这种情况下，山西商人组织船帮对日贸易采办洋铜。介休范家就是最为突出的代表。范毓馪时期，范家的商业发展到了鼎盛时期，被称为"洋铜商"。

晋商在利用"驼帮""船帮"经商的过程中，真可谓"船帮乘风破浪，东渡扶桑，商帮驼铃声声，传播四方"，写下了部部艰辛的创业史。但是，山西商人并没有只盯着洋铜和茶叶，其最大的创举是票号。

票号又叫"票庄"或"汇兑庄"，是一种专门经营汇兑业务的金融机构。山西票号商人，曾在中国历史上显赫一时。直至如今还流传着"山西人善于经商、善于理财"的佳话。

山西商人雷履泰首创"日升昌"票号后，业务发展迅速，规模扩大，在北京、苏州、扬州、重庆、广州、上海等城镇建立了分号。在日升昌票号的带动下，山西商人纷纷效仿投资票号。

如介休侯氏聘原任日升昌票号副经理的毛鸿翙为蔚泰厚绸布庄经理，毛氏到任以后，协助财东侯氏将其所开办的蔚泰厚绸布庄、蔚盛长绸缎庄、天成亨布

■ 雷履泰（1770—1849），山西平遥县龙跃村人。年轻时被西裕成二少爷李大全请到了西裕成颜料铺，不久便委任其为汉口分号执事，以后又调其到京都分号领班。于1823年创立了第一家票号"日升昌"，并担任总经理职务，为日升昌的发展倾注了毕生的精力。

庄、新泰厚绸布庄、蔚丰厚绸缎庄均改组为票号，并形成以蔚泰厚为首的"蔚"字五联号，没过几年，便大获其利。

从此以后，晋商群起仿办，往往于本号附设票庄。票号的发展，大致在道光年间为兴起之时，当时全国51家大的票号中，山西商人开设有43家，晋中人开设了41家，而祁县就开设了12家。

经营票号的山西商人，为中国金融贸易的发展做出了重要贡献。

首先，山西商人资本的发展，使山西商人聚集了大量的货币资财，让白银源源不断地流回家乡，促进了山西手工业的发展，促进了全国商品物资的交流，加快了中国自然经济解体和商品经济发展的进程。

其次，造就了一代理财人物。山西商人资本不论是商品经营资本还是货币经营资本，一般都不是资本拥有者直接从事经营活动，多数是由财东出银若干，委托一个自己信赖的、精明能干的人来当掌柜，从事某项经营活动。

财东把资金运用权、人员调配权、业务经营权交给掌柜，独立自主地从事经营活动。定期结账一次，由掌柜向财东汇报经营成果。如果财东满意，就继续任用，财东信不过就可以辞退。

这种资本所有权与经营权分离，实行经理负责制的方式，再加上以后实行的"顶身股"制度，促使经营者工作不敢懈怠，把职工的利益和企业的利益结合在一起，促进了管理人才的出现，提高了经营效益，这在中国企业史上是有积极意义的。

再次，晋商舍得智力投资，举办商人职业教育。驰名中外的旅蒙商"大盛魁"商号，在外蒙古的科布多设有本企业的训练机构。

从晋中招收十五六岁的男青年，骑骆驼经过归化、库伦到科布多接受蒙语、俄语、哈萨克语、维吾尔语及商业常识的训练，一般为半年，然后分配到各分号，跟随老职工学习业务。

■ 晋商日升昌票号
银锭

这种重视提高职工业务素质的办法，就是从现在来看，也是很有远见卓识的。

最后，晋商首先创造了民间汇兑业务、转账和清算中心，首先创造了类似中央银行的同业公会，都显示了山西商人的精明能干和创造能力。山西商人最先打入国际金融市场，表现了敢于向新的领域开拓的风姿。

徽商即徽州商人，又称"新安商人"，俗称"徽帮"，是旧徽州府籍的商人或商人集团的总称。徽商最兴盛的时期是在明代。

徽商经营行业以盐、典当、茶、木为最著，其次为米、谷、棉布、丝绸、纸、墨、瓷器等。其中婺源人多茶、木商，歙县人多盐商，绩溪人多菜馆业，休宁人多典当商，祁门、黟县人以经营布匹、杂货为多。

徽商除了从事多种商业和贩运行业外，还直接办

顶身股 晋商的股份制中一个独特的制度。就是在企业的股份构成中，除出资人的银股外，还有掌柜阶层和资深职员持有的人身股。顶身股实际上并不出一文资金，而是凭自己的劳动，因此，有的地方也称其为劳力股。

徽商大宅院

产业。休宁商人朱云沾在福建开采铁矿，歙县商人阮弼在芜湖开设染纸厂，他们边生产边贩卖，合工商于一身。

徽商经营多取批发和长途贩运。休宁人汪福光在江淮之间从事贩盐，拥有船只千艘。一些富商巨贾，还委有代理人和副手。

徽商遍布全国，与晋商齐名，到处有徽商的足迹。经营品种广泛，盐、棉布、粮食、典当、文具笔墨无所不包。

徽商老号有张小泉剪刀、胡开文墨业、曹素功墨业、胡雪岩创办的国药店胡庆余堂、一代酱王胡兆祥创办的胡玉美酱园、王致和臭豆腐、谢裕大茶行、张一元茶庄、汪恕有滴醋和同庆楼等。

"徽商精神"一直是人们崇尚的商业精神，如爱国、进取、竞争、勤俭、奉献，以及团队精神等。徽商在从事商业经营、贡献物质文明的同时，也在积极地参与各种文化活动，为当时的文化发展做出了贡献。

徽商正是凭着他们特有的徽商精神，从而能够从无到有，从小到大，乃至于发展为雄视天下的大商帮。这种精神根植于中国传统文化的土壤之中，又被徽商进一步发扬光大。徽商精神不仅是徽商的巨大财富，更是徽商留给后人的宝贵遗产。

浙商一般指浙江籍的商人、实业家的集合。浙江先后产生过湖州商帮、绍兴商帮、宁波商帮、温州商帮、台州商帮、义乌商帮等著名的浙商群体。

明代，江浙一带成为中国经济较为发达的地区之一，商品经济较为发达，也产生了中国早期的资本主义萌芽。清朝末年，浙江商人成为中国民族工商业的中坚之一，为中国工商业的近代化起了很大的推动作用。

湖州人沈万三是明初的天下首富，清末镇海人叶澄衷是中国近代五金行业的先驱。而以经营辑里丝起家的刘镛、张颂贤、庞云镨、顾福昌这"四象"为首的湖州南浔商人是中国最早的强大商人群体。以虞洽卿、黄楚九、袁履登为代表的宁波商人，曾经叱咤于当时的远东第一大城市上海。

浙商具有勤奋务实的创业精神，勇于开拓的开放精神，敢于自我纠正的包容精

义乌 位于浙江省中部，由浙江省金华市管理，南通广东、福建，西接长江腹地，东靠中国最大城市上海，面对太平洋黄金通道。义乌地处金衢盆地东缘，以丘陵为主，东、南、北三面环山，地势自东北向西南缓降，构成一个南北长、东西短的长廊式盆地。自古即为兵家必争之地。

347

■ 红顶商人胡雪岩（1823—1885），本名胡光墉，幼名顺官，字雪岩，徽州绩溪人。中国近代著名的红顶商人，富可敌国的晚清著名企业家、政治家。开办胡庆余堂中药店，为清军筹运饷械，创办福州船政局，主持上海采运局局务，并经营中药、丝、茶业务，资金最高达2000万两以上。

神，捕捉市场优势的思变精神和恪守承诺的诚信精神。

浙江商人的特点是和气、共赢、低调、敢闯。一般认为，最为活跃的商人为温商，最为吃苦敢闯的商人是萧绍商人，最为活跃的商人城市为义乌市，最有代表性的商帮为宁波商帮，最低调的浙商是越商。

浙商精神激励浙商不断创新创业模式，推动和促进了浙江乃至国内外区域文化的丰富发展和区域经济的繁荣兴旺。

鲁商是明清时期山东的商业群体，以"德为本，义为先，义致利"的商业思想著称，具有深厚的历史渊源和强大的生命力。

鲁商将春秋战国时期齐国的工商思想，糅合了儒家学说中的"仁、义、礼、智、信"与"温、良、恭、俭、让"等积极地为社会所普遍推崇的道德观、价值观，承袭了宋代繁荣的城市商品经济和山东地区的特色经济，繁盛于明清时期。

明清时期山东商人主要来自齐鲁两地，即山东半岛的登、莱、青三府和鲁中的济南、济宁等地。前者因地少人多，养生者以贸易为计，加上海运道通，商旅往来南北，风帆便利，故大商人辈出。后者则处于全省中枢，且附近物产丰富，可输出商品较多，或处于运河

岭南文化 包括广府文化、广东客家文化和潮汕文化三大分支，其中广府文化在岭南文化中个性最鲜明、影响最大。岭南文化是悠久灿烂的中华文化的重要有机组成部分，是中华文化百花园中的一枝奇葩。

■ 徽州徽商故里碑

沿岸，工商业较发达。

明清以来的鲁商有许多亦工亦商，其经营方式是"前店后坊"，如周村生产经营烧饼、布匹的商人。周村成为中国北方最大的商贸中心，它一个月的税收额曾与陕西省一年的税收相当。

鲁商在发达的市场经济思想影响下，形成了独具特色的鲁商文化：以义致利，诚信为本，乐善好施，务实肯干，以酒会友。

这样一个颇具特色的商业群体，丰富了鲁商文化的内涵，构成了中国古代商业文化的一个重要组成部分，也孕育了近代中国政治、经济、社会、文化领域新的革命。

粤商崛起于明清时期，并形成中国一大商帮，绝不是偶然的，它与广东的人文地理环境，发达的商品性农业、手工业，人多田少的矛盾，复杂的国际环境以及朝廷的海禁政策有着密切的关系。

明清时期，中国的资本主义尚处于萌芽阶段，广东商人就以其独特的岭南文化背景与海外的密切联系，在商界独树一帜。

早期粤商的代表在广府，其中以十三行最为突出，主要从事贸易和运输。粤商伴随着广东商品流通的扩大、商品经济的发展、海外移民的高潮而崛起，发迹于东南亚、香港和潮汕地区。

商人的活跃与否取决于整个社会的商业环境、商品意识、市场背景，也取决于政府的政策、社会生产的状况、当地的自然条件等因素。

广东商人在明清时期的崛起亦离不开这些因素的制约。明代中后期，上述因素就形成了一个明显有利于商人发展与活跃的趋向，尤其是在珠江三角洲地区。因此，明清粤商的崛起就是顺理成章的事情了。

明清时期形成和发展起来的粤商，虽然由于其商业资本主要流向土地而不能从质的方面改变传统经济，但在量的方面，却发挥着多方面的社会功能。

这是因为，粤商的活动虽然属于交换的范畴，就一切要素来说，它是由社会生产决定的。但作为生产工程中一个阶段的交换，在一定的条件下，也能对生产产生反作用，进而引起整个社会经济、政治、思想和文化的某些变异。因此，明清时期粤商的商业活动，对当时广东的经济、政治、思想和文化产生了影响。

总之，五大商帮所在地区具有相当发达的商业，有一批积累了大量资本的巨商作为中坚，在经营、制度、文化等方面存在不同于其他商业集团的特点，许多独立的商家出于经营和竞争的需要组成以地域为纽带的松散联合。他们在历史上产生过重要影响。

源远流长的历史文化

阅读链接

明清笔记体小说《豆棚闲话》中说：徽州风俗惯例，一般人一到16岁左右就要出门学做生意。

徽州还有一则民谚说，前世不修，生在徽州；十三四岁，往外一丢。一般人家生活贫困，小孩儿长到十五六岁，就要随乡族长辈出外学做生意，寻觅谋生之路。

一开始他们多半是在自己的长辈或亲戚的店铺里当学徒。学徒一般历时三年，三年的学徒生活是相当辛苦的。吃苦倒是小事，关键是要能圆满结束学业，否则就要被人嘲笑。

明清时期的会馆与公所

随着商品经济的发展和商人社会地位的提高，商人的社会活动也日益活跃起来，成为社会活动最为积极的参与者，有时甚至是组织者。

商人社会活动最集中的表现，就是他们开始有了属于自己的正式团体，这就是会馆和公所，其对于保护工商业者自身的利益，起了很好的作用。

商人的社会组织会馆和公所，主要是由于商务的关系或地域的关系而形成的，其形成和发展也有其自身的过程和规律，经历了一个不断壮大、逐步完善的过程。

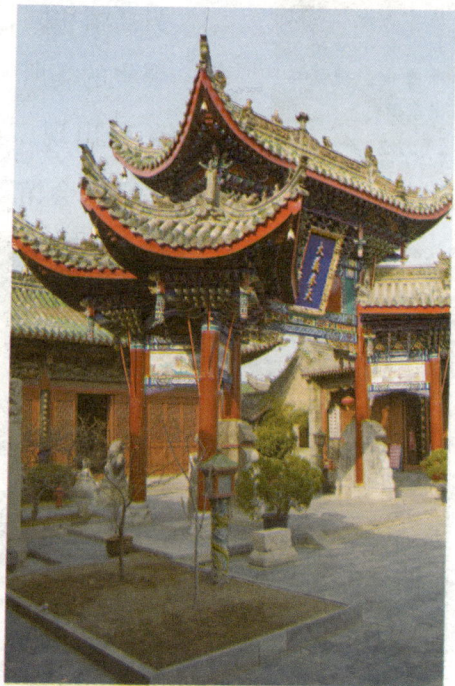

山陕甘会馆

科举 是一种官员选拔制度。是中国古代的一项重要发明，对中国社会和文化均产生了深远的影响。它打破了中国自古在选拔官员时对出身的束缚。科举是中国，乃至世界第一种面向全国大多数人民的公平的官员选拔制度。

举子 科举时代被推荐参加考试的读书人。科举的大致流程是：童生、秀才、举人、贡生、进士。其中童生又称儒童，是对未考取功名的读书人的通称，由各地方主持，可以视之为小学的入学考试，但无年龄限制。

■ 山陕甘会馆

会馆是由流寓客地的同乡人所建立的专供同乡人集会、寄寓的场所。会馆的出现与科举制度有很大关系。

明清时科举考试制度更为严密和完备，每逢"大比之年"，便有各地文武举子进省城或京城应试。另外，还有大批的商人也来到省城和京城做生意。

这些人远行来到省城，到京城路途则更远，一般的人所带盘缠是有限的，在省城、京城投宿，好一些的住宿，价钱则更高，赴考投宿者们大多是拿不出这笔开支的。就是那些做生意的商人，也多付不起昂贵的房租。

由于经济上的原因和乡土观念，促使举子和商人们期望能有一个凭借乡谊且能相互照应的理想住处。于是就有人开始着手建立能供同乡居住、休息场所的事宜。

明嘉靖年间，在北京就开始出现了专供外地人居住、聚集的场所，人们称之为"会馆"。后来这样的会馆不断出现，到了明万历年间，在北京就出现了"其乡各有会馆"的情况。据统计，在整个明代，北

京有会馆将近50家之多。

清王朝建立之后，仍积极推行科举制度，考试的科目和次数都有增加，参加考试的人也越来越多，于是会馆也跟着多了起来。

据清人吴长元《宸垣识略》记载，从清军入关至乾隆年间，北京的会馆就发展到了180多所。到光绪年间，又发展到了将近400所，几乎全国各地在北京都建立了自己的会馆。有的一个县就建立了好几所。

因清朝廷有满人居内城、汉人居外城和内城禁止喧嚣等规定，所以原来在内城的会馆逐渐废除，而南城正阳、崇文、宣武三门一带的商业繁华区则成为会馆最集中的地方。

除北京之外，其他的一些城市也都建有多少不等的会馆，例如苏州，在明万历年间就有了会馆，后来发展到了90多所。到清末，广州、重庆、上海、汉口、天津等地都建有会馆。

会馆的建立主要是出于维护同乡人的利益，其发

吴长元 字太初，浙江仁和人。与吴兰庭齐名，时称"二吴"。著有《宸垣识略》16卷，是根据康熙时朱彝尊编辑的《日下旧闻》和乾隆帝敕编的《日下旧闻考》两书增删重写的。本书提要钩玄，去芜存菁，做了一番爬梳删节的功夫，给读者以不少便利。

山西会馆

起人也不只是商人，其活动的内容也不只限于商务，当然因会馆性质不同其作用也不一样。关于会馆的建立和发起人有如下几种情况：

一是纯属商人发起组建的。这类会馆是商人为了保护本地或本行业商贸利益而建立的。就北京地区来说，早期的会馆都是为赴京投考的人所建，一般是在京任职的官僚集资为其家乡人所建，与商人本身的利益关系不大。

后来，特别是到了清朝，有相当一部分会馆就是由商人发起并出资兴建的了。北京之外的其他城市，由于兴建会馆的时期都比较晚，一开始就是由商人创办。

商人创办会馆的动机，就是使同乡之人在外做生意时有可居住的地方，同时同乡之人聚集在一起，联络感情，增进友谊，更好地团结协助，共同经商。建会馆的最终目的还是为做好生意服务的。

这类会馆建立之后，商人们就以此为活动的场所，无论大小事情都到会馆里来做，当然主要的还是进行与业务有关的活动。比如议论商情、讨论物价及贮存货物等。

清代在天津成立的山西会馆，是地方上有名的大会馆之一。这个会馆是由山西的"十三帮四十八家"巨商组建的。

十三帮包括盐、布、票、铁、锑、锡、茶、皮货、帐、颜料、当行、银号、杂货。他们每年有定期的团拜聚餐，各帮每月有小规模聚会，在聚会中进行商务活动，这已成为惯例。

二是官僚政客与商人共同发起组建的。这类会馆为数较少，它不仅为商人服务，也为官僚士大夫服务。

例如在苏州的江西会馆，由江西的官商于清嘉庆年间合建。

三是由官僚政客发起组建的。这类会馆与商务没有太多的关系，但也有本地商人参加。所建的时期也大都在清末。

他们发起组织会馆时，都是以联络乡谊、共谋同乡福利为号召，实际上是为了笼络同乡，建立自己的集团势力，会馆实际上成了他们从事政治活动的舞台。因此，在这类会馆中，政治空气比较浓厚。

各会馆吸收会员当然是以同乡为主，入会的同乡要经过登记入册，并按时缴纳会费，便有了会员的资格，也有的会馆不缴纳会费，凡是同乡都可成为会馆一员。

会馆的管理制度有以下三种：一是值年制，即由董事轮流负责管

山峡会泽江西会馆

理，每人一年，叫"值年"；二是共管制，即因地域不同，如同是一省，但不同州县，这样便由各方派出相等的人数共同管理；三是董事制，即规定出董事名额，按分配制度，如商界若干名、政界若干名、洋行若干名等，然后经过会员选举产生。

会馆除了商人们聚集联络、商讨业务之外，平时最主要的活动就是搞一些公益事业。也就是说，绝大部分会馆，几乎都把办理善举、对同乡实行救济、妥善安排生老病死作为头等大事。

所以各会馆刚建立便订立公益、救济等一系列的章程和制度。商人外出经商，有的子弟随同而来，为了让这些人受到教育，会馆还设立有义塾、学校，其经费也由同乡捐助。

会馆是商人们所建立的地域性组织，是商人活动的场所，其主要的职能就是联谊并举办一些为同乡服务的公益事业。会馆的性质可以归纳为地域性、商业性、封建性和政治色彩这样一些特点。

会馆是由同乡商人所组建，其成员当然是吸收同乡人，形成了一个以同乡为主的地域性很强的组织。这样做便于同乡人团结，保持同乡人在外经商的利益。

各地经商者的增加，商业活动在不断扩大，到外地经商的越来越

天津广东会馆

■ 新安会馆大厅

多，因此要求建立自己的组织和固定的活动场所是很自然的。

会馆一旦建立，商人们便立刻响应加入，使自己有了一个居住、存货、商讨业务、议定物价等的地方。所以，不管建立会馆的初衷是什么，最终都使其表现出了商业的性质。

封建性主要表现在各个会馆都有自己崇拜的偶像和保护神，供奉着各种各样的神灵。他们所祭祀的神像，有的是本行业的祖师，有的是本乡本土的先贤。如土木商供奉鲁班、医药商供奉三皇、搞海上运输的供奉海神娘娘等。

有些会馆虽有商人参加，但是由官僚政客所组建的，商人参加是以同乡的身份，而不是出于业务上的需要。

有些会馆是由商人发起组建的，但是后来尤其

祭祀 是华夏礼典的一部分，更是儒教礼仪中最重要的部分，礼有五经，莫重于祭，是以事神致福。祭祀对象分为三类：天神、地祇、人鬼。天神称祀，地祇称祭，宗庙称享。祭祀的法则详细记载于儒教的圣经《周礼》《礼记》中，并有《礼记正义》《大学衍义补》等书进行解释。

湖广会馆广东公所

是近代加入了一些有声望的官僚，很快地，会馆的活动为其所把持。

由于会馆是地域性的组织，其人员复杂，业务不一，什么样的活动只要是同乡进行的就有可能在会馆里进行。所以会馆还不是商人最理想的活动场所和纯属于自己的组织。

会馆的主要职能是联谊。随着业务的发展，商人们已不满足于同乡之间的聚会了，而是从商贸业务的角度来谋求发展，于是出现了打破地域界限，以相同的行业组织在一起的团体，这就是公所。

公所的出现大约在清中期。它的出现是以两种组织为基础的，一个就是前面提到的会馆，比较明显的就是清朝乾隆年间之后，大批的会馆转化为公所；再一个就是唐宋时期产生、发展起来的"行"，到明清时期仍然存在。

行是一种由官方对工商业者实行有效管理的组织形式。到了清朝的时候，公所大量出现，一些行也纷纷组建自己的公所。行本身就是以行业为特征组成的，因此与同业组织的公所有相通之处，行组织公所是很自然的事情。

由于公所是以行业为基础组建的，行业划分一般是很细的，所以公所一般也以具体的行业专业为主而建立，不像会馆笼而统之地包括一个地区任何专业的商人或包括一个大行业下所有的商人，比如苏州有个武安会馆，它是以该籍的所有绸缎商为主组建的。

而公所建立的就多了，有绸业、锦缎业、湖绉业、织绒业、绣业、丝业、染丝业等十多个公所。可见其组织划分得更细、专业化更强。

就职能来说，研究商务、开展商务活动是公所最重要的职能。就管理来说，公所在管理上是非常严格的，各种规章制度也比较健全，最突出的就是各所都订有行规。

各公所订立的行规，包括统一业务规范、统一货价、统一工价、限制开业、限制收徒等，其目的就是要限制额外利润，防止行业内外的竞争。因此就性质来说，公所已具备了行会的特征。

商人历来是被人们所歧视，政治地位低下，他们所缺的就是社会对他们的认可。一旦有了大量的物质财富，商人们就以他们的钱财兴办一些公益事业，搞一些义举活动。

比如修路、筑桥、兴水利。这些活动主要是在商人的家乡进行的，也有居住在外地的商人，出资在当地兴办公益的。

商人们用钱财修路筑桥，在很多的材料中都记载着被修筑的路、桥以出资商人命名的情况。

徽州休宁县一位叫汪五就的商人，小时贫困，后来经商发了财，

湖广会馆联嘉会古画

他的家乡只有一千米长的土堤，有些坍塌，他便出资建了牢固的石堤。乡亲们便为他树碑立祠，称这段堤坝为"五就公堤"。

岩寺一商人叫佘文义，为了便利行人，捐资4000两白金，在岩镇水口修建了一座石桥，人们称这座桥为"佘公桥"。他活了80多岁，一生中办了很多好事，史料记载他："置义田、义屋、义塾、义冢。以赡族济贫，所费万缗。"

再如建宗祠、办义学、开设书院。商人经商活动与宗族之间的关系是非常密切的，在聚族而居的地区，其经商者往往都得到宗族的支持，比如开始经商时，其资本有的是宗族内部凑集的，经商者使用的伙计、助手等也往往是族内之人。

其实商人们也有着自己的考虑，他们的财富离不开朝廷的支持，有时他们就是凭借着朝廷给予的特权而业盐致富的。所以拿出钱来支持朝廷，对他们来说是一桩不亏本的买卖，事后朝廷会给予他们更多的特权，会赚更多的钱财。

商人的义举，客观上促进了民间公益事业的发展，弥补了朝廷在这方面投资的不足。

阅读链接

明清时期，曾有不少名人居住或活动在会馆。

例如：明代名相张居正，其故室是全楚会馆；清初学者朱彝尊所写北京史专著《日下旧闻》，就是在北京顺德会馆内的古藤书屋编纂的；近代著名诗人和思想家龚自珍，其故居在北京宣外上斜街番邑会馆；清末戊戌变法的主要人物梁启超，18岁入京赴春闱，住在北京永光寺西街的广东新会新馆；鲁迅先生曾在南半截胡同的绍兴县馆内居住长达十年之久，他的《狂人日记》等作品，就是在这里写成的。

印纺工业

历代纺织与印染工艺

上古时期

上古时期一般指夏、商、周三代，由于在秦王朝建立以前，因此这一时期又叫先秦时期。这一时期，中国的纺织、印染技术均取得了较大进步，它是中国古代纺织史的重要组成部分。

先秦时期的印染与纺织工艺，是中国纺织业的滥觞期。中国古代劳动人民在生产、生活实践中不断探索，逐步发现了用于印染和纺织的材料，创造性地开发和利用这些材料，掌握了印染工艺技术和染色工艺技术。对中国古代纺织的发展产生了重大的影响。

先秦印染原料与印染技术

　　中国古代用于给织物着色的材料概括起来有天然矿物颜料和植物染料两大类。矿物颜料即是无机颜料，是无机物的一类，属于无机性质的有色颜料。植物染料是指利用自然界之花、草、树木、茎、叶、果实、种子、皮、根提取色素作为染料。

　　中国很早就利用矿物颜料和植物染料对纺织物或纱线进行染色，并且在长期的生产实践活动中，总结掌握了各类染料的制取、染色等工艺技术，生产出五彩缤纷的纺织品，丰富了古人的物质生活。

■ 古代绿地染缬绢

■ 古代矿物颜料朱砂

中国在服装上着色的历史就是从矿物颜料的利用开始的，其渊源可追溯至新石器时代的晚期。而自此以后的各个时期，由于它们不断地被人们所采用，终于发展成历代以彩绘为特点的特殊衣着上色所需的原材料。

先秦时期矿物颜料的品种主要有赭石、朱砂、石黄、空青、铅白等，分属红、黄、绿、蓝色系。

赭石的主要成分是呈暗红色的三氧化二铁，在自然界中分布较广，是中国古代应用最早的一种红色矿物颜料。

1963年，在发掘江苏省邳县四户镇大墩子四千多年前的文化遗址时，出土了四块赭石，其上有明显的研磨痕迹，说明当时中国已开始利用矿物颜料了。

至春秋战国时，赭石由于色泽逊于其他红色染料，逐渐被淘汰，但仍被用来做监狱囚衣的专用颜

新石器时代 始于距今八千年前的人类原始社会母系氏族的繁荣时期。以磨制的石斧、石锛、石凿和石铲，琢制的磨盘和打制的石锤、石片、石器为主要工具。在考古学上是石器时代的最后一个阶段，即以使用磨制石器为标志的人类物质文化的发展阶段。

印染原料雄黄

源远流长的历史文化

孔雀石 一种古老的玉料。中国古代称孔雀石为"绿青""石绿"或"青琅玕"。孔雀石由于颜色酷似孔雀羽毛上斑点的绿色而获得如此美丽的名字。孔雀石产于铜的硫化物矿床氧化带，常与其他含铜矿物共生。

料。后来"赭衣"成为囚犯的同义词。

朱砂又名丹砂，主要成分是红色硫化汞，属辉闪矿类，在湖南、湖北、贵州、云南、四川等地都有出产，是古代重要的矿物颜料。

中国利用朱砂的历史很早，在青海乐都柳湾原始社会时期墓葬中曾发现大量的朱砂，在北京琉璃河西周早期墓葬、宝鸡茹家庄西周墓中，也都发现过有朱砂涂抹痕迹的织物残片。

朱砂的色泽比赭石鲜艳，色牢度又好。在制作朱砂的过程中，会出现多种红色，上层发黄，下层发暗，中间的朱红色彩最好。

石黄分雌黄和雄黄，用于颜料的多为雄黄，化学成分为三硫化二砷，其颜色为橙黄色，半透明，是天然的黄色染料。石黄是红光黄，色相丰满纯正，色牢度好。陕西宝鸡茹家庄出土的西周刺绣印痕上有石黄颜料的遗残。

空青作为矿石是有名的孔雀石，作为颜料又名"石绿"，是含有结晶水的碱式碳酸铜，结构疏松，研磨容易，色泽翠绿，色光稳定，耐大气作用性能好，是很重要的矿物质。

另一种碱式碳酸铜矿石是蓝铜矿，又名"石青""大青""扁青"，可作为蓝色矿物颜料。

铅白又名"胡粉""粉锡"，成分为碱式碳酸铅。蜃灰也是传统的白色涂料，可用于织物或其他器物的涂料。

植物染料和矿物颜料虽然都是设色的色料，但它们的作用却是很不相同的。以矿物颜料着色是通过黏合剂使之黏附于织物的表面，其本身虽具备特定的颜色，却不能和染色相比，所着之色也经不住水洗，遇水即自行脱落。

植物染料则不然，在染制时，其色素分子由于化学吸附作用，能与织物纤维亲合，从而改变纤维的色彩，虽经日晒水洗，均不脱落或很少脱落，故谓之"染料"，而不谓之"颜料"。

利用植物染料，是中国古代染色工艺的主流。自周以来的各个时期生产和消费的植物染料数量相当大，其采集、制备和使用方法，值得称道之处也极多。

春秋战国时期，中国的草染技术已经相当成熟。从染草的品种、采集、草染染色工艺、媒染剂的使用，都形成了一套管理制度。

古代使用过的植物染料种类很多，单是文献记载的就有数十种，现在我们仅就几种比较重要的常用染料来谈一谈。

蓝草，一年生草本，学名蓼蓝。它茎叶含有靛苷，这种物质经水解发酵之后，能产生靛白，当靛白经日晒、空气氧化后缩合成有染色功能的靛蓝。在古代使用过的诸种植物染料中，它是应用最早、使用

■ 博物馆染色的丝绸藏品

古代染坊

荀况（约前313—前238），战国末期赵国人。著名的思想家、文学家、政治家，儒家代表人物之一。时人尊称"荀卿"。荀子对儒家思想有所发展，他提倡性恶论，其学说常被后人拿来跟孟子的"性善说"比较，荀子对重新整理儒家典籍也有相当显著的贡献。

最多的。

利用蓝草染色的历史，据记载，中国夏代已经种植蓝草了。至春秋战国时期，采用发酵法还原蓝靛，这就可以用预先制成的蓝泥染出青色来。荀况的《荀子·劝学》篇有"青取之于蓝而青于蓝"的说法。

蓝靛的制作方法是把蓝草叶浸入水中发酵，蓝苷水解溶出，即成吲哚酚，再在空气中氧化沉淀缩合成靛蓝泥，即可贮之待用。靛蓝染布色泽浓艳，牢度好，一直流传至今。

茜草，又名"茹藘"和"茅搜"，是中国古代长期使用的植物染料。战国以前是野生植物。《诗经》记载："茹藘在阪""缟衣茹藘"，前者是说它生长在山坡上，后者是说它的染色。

茜草是一种多年生攀缘草本植物，春秋两季皆能收采。收采后晒干储藏，染色时可切成碎片，以热水煮用。

茜草属于媒染染料，所含色素的主要成分为茜素和紫素。如直接用以染制，只能染得浅黄色的植物本色，而加入媒染剂则可染得多种红色调。

出土文物证明，古代所用的媒染剂大多是含有铝离子较多的明矾。这是因为明矾水解后产生的氢氧化铝和茜素反应，能生成色泽鲜艳、具有良好附着性的红色沉淀。

在长沙马王堆汉墓出土的"深红绢"和"长寿绣袍"的红色底色，经化验即是用茜素和媒染剂明矾多次浸染而成的。

紫草在《尔雅》中称为"茈草"。它属于紫草科，是多年生草本植物，8月至9月茎叶枯萎时采掘，紫草根断面呈紫红色，含紫色结晶物质乙酰紫草宁，可作为紫色染料。紫草宁和茜素相似，不加媒染剂，丝毛麻纤维均不着色，加椿木灰、明矾媒染，可染得紫红色。

荩草茎叶中含黄色素，主要成分是荩草素，是黄酮类媒染染料，可直接染丝纤维，以铜盐为媒染剂可得鲜艳的绿色。

除上述植物外，古代还以狼尾草、鼠尾草、五倍子等含有鞣质的植物作为染黑的主要材料。

中国的染色技术起源很早，《诗经》中有不少记述当时人们采集染料染色，以及描绘所染织物色彩美丽的诗篇。

《小雅·采绿》的译文是：从早到晚去采蓝，采得蓝草不满

蓝色染布

裳。从早到晚去采绿，采得绿草不满掬。

《豳风·七月》的译文是：七月里伯劳鸟儿叫得欢，八月里绩麻更要忙。染出的丝绸有黑也有黄，朱红色儿更漂亮，给那阔少爷做衣裳。

《郑风·出其东门》的译文是：东门外的少女似白云，白云也不能勾动我的心，身着白绸衣和绿佩巾的姑娘啊，只有你才使我钟情。瓮城外的少女像白茅花，白茅花再好我也不爱她。那身穿白绸衫和红裙子的姑娘呀，只有和你在一起我才快乐。

将采集的植物染料变为各种艳丽的色彩，《诗经》中描绘当时织物的颜色，真可谓五彩缤纷。

《诗经》和同时期其他文献中出现众多的色彩名称，表明中国一直延续使用了两千多年的多次浸染、套染、媒染工艺，是从这个时期迅速发展普及起来的。

多次浸染法是根据织物染色的深浅要求，将织物反复多次地浸泡在同一种染液中着色。常见的为靛蓝的染色，每染一次色泽加深些。用茜草及紫草染色时，也是一样，再染一次，色泽也变化一次。

套染法的工艺原理和多次浸染法基本相同，也是多次浸染织物。只不过是浸入到两种以上不同的染液中，以获得各种色彩的中间色。

如染红之后再用蓝色套染就会染成紫色，先以靛蓝染色之后再用黄色染料套染，就会得出绿色；染了黄色以后再以红色套染就会出现橙色。

《诗经》对当时染色情况的描述，还说明中国远在三千多年前已获得染红、黄、蓝三色的植物染料，并能利用红、黄、蓝三原色套染出五光十色的色彩来。

《淮南子》记载：染者先青而后黑则可，先黑而后青则不可。另外当时的人们也已知道，青与黄可合为绿色，但以藤黄合靛青则为绿，即用不同的青色与黄色染料，合成的绿色也不相同。

媒染染色已成为先秦时期的植物染色中最为主要的内容。

媒染法是借助某种媒介物质使染料中的色素附着在织物上。

这是因为媒染染料的分子结构与其他各种染料不同，不能直接使用，必须经媒染剂处理后，方能在织物上沉淀出不溶性的有色沉淀。

媒染染料的这一特殊性质，不仅适用于染各种纤

《淮南子》 又名《淮南鸿烈》《刘安子》，刘向校定时名"淮南"，是西汉淮南王刘安及其门客李尚、苏飞、伍被、左吴、田由等八人，仿秦吕不韦著《吕氏春秋》，集体撰写的一部著作。这部书的思想内容接近于道家，同时夹杂着先秦各家的学说。

■ 古人纺织图

维，而且在利用不同的媒染剂后，同一种染料还可染出不同的颜色。

比如蓝草中所含的蓝苷水解溶出，即成引哚酚，在空气中氧化缩合成靛蓝。

先秦时采用的是鲜叶发酵染色法，将蓝草叶和织物糅在一起，蓝草的叶子被揉碎，液汁就浸透织物；或者把布帛浸在蓝草叶发酵后澄清的溶液里，然后晾在空气中，使引哚酚转化为靛蓝。

可见先秦时期蓝草的染色工艺已经相当成熟，掌握了通过多次染色得到深色的工艺。

媒染染料较之其他染料的上色率、耐光性、耐酸碱性以及上色牢度要好得多，它的染色过程也比其他染法复杂。媒染剂如稍微使用不当，染出的色泽就会大大地偏离原定标准，而且难以改染。必须正确地使用，才能达到目的。

总之，先秦时期的印染原料和印染工艺，都是从染工们长期的生产实践中总结出来的知识，为中国古代印染技术的发展奠定了基础。

阅读链接

中国的染色技术早在两三千年前就已具备了很高的水平，并且已有了专门从事染色的染匠。

据古书记载，西周武王去世后，周公遂以冢宰的身份辅佐周成王，摄政七年以后，周成王年长，周公于是归政周成王。

周公在摄政时，设置了许多国家机关来处理全国的政事，旧称"六官"，即天官、地官、春官、夏官、秋官和冬官。

在天官下设有一个叫"染人"的官职，专门负责给物品染色；在地官下设有一个叫"掌染草"的官职，专管染料的征集和加工。

先秦时期主要纺织原料

世界各国纺织的发展，都是先从野生纤维的利用开始的，中国也是这样。先秦时期用于纺织的纤维原料可分为植物纤维和动物纤维两大类。先秦时期最初采用的都是野生的动植物纤维，后来人们经过长期实践，开始种植植物、饲养动物，以此来获取纺织纤维。

其中，植物纤维大多为葛、麻等韧皮类植物纤维。由于葛纤维吸湿散热性较好，织物特别适宜做夏季服装，因而成为先秦时期纺织的重要原料之一。动物纤维是由一些野生动物的毛、丝等加工成的纤维，这类织物质地松软，保暖性好，故也成为先秦时期纺织的重要原料。

■ 天然彩色蚕丝

■ 纤维织物

旧石器时代 旧石器时代指人类以石器为主要劳动工具的早期时代，从距今二百六十万年延续到一万多年以前。旧石器时代的人类依靠采集坚果、浆果和种子来维持生存。旧石器时代人类的最大进展是在智力方面。人脑有了抽象思维的能力。在旧石器时代，人类首次创造了艺术，如岩画等。

先秦时期的植物纤维和动物纤维主要为葛、麻、毛、丝等。其中麻纤维中的苎麻是中国特有的，在国内外享有盛誉，被誉为"中国草"。蚕丝的发现与使用，是中国对世界文明做出的杰出贡献之一。

葛是一种蔓生植物，又名葛藤，有块根，有小叶三片，夏季开紫色蝴蝶花。多生长在丘陵地带，在中国很多地区都有分布，是中国古代最早采用的纺织原料之一。

早在旧石器时代，人们已经开始利用葛。经过长期的生产、生活实践，人们从最初食用葛根块，到用其藤条捆扎东西，逐渐掌握了分离葛纤维并加以利用的方法。

1972年，在江苏省草鞋山新石器时代遗址中出土了三块织物残片，据上海纺织科学研究院分析，就是用葛纤维制成的。由此可以推测，最迟在新石器时代晚期，人们已经利用葛纤维来生产织物。

中国古代文献中关于葛的记载是很多的。《诗经》中涉及葛的种植和纺织的就有几十处。《越绝书·越绝外传记越地传》中有吴越时期种葛的记载：

> 葛山者，勾践罢吴，种葛，使越女织葛布，献于吴王夫差。

明确记载了葛的人工种植。据记载，周代专门设立了"掌葛"的官吏，来掌管葛类纤维的种植和纺织。这些都说明最迟至周时，人们已经非常熟练地掌握了葛的使用技术。

古籍中说道："刈取之，于是漫煮之，煮制已迄，乃缉绩之，为编为络。"意思是将葛藤割下以后放在热水中煮烂，然后在流水中清洗干净，提取其纤

■ 用来提取纤维的葛根

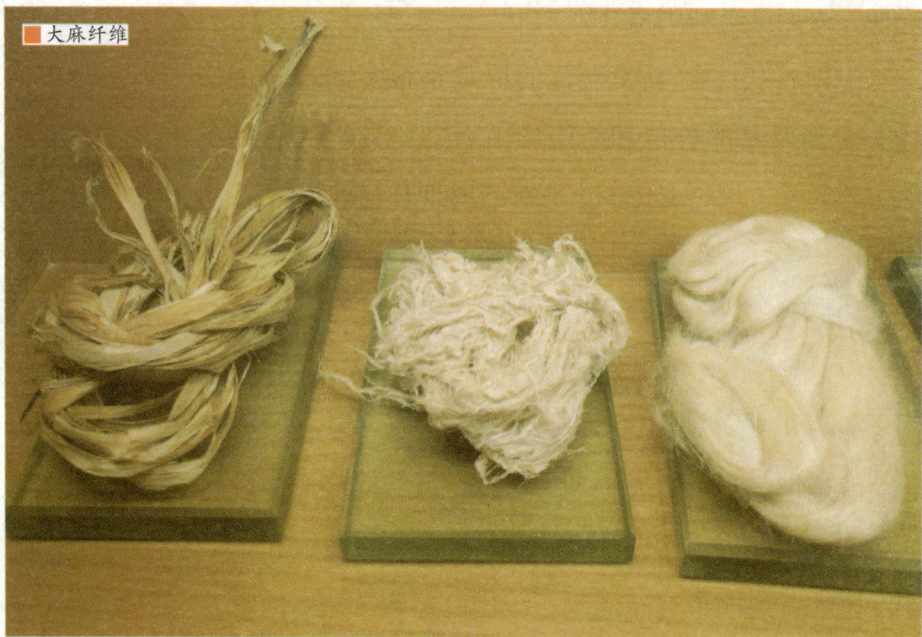

大麻纤维

维后成纱，用于织布。

麻纤维是先秦时期用来纺织的植物纤维中用得最多的。该时期主要的麻纤维是苎麻、大麻、苘麻。

苎麻是荨麻科雌雄同株的多年生草本植物，喜欢生长在比较温暖和雨量充沛的山坡、阴湿地等处，多分布在南方各地和黄河流域的中下游地区，茎皮中含有70%~80%的纤维。

苎麻茎皮纤维洁白细长，柔而韧，具有较强的吸湿、透气性，是中国古代特有的纤维，被称为"中国草"。河姆渡出土的一部分草绳就是用苎麻制成的，同时还有完整的苎麻叶出土。

1985年，钱山漾出土了一些苎麻织物残片，表明中国四五千年前已经开始使用苎麻。

在《禹贡》《周礼》《诗经》《礼记》《左传》《战国策》等有关先秦时期的古籍中，都有许多关于苎麻的记载。这些都表明，苎麻是中国先秦时期主要的纺织原料。

大麻又称"火麻""疏麻"，是属于桑科雌雄异株的一年生草本植物，雌株花序呈球状或短穗状，雄株花序呈复总状，雄株麻茎细长，成熟较早，韧皮纤维质量好。大麻分布在中国绝大部分地区，其利用也是很早的。

河南郑州大河村新石器时代遗址中出土的大麻种子，甘肃东乡林家公元前3000年左右马家窑文化遗址出土的雌麻种子，都证明当时已经开始人工种植大麻。

大麻的人工种植在先秦时期已经相当普遍，周代时还专门设立了"典枲"部门来掌管大麻的生产。在《诗经·王风》中有"丘中有麻"的记载，可知当时麻的种植是纵横成行的。

《诗经》《禹贡》《周礼》等书中将大麻雌株称为"苴""蓂"，雄株称为"枲""牡麻"，质量较差的雌株纤维织较粗的布，质量较好的雄株纤维织较细的

马家窑文化

1923年首先发现于甘肃省临洮县的马家窑村，故名。马家窑文化是仰韶文化向西发展的一种地方类型，出现于距今五千七百多年的新石器时代晚期，有马家窑、半山、马厂等类型。主要分布于黄河上游地区及甘肃、青海境内的洮河、大夏河及湟水流域一带。

■ 古代苎麻

古代采桑彩绘砖

布。由此可知当时对大麻的雌雄异株现象、雌雄纤维的纺织性能都有了较深的认识。

苘麻是一年生草本植物，茎皮多纤维，也是先秦时期常用的纺织原料，在中国大部分地区都有生产。苘麻纤维的纺织性能不佳，主要用来制作绳索或丧服。

上述各类麻纤维中，以苎麻的质量最好。苎麻纤维细长、坚韧、平滑、洁白有光泽，有良好的抗湿、耐腐、散热性。在以后各个时期，都被不断应用在纺织生产中。

先秦时期，除了葛、麻纤维外，还有其他一些植物纤维也常常被利用，如楮、薜等。楮又叫"毂"，是一种落叶乔木，楮皮纤维细而柔软，坚韧有拉力，在周代广泛种植。薜又叫"山麻"，周代可能用过，但还没有确切的记载。

动物毛纤维，也是先秦时期重要的纺织原料之一。中国利用毛纤维纺织的历史和利用各种植物纤维的历史一样悠久，可以追溯至新石器时代。

由于毛纤维易腐烂，在地下难以长久保存，因此早期的毛纺实物出土不多，而且出土地点也都集中在比较干燥的地方。

1957年，在青海柴达木盆地南端，发掘和收集了西周初期的毛织品，以平纹居多，有黄褐和红黄两色相间的条纹织品，也有未染色的素织品，织物表面覆盖着经纱，细密光滑，保暖防风。

　　同时出土的还有一块毛织物，捻度小，经纬密小，质地松软，保暖性好。

　　1979年，在新疆哈密一个商代墓葬里，发现了一批毛织物和毛毡。在距今3800年的新疆罗布泊古墓沟和罗布泊北端铁扳河墓葬中出土了山羊毛、骆驼毛、牦牛毛织品及毛毡帽。

　　这些出土实物表明，中国劳动人民早在距今4000年前就已经掌握了毛纺织技术，至商周时期毛纺织技术已达到一定水平。

　　有关毛纤维的利用在先秦文献中也有很多记述。《诗经·王风》中有"毳衣如菼""毳衣如璊"的记载，说的是用染过颜色的兽毛织物做成衣服，就像碧绿的荻草和鲜红的美玉一样漂亮。

　　先秦时期选用的毛纤维种类比较多，凡是能够得到的各种野兽和家畜的毛，都在选用之列。后来经过长期实践，才选出羊毛等少数几种毛纤维。

　　中国桑蚕丝绸生产的历史非常悠久，但在商代以前没有文字记载，只是给后世留下了一些神话和传说，有盘古、伏羲、女娲、神

蚕丝

农、黄帝以及其妻嫘祖、蚩尤、舜等。

从出土文物来看，中国先民早在6000多年前就对蚕的许多特点有了较深的认识，甚至可以加以利用，丝绸技术已经相当成熟。

蚕有桑蚕、柞蚕之分。桑蚕食桑树叶，故名"桑蚕"；柞蚕食柞树叶，故称"柞蚕"。所谓蚕丝就是由蚕体内一对排丝腺分泌出来的胶状凝固物。主要有两种：一为桑蚕丝，一为柞蚕丝。

桑蚕丝指桑蚕在化蛹前结茧时吐的丝，大都呈白色，光泽良好，手感柔软，供纺织丝绸用；柞蚕丝是指柞蚕吐的丝，原为褐色，缫成丝后呈淡黄色。柞蚕丝较桑蚕丝粗，不易漂染，常用于织柞蚕丝绸。

蚕丝以其强韧、纤细、光滑、柔软、有光泽、耐酸等许多优点在众多的纺织原料中独树一帜，享有盛誉。它是中国古代劳动人民对世界文明的主要贡献之一。

阅读链接

古籍《汉唐地理书钞》《搜神记》中都记载了马头娘娘的传说。

讲的是蜀地一位姑娘的父亲为人所掠，其妻救夫心切，许愿说谁能马上将丈夫找回，就将女儿许配给谁。

她家的马闻言后脱缰而起，很快就将姑娘的父亲找回家。后来马见了姑娘就咆哮不止，男主人就将马杀了，将马皮晒于门外。

有一天，姑娘在外玩耍，忽然刮起一阵狂风，马皮便卷了姑娘飞上天空。

10天后，那姑娘裹着马皮，落在大树上变成蚕吐丝作茧，后人即称蚕为"马头娘娘"。

秦汉至隋唐是中国历史上的中古时期。这一时期，随着生产力的发展，纺织工艺和印染工艺都有了极大的进步，并在当时处于世界领先地位。

秦汉时期，彩绘和印花技术水平都有了很大提高，纺织机械也处于世界前列。隋代的织造技术和图案纹样均发生了重大变化。到唐代，丝织和印染工艺及刺绣都有了质的飞跃。

中古时期，中国的印纺工艺风格已初步形成，在中国手工业史上占有重要地位。

初显风格

中古时期

秦汉时期的纺织技术

随着农业的发展，秦汉时期的手工业也很快地发展。纺织技术较前代更为先进，各种纺织品的质量和数量都有很大提高。纺织品不仅数量大，而且花色品种也已十分丰富。

秦汉时期的纺织机械，在当时世界上处于遥遥领先的地位。中国花本式提花机出现于东汉，又称"花楼"，它是中国古代织造技术最高成就的代表，而西方的提花机是从中国传去的，使用时间比中国晚四个世纪。

■ 古代织机模型

■ 古代纺织塑像

秦汉时期，纺织手工业规模都很大，谚语说道"一夫不耕或受之饥，一女不织或受之寒"。

当时的纺织原材料以麻、丝、毛为主，形成了独具特色的丝织工艺、麻织工艺和毛织工艺。此外，这一时期的棉花纺织技术也有一定的发展。

秦汉时期的丝织工艺有了新的发展。由于当时社会生产力的进一步提高，苎麻的栽培和加工技术都有了提高。

经过对出土文物的化验证实，当时已用石灰、草木灰等碱性物质来煮炼苎麻，进行化学脱胶。这不仅使纤维分离得更精细，可以纺更细的纱，织更薄的布，而且大大缩短了原来微生物脱胶的周期，提高了生产效率，为苎麻的广泛应用创造了条件。

马王堆汉墓出土的纺织品中，有一部分是麻织物。其中有灰色细麻布、白色细麻布和粗麻布，质

马王堆汉墓 位于湖南省长沙市区东郊4千米处的浏阳河旁的马王堆乡，是西汉初期长沙国丞相利苍的家族墓地，1972—1974年先后在长沙市区东郊浏阳河旁的马王堆乡挖掘出土三座汉墓。此汉墓为研究西汉初期历史、文化和社会生活等方面，提供了极为重要的实物资料。

古代丝织品龙袍

地细密柔软，白色细麻洁白如练，灰色细麻布灰浆涂布均匀，布面平整而又有光泽。

麻织物的原料经鉴定是大麻和苎麻，细麻布的单纤维比较长，强度和韧性也比较好。最细的一块苎麻布，单幅总经数达 1734～1836 根，相当于 21～23 升布，是中国首次发现的如此精细的麻织物。

这些麻布的色泽和牢度，均和新细麻布一样。由此可见，当时从育种、栽培、沤麻、渍麻、脱胶、漂白、浆碾、防腐以及纺、织等技术，都已达到了相当高的水平。

秦汉时期的丝织工艺由于专业织工们在实践中不断地积累经验，改进技术，所以丝织物从纺、染、绣工艺至花纹设计，都有了空前的提高和发展。

汉代是中国丝绸的繁荣期，中国丝绸史上的很多重大事件都发生在这一时期。如提花机的重大改进，丝绸品种、丝绸纹样的丰富多样，织物上出现吉祥寓意的文字，西北丝绸之路的开通等。

汉时丝织在缯或帛的总称下，有纨、绮、缣、绨、缦、縠、素、练、绫、绢、縠、缟，以及锦、绣、纱、罗、缎等数十种。这说明当时织造技术达到了纯熟的境地。

丝绸之路 起始于古代中国的政治、经济、文化中心古都长安，连接亚洲、非洲和欧洲的古代陆上商业贸易路线。它沿绿洲和帕米尔高原通过中亚、西亚和北非，最终抵达非洲和欧洲。它也是一条东方与西方之间经济、政治、文化进行交流的主要道路。

特别值得重视的是汉代出现了彩锦，这是一种经线起花的彩色提花织物，不仅花纹生动，而且锦上织绣文字。马王堆西汉大墓出土的丝绸珍品，最能证实汉时丝织的繁荣历史。

马王堆汉墓出土的丝织品数量之大，品种之多，质量之高，都是过去罕见的，仅一号墓内出土的纺织品和服饰品就多达二百余种，而且都色彩绚丽、工艺精湛。

包括棉袍、夹袍、单衣、单裙、袜、手套、组带、绣枕、香囊、枕巾、鞋、针衣、镜衣、夹袄、帛画等衣物饰品、起居用品和丝织品。织绣品种包括绢类、方空纱、罗类、绮类、经锦、绒圈锦、绦、组带、金银泥印花纱、印花敷彩纱、刺绣等很多种类。

这些文物尤其反映了汉代丝织品在缫丝、织造、印染、刺绣、图案设计方面达到的高度。通过这些典型的国宝级的文物，就可窥见当时精湛的工艺水平和设计思想。

经鉴定，丝织品的丝的质量很好，丝缕均匀，丝面光洁，单丝的投影宽度和截面积同现代的家蚕丝极为相近，表明养蚕方法和缫、练

古代素纱衣

源远流长的历史文化

植绒 中国的传统工艺，其原理是利用电荷同性相斥异性相吸的物理特性，使绒毛带上负电荷，把需要植绒的物体放在零电位或接地条件下，绒毛受到异电位被植物体的吸引，呈垂直状加速飞升到需要植绒的物体表面上，由于被植物体涂有胶粘剂，绒毛就被垂直粘在被植物体上。

蚕丝的工艺已相当进步。

薄如蝉翼的素纱织物，最能反映缫丝技术的先进水平。如一号汉墓出土的素纱蝉衣，长1.6米，两袖通长1.91米，领口、袖头都有绢缘，而总重量只有48克，纱的细制是可想而知的。

这样的丝，如果在缫丝工艺、设备、操作各方面没有一定水平，是根本生产不出来的。

秦汉时期，毛纺织业也进入了一个较快的发展时期，出现了各种织毯工艺。

20世纪初，英国人斯坦因在新疆罗布泊地区的汉墓中，发现了西汉时期的打结植绒的地毯残片，这是迄今为止中国出土最早的植绒地毯实物，距今已有2200多年。

在当时，丝绸之路的开通，加速了中原与西域之间的商贸流通。西北民族已掌握了一种用纬纱起花的毛织技术，特别适用于蓬松疏散的毛纱，织造各种有花纹的毛织物。

随着社会生产的发展，毛毯的编织技术也越来越精细。西北优良的毛织品和织造技术通过丝绸之路传入中原地区，逐渐在中原流行。

此外，汉代还把毛织成或擀成毡褥，铺在地上，这是地毯的开端。汉画像石砖中就反映了当时民间室内普遍使用的地毯。

秦汉时期的棉织技术有了发展。

棉花种植最早出现于古代印度河流域，据史料记载，至少在秦汉时期，棉花传入中国福建、广东、四川等地区。

棉布在中国古代称"白叠布"或"帛叠布"，原产于中国的西域、滇南和海南等边远地区，秦汉时才逐渐内传到中原。

秦汉时期的海南岛，黎族同胞就以生产广幅布而闻名，这就是棉布。而这一时期的齐鲁大地，是当时产棉的中心，当地的民间纯棉手工纺织品一枝独秀，"齐纨鲁缟"号称"冠带衣履天下"。

秦汉时期，纺织

缫丝 将蚕茧抽出蚕丝的工艺概称缫丝。原始的缫丝方法，是将蚕茧浸在热盆汤中，用手抽丝，卷绕于丝筐上。盆、筐就是原始的缫丝器具。长期以来，缫丝工具改进缓慢，直至清末，上海地区的缫丝，采用改进后的浙江七里缫丝车，但仍无加捻装置，成丝粗细不匀、断头多，直至近代机织的出现。

■ 古代棉布制品

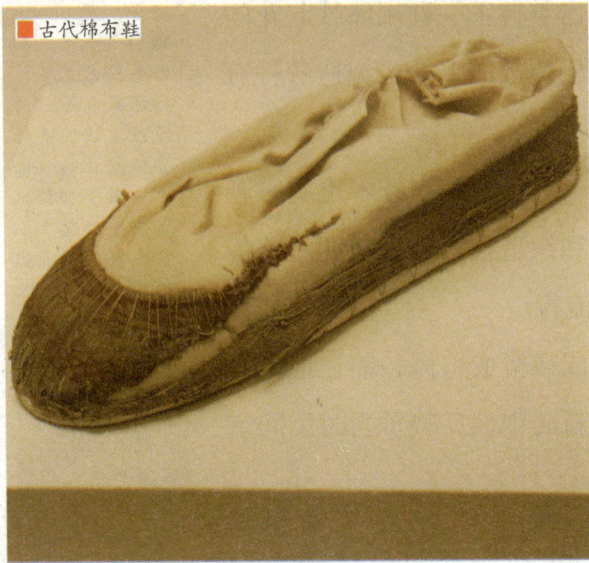
古代棉布鞋

机械主要有手摇纺车、踏板织布机，在织机经过不断改造的基础上，还造出了更为先进的花本式提花机等纺织机械。

手摇纺车是由一个大绳轮和一根插置纱锭的铤子组成，绳轮和铤子分装在木架的两端，以绳带传动。手摇纺车既可加捻，又能合绞，和纺坠相比能大大提高制纱的速度和质量。

纺车自出现以来，一直都是最普及的纺纱机具，即使在近代，一些偏僻的地区仍然把它作为主要的纺纱工具。

踏板织布机，由滕经轴、怀滚、马头、综片、蹑等主要部件和一个适于操作的机台组成。

由于采用了机台和蹑，操作者有了一个比较好的工作条件，可用脚踏提综，腾出手来更快地投梭引纬和打纬，从而提高了织布的速度和质量。

这是织机发展史上一项重大的发明，它将织工的双手从提综动作中解脱出来，以专门从事投梭和打纬，大大提高了生产效率。

花本式提花机出现于东汉，又称"花楼"。它是中国古代织造技术最高成就的代表。它用线制花本贮存提花程序，再用衢线牵引经丝开口。

花本是提花机上贮存纹样信息的一套程序，它是由代表经线的脚子线和代表纬线的耳子线根据纹样的要求编织而成的。

明代宋应星《天工开物》中写道：

古人纺纱图

> 凡工匠结花本者，心计最精巧。画师先画何等花色于纸上，结本者以丝线随画量度，算计分寸而结成之。

引文意思是说人们如果想把设计好的图案重现在织物上，得按图案使成千上万根经线有规律地交互上下提综，几十种结线有次序地横穿排列，做成一整套花纹装置。

花本结好，上机织造。织工和挽花工互相配合，根据花本的变化，一根纬线一根纬线地向前织，就可织出瑰丽的花纹来。花本也是古代纺织工匠的一项重要贡献。

花本式提花机后经丝绸之路传入西方。

阅读链接

据说西汉时钜鹿人陈宝光之妻发明织花机。

陈宝光之妻曾经在汉宣帝时在大司马霍光家传授蒲桃锦和散花绫的织造技术，她所用的绫锦机有120综120镊，六十日成一匹，匹值万钱。

汉代织花机的出现，能够织出五彩缤纷的花纹和薄如蝉翼的舞衣，使纺织技术有了很大提高，也丰富了这一时期的舞蹈艺术。

公元59年，汉明帝率公卿大臣祭天地时所穿的五色新衣，就是织花机织出来的。根据历史记载印证，这一传说反映了东汉时中原地区丝织技术的水平。

秦汉时期的染织技术

秦汉时期，由于生产力的发展，染织工艺有着飞跃的发展。染织工艺的进步是服装质量得以提高的基础。当时人们对服饰日益讲究，着装也渐趋华丽。很多出土文物都证明了这一点。

秦汉时期的染料更加丰富，染色工艺已很发达，有一染、再染、蜡染、加深加固颜色等技术。秦汉时期的染织业在战国的基础上发展成历史上空前的繁盛期。

彩绘和印花技术也取得了突破性进展，其中凸版印花技术充分反映了中国秦汉时期的印染技艺水平。

■ 西汉时期的棉袍

秦汉时期的染料，无论是植物性染料、动物性染料还是矿物性染料的运用，都取得了很高的成就。

中国古代染色的染料大都是天然矿物或植物染料，而以植物染料为主。古代将原色青、赤、黄、白、黑称为"五色"。将原色混合可以得到间色，也就是多次色。

■ 青色染布

在秦汉时期，将织物染成青、赤、黄、白、黑的颜色，已经有一套成熟的技术。

青色主要是用从蓝草中提取的靛蓝染成的。东汉时期，马蓝已成为中国北方重要的经济作物。在河南省陈留一带有专业性的产蓝区。

东汉末年的学者赵岐，路过陈留，看见山冈上到处种着蓝草，就兴致勃勃地写了一篇《蓝赋》，并在序中说："余就医偃师，道经陈留，此境人皆以种蓝染为业。"

赤色主要用茜草染红。汉代大规模种植茜草。当时又从西域传入一种染红色的红花。用茜草染成的红色叫"绛"，接近于现代所谓的土耳其红。而用红花染成的红色叫"真红"，有"红花颜色掩千花，任是猩猩血未加"之誉。

黄色主要是用栀子来染。栀子的果实含有花酸的

《汉官仪》汉官典职仪式选用，是两汉典章制度的汇集。今本两卷，汉应劭撰，成书于东汉末年。因当时战乱不已，旧章湮没，劭便缀集旧闻成是书，并作为朝廷典章制度之参考。内容大体包括：汉官源流、职掌、爵秩、官佚；郊祀、封禅、上陵、籍田礼仪以及舆服、玺绶、刑制、军事等。

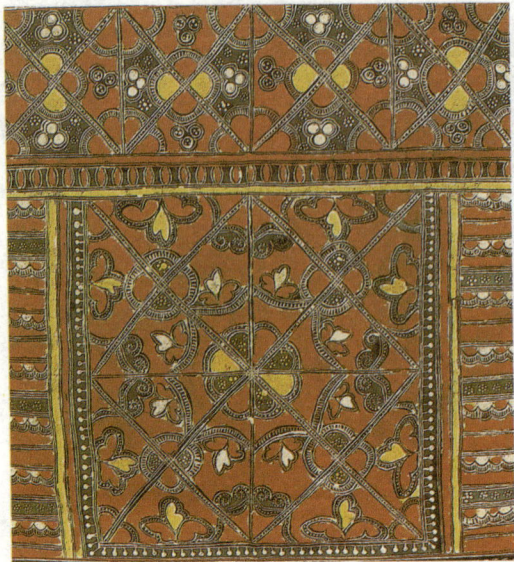
■ 红色染布

黄色素，是一种直接染料，染成的黄色微泛红光。在两汉典章制度汇编的《汉官仪》中记有"染园出厄茜，供染御服"，厄即栀，说明当时染最高级的服装也用栀子。

白色可用天然矿物绢云母涂染，但主要是通过漂白的方法取得。漂白是使用化学溶剂将织物漂染成为白色的过程。漂白生丝只要用强碱脱去丝胶即可。漂白麻，则多用草木灰加石灰反复浸煮。

黑色主要是用栎实、橡实、五倍子、柿叶、冬青叶、栗壳、莲子壳、鼠尾叶、乌桕叶等。这些植物含有单宁酸，和铁相互作用后，就会在织物上生成黑色沉淀。这种颜色性质稳定，能够经历日晒和水洗，均不易脱落或很少脱落。

随着生产的发展和生活的需要，人们对植物染料的需求量也不断增加，因而在汉代出现了以种植染草为业的人。

汉代史学家司马迁在《史记·货殖列传》记载："千亩厄茜，千畦姜韭，此其人皆与千户侯等。"说明了当时种植栀茜的盛况。红花传入中原后，也出现了以种红花为业的人。

秦汉时期的矿物颜料主要是朱砂，当时的生产规模日益扩大，逐渐成为普遍采用的颜料。此外还出现

炼丹术 古代道家或道教徒等以金石类矿物为原料，采用化学方法炼制成自以为令人长生不老而实际上有毒的"丹"药的技术与方法。炼丹法所制成的药物有外用和内服两种。最初的炼丹者所谓"神丹妙药"，以求"长生不死"，是荒谬的。

了蜡染技术。

马王堆一号汉墓出土的大批彩绘印花丝绸织品中，不少红色花纹都是用朱砂绘制的。如有一件朱红色菱纹罗做的丝锦袍，就是用朱砂染上去的。

朱砂颗粒研磨得细而均匀，其色泽到今天仍然十分鲜艳，说明西汉时中国劳动人民使用朱砂已有相当高的技术水平。

东汉以后，随着炼丹术的发展，开始人工合成硫化汞，古时称人造的硫化汞为银朱或紫粉霜，以与天然的朱砂区别，它主要是用硫黄和水银在特制的容器里进行升华反应来提取。

蜡染技术在中国起源很早，据研究，最迟在秦汉时期，中国西南地区的少数民族就掌握了用蜡防染的特点，利用蜂蜡和虫白蜡作为防染的原料。

蜡染的方法，是先用融化的蜡在白布或绢上绘出各种各样的花纹，然后放到靛蓝染液中去染色，最后用沸水熔掉蜂蜡，布面上就现出了各种各样的白花。

蜡染技术以其独到之处，是秦汉时期其他印染方法所代替不了的，因而沿用了一千多年。随着西南地区少数民族与汉民族之间的文化交流，逐渐传到中原以至全国各地，并且还流传到亚洲各国。

秦汉时期的织造技术主要有彩绘和印花两种形式。汉代织物上的花纹图

蜡染

古代蜡染围腰

案，内容多为祥禽瑞兽、吉祥图形和几何图案，组织复杂，花纹奇丽。

彩绘和印花，从马王堆汉墓中出土很多，归纳起来约为两种：一是彩色套印，二是印花敷彩。

专家认为，两者的共同点是，线条细而均匀，极少有间断现象，用色厚而立体感强，没有渗化污渍之病，花地清晰，全幅印刷。这可见当时配料之精，印制技术之高，都达到了十分惊人的程度。

能够充分反映秦汉时期印染技艺水平的是当时占主导地位的凸版印花技术。马王堆汉墓出土的丝绸印花敷彩纱袍和金银泥印花纱，是凸版印花和彩绘相结合的方法加工而成的，这是中国古代印染工艺的一大进步。

马王堆汉墓出土的彩色套印花纱及多次套染的织物，据分析共有36种色相，其中浸染的颜色品种有29种，涂染的有7种，以绛紫、烟、墨绿、蓝黑和朱红等色染得最为深透均匀。

汉代的染色工艺，从湖南省长沙马王堆以及新疆维吾尔自治区民丰汉墓出土的五光十色的丝、绣、毛类织品来看，虽然在地下埋了两千多年，色彩依旧那么鲜艳，足以反映当时染色工艺的卓越和色彩的丰富与华美。

1959年新疆维吾尔自治区民丰东汉墓出土的"延年益寿大宜子孙""万年如意""阳"字锦等，所用的丝线颜色有绛、白、黄、褐、

源远流长的历史文化

宝蓝、淡蓝、油绿、绛紫、浅橙等。

从马王堆一号汉墓出土的各种染色织物，经分析，除上述颜色之外，还有大红、翠蓝、湖蓝、蓝、绿、叶绿、紫、茄紫、藕荷、古铜、杏色、纯白等共20余种色泽，充分反映了当时染色、配色技术的高超。

这表明当时中国已有相当完整的浸染、套染和媒染等染色技术。

秦汉时期的织染业在战国基础上发展成历史上空前的盛期。因此，当时从长安开始，有一条连接中亚、西亚和欧洲的陆上贸易通道，因主要运销中国的丝织物而被称为"丝绸之路"。

与此同时，西汉武帝时继续拓展海路贸易，最后终于形成了一条由中国雷州半岛直达印度的海上丝绸之路。

中国的养蚕、缫丝、丝织、印染等技术先后传到朝鲜、日本和欧洲。这是中国人民对世界文化和经济做出的重大贡献。

阅读链接

秦汉时期，在欧洲人的心目中，中国的名字总是和丝绸连在一起，古希腊的《史地书》中以"丝之国""赛里斯"来称誉中国。

在当时的欧洲，穿着中国的丝绸成为高尚和时髦的象征。古罗马恺撒大帝曾穿着一件中国的丝绸袍去看戏，在场的人对那异常绚丽而又光彩夺目的皇袍惊羡不已，认为是破天荒的豪华，以至于无心继续看戏。

由于辗转争购，使丝绸在西方市场上价格昂贵，也使"丝绸之路"的贸易更加兴旺发达。

魏晋南北朝印染技术

魏晋南北朝时期的染织工艺，继汉代之后，仍以丝织为主。印染工艺发达，品种多样，刺绣技艺提高，绣像随之产生。同时，还出现了织绣专家。

这一时期的印染品种、纹样、色彩丰富可观，刺绣工艺也得到了发展。许多出土的实物显示，魏晋南北朝时期的印染工艺已经达到了相当高的水平。

■ 古代丝织四大天王

■ 古代染坊

魏晋南北朝时期，中国劳动人民在种植蓝草方面有丰富的经验，北魏农学家贾思勰在《齐民要术》中第一次用文字记载了用蓝草制取靛蓝的方法：

先是"刈蓝倒竖于坑中，下水"，然后用木、石压住，使蓝草全部浸在水里，浸的时间是"热时一宿，冷时两宿"，将浸液过滤，按1.5%的比例加石灰用木棍急速搅动等沉淀以后"澄清泻去水"，"候如强粥"，则"蓝淀成矣"。

贾思勰还在《齐民要术》中总结了用红花炼取染料的工艺技术。这一技术在隋唐时传到日本。

魏晋时，南京的染黑色技术著称于世，所染的黑色丝绸质量相当高，但一般平民穿不起，大多为有钱人享用。

晋时，在南京秦淮河南有一个地名叫乌衣巷，据说住在乌衣巷的贵族子弟以及军士都穿乌衣，即黑色的绸衣。南京出产的黑绸直至新中国成立以后还驰名中外。

贾思勰 生活于北魏末期和东魏时期。是中国古代杰出的农学家。所著《齐民要术》系统地总结了6世纪以前黄河中下游地区农牧业生产经验、食品的加工与贮藏、野生植物的利用等，对中国古代汉族农学的发展产生有重大影响。是中国现存的第一部系统农书。

■ 古人纺织蜡像

当时的丝织物印染尤以蜀锦居首。三国时诸葛亮治蜀，奖励耕织发展蚕桑，以备军需。

魏帝曹丕每得蜀锦，赞叹不已，吴国曾派张温使蜀，蜀国赠锦"五端"，相当于现在的250尺，并遣使携带蜀锦"千端"回访吴国。蜀国的姜维曾以锦、绮、彩绢各20万匹以充军费。由此史实不难得知当时蜀国锦的产量之大。

据清代朱启钤的《丝绣笔记》记载，诸葛亮率兵至大、小铜仁，派人带丝绸深入苗乡，并亲为兄弟民族画图传技。

苗民为了纪念诸葛亮，把织成的五彩绒锦称"武侯锦"，锦屏的侗族妇女织的侗锦称"诸葛锦"。蜀锦之花开遍西南，影响深远。

曹魏纺织工艺家马钧革新提花织绫机。原来的织绫机50根经线的50蹑，60根经线的60蹑，控制着经线的分组、上下开合，以便梭子来回穿织。

蹑是踏具。马钧统统将其改成12蹑。经过这样的改进，新织绫机不仅更精致，更简单适用，而且生产效率也比原来提高了四五倍，织出的提花绫锦，花纹图案奇特，花型变化多端，受到了广大丝织工人的欢迎。

蜀锦 中国传统工艺美术品，四川省成都市所出产的锦类丝织品，大多以经向彩条为基础起彩，并彩条添花，其图案繁华，织纹精细，配色典雅，独具一格，是一种具有民族特色和地方风格的多彩织锦。它与南京的云锦、苏州的宋锦、广西的壮锦一起，并称为中国的"四大名锦"。

新织绫机的诞生，是马钧一生中最大的贡献，它大大加快了中国古代丝织工业的发展速度，并为中国家庭手工业织布机的发展奠定了基础。

魏提花绸与蜀锦可以比美。

237年，日本使者来访得赠大批纹锦。随后，日本女王专使前来，带回去大批"绛地交龙锦"等，提花及印染技术随之传入日本。

两晋丝织仍以蜀锦闻名，城郊村镇，掌握蜀锦编织技巧之家遍布，称为"百室篱房，机杼相和，贝锦斐成，濯色江波"。

十六国时前秦的秦州刺史窦滔之妻苏蕙，是著名的染织工艺家，双手织出回文诗句，称"回文锦"，造诣卓越，被传为佳话。

南北朝丝织，江南普遍有所发展。刘宋设少府，下有平准令，后改染署，进行专门管理。南齐除蜀锦外，荆州、扬州也是主要产区。北方拓跋设少府后改太府，有司染署，下属京坊、河东、信都三局，有相当大的生产规模。

六朝丝织品种、纹样、色彩丰富可观。十六国中的后赵在邺城设有织锦署，锦有大登高、小登高、大光明、小光明、大博山、小博

古代制作蜀锦的织机

古代织机

山、大茱萸、小茱萸、大交龙、小交龙、蒲桃纹锦、斑纹锦、凤凰朱雀锦、韬纹锦、核桃纹锦，以及青、白、黄、绿、紫、蜀绵等，名目之多，不可尽数。

新疆维吾尔自治区吐鲁番民丰出土的实物中，发现有东晋、北魏、西魏的锦、绮、缣、绢及印花彩绢等，还有江苏铜山、常熟出土的绫、绢。

这些锦、绮图案织作精细，主要有两种类型，一是纯几何纹，二是以规则的波状几何纹骨架，形成几何分隔线，配置动植物纹，从而构成样式化。

纹样有的还吸收了不少外来因素，多为平纹经线彩锦，兼有纬线起花，出现了中亚、西亚纹样。比如新疆维吾尔自治区出土的有菱纹锦、龙纹锦、瑞兽锦、狮纹锦、忍冬菱纹锦、忍冬带联珠纹锦、双兽对鸟纹锦、鸟兽树纹锦、树纹锦、化生锦等。

色彩有大红、粉红、绛红、黄、淡黄、浅栗、紫宝蓝、翠蓝、淡蓝、叶绿、白等多种。

如忍冬菱纹锦，以绛色圆点构成菱形格，菱内置肥大的绛色十字花，花内有细致的朱色忍冬，既带花蕊又自成小花，构成花中有花的

源远流长的历史文化

样式，色彩简洁明快而不单调。

天王化生锦有狮、象和佛教艺术中化生、莲花等中亚习见的纹样。方格兽纹锦是黄、绿、白、蓝、红五色丝织，在黄、绿等彩条上，织有蓝色犀牛、红线白狮、蓝线白象等纹样。

这些色彩，绵薄色多，提花准确，组织细密，反映了这一时期的时代特色。

绮多为单色斜纹经线显花，纹样繁缛，质地细薄透明，织造技艺进步。

比如，新疆维吾尔自治区出土的龟背纹绮、对鸟纹绮、对兽纹绮、双人对舞纹绮、莲花纹绮、套环贵字纹绮、套环对鸟纹绮等，其中的双人对舞纹绮纹样是圈外环鸟群，四个椭圆形交界空隙处有双人对舞图案。莲花纹绮是在两个椭圆弧线结合处，饰八瓣莲花一朵，新颖别致。

魏晋南北朝时期，毛毯广为应用，编织技术提高。南北朝时，西北民族编织毛毯，用"之"字形打结，底经底纬斜纹组织。

这种编织方法便于采用简易机械代替手工操作，从而提高产量。

古代丝绸刺绣

■ 彩染暗绿套色印花绢

在北朝，帐毡等更广为应用。

魏晋南北朝时期的印染也有所发展。随着纺织的发展，印染工艺很有进步，晋朝蜡缬可染出十多种彩色，东晋绞缬已有小簇花样、蝴蝶缬、蜡梅缬、鹿胎缬等多种。紫地白花斑为当时的流行色。

其中的绞缬是一种机械防染法，最适于染制简单的点花或条纹。

其方法是先将待染的织物，按预先设计的图案用线钉缝，抽紧后，再用线紧紧结扎成各种式样的小结。浸染后，将线拆去，缚结的那部分就呈现出着色不充分的花纹。

这种花纹，别有风味，每朵花的边界由于受到染液的浸润，很自然地形成由深到浅的色晕。花纹疏大的叫"鹿胎缬"或"玛瑙缬"，花纹细密的叫"鱼子缬"或"龙子缬"。

还有比较简单的小簇花样，如蝴蝶、蜡梅、海棠等。

东晋南北朝时，绞缬染制的织物，多用于妇女的衣着。

在大诗人陶潜的《搜神后记》中记述了一个故事。一个年轻妇女穿着"紫缬襦青裙"，远看就好像梅花斑斑的鹿一样。很显然，这个妇女穿的，就是由鹿胎缬花纹的衣服。

丝织染品有新疆阿斯塔那出土的红色白点绞缬绢，绛色白点绞缬绢是西凉的织染品。

于田出土的夹缬印花绢，是北魏染品，大红地、白色六角形小花，清晰齐整。民丰出土的蓝色冰裂纹绞缬绢，天蓝的白色冰裂纹，形成自然的网状纹样，灵活有韵味。

彩画绢则直接手绘，承传统发展。敦煌莫高窟发现的绿地鸟兽纹彩绸，绿地白纹，弧线划分加平行直线为骨架，其间有鸟兽为主纹，精美而素雅。

至于毛织染品，当时西北地区已开始出现蜡防印染毛织物。

胭脂红的缠枝花毛织品，以缠枝花为主体纹样，构成两种连续、婉转伸延都显示出的柔嫩姿态。花叶经过变形换色而不失自然气息，大块胭脂红为基调，黑色宽线条衬托出白色、绿色相间的花叶，整个画面和谐明丽。

还有紫色呢布、驼色黑方格纹褐、蓝色蜡缬厨、蓝色印花斜纹褐等。

棉织染品有于田出土的蓝印花布。丝、毛、棉织物上都有染色印花，已广为流行。

魏晋南北朝时期，刺绣工艺有显著提高。

三国时已有著名织绣工艺家，东吴有吴王赵夫人，巧妙无双，能于指间以彩丝织成龙凤之锦，大则盈尺，小则方寸，宫中号为"机绝"。又于方帛之上绣作五岳列国地形，号为"咸绝"。又以胶续丝作轻幔，

供养人 指因信仰某种宗教，通过提供资金、物品或劳力，制作圣像、开凿石窟、修建宗教场所的信徒。他们为了表示虔诚，在宗教绘画或雕像的边角或者侧面画上或雕刻自己和家族、亲眷和奴婢等人的肖像，这些肖像，称之为供养人像。

■ 古代五彩刺绣云肩

号为"丝绝"。此三绝名冠当时。

刺绣用于佛教艺术，绣像技艺高超。其中，敦煌莫高窟发现了北魏的《一佛二菩萨说法图》，上面绣有"太和十一年""广阳王"等字样。绣地是在黄绢上，绢中夹层麻布，用红、黄、绿、紫、蓝等色线。

绣出的佛像和男女供养人，女子高冠绣服，对襟长衫上满饰桃形"忍冬纹"，边饰"卷草纹""发愿文"及空余衬地全用细密的"锁绣针法"，进行"满地绣"。

横幅花边纹饰为"空地绣"，绣出圆圈纹和龟背纹套叠图案，圈中为四片"忍冬纹"，又与"龟背纹"重叠，圈用蓝、白、黄等色，"忍冬"用黄、蓝、绿等色，"龟背"用紫白等色。

404
源远流长的历史文化

构成富于变化的几何图案，线条流利，针势走向随各种线条的运转方向变化。使用两色或三色退晕配色法，以增强形象的质感效果。《一佛二菩萨说法图》是六朝时代的刺绣珍品。

总之，魏晋南北朝时期的织、染、绩、绣，在汉代基础上，于民族融合的情况下有了新的发展。从纹样内容到形式色彩以及工艺技巧，都有自己的时代特色和新的风格。

阅读链接

魏晋南北朝时期，由于绞缬染只要家常的缝线就可以随意做出别具一格的花纹，因而应用很广泛。

据说北魏孝明帝时，河南荥阳有一个名叫郑云的人，曾用印有紫色花纹的丝绸400匹向当时的官府行贿，弄到一个安州刺史的官衔。

这些行贿的花绸是用镂空版印花法加工制成的。镂空版的制法，是按照设计的图案，在木板或浸过油的硬纸上雕刻镂空而成的。印染时，在镂空的地方涂刷染料或色浆，除去镂空版，花纹便显示出来。

隋代的染织工艺技术

全国的统一，疆土的开拓，交通的畅达，经济的繁荣，中外文化的交流，市场的扩大及科学技术的进步，使隋代的染织工艺空前繁盛，织造技术和图案纹样均发生了重大变化。

虽然隋代只维持了短短的二十多年，但是它在完成统一事业以后，曾出现了经济文化繁荣发展的大好局面。其中，隋代丝织品的生产不仅遍及全国，更因其较高的工艺水平，成为对外贸易中的重要产品，远销海外。

■ 隋代的华丽丝绸服饰

隋代时的丝车

隋文帝杨坚结束了长期分裂的局面，重新统一了华夏大地，建立了隋政权，定都长安。全国统一以后，社会秩序安定下来，南北的经济、文化得到了交流。

隋朝朝廷继续实行北魏以来的均田制，农民的负担比以前有所减轻，在短短的二十多年间，经过人民群众的辛勤劳动，农业生产和手工业都有了新的发展。随着京杭大运河的开凿，它对南北经济的交流，起了很大的作用。

隋代农业经济的发展，给染织工艺提供了原料等物质基础，促进了染织工艺的提高。纺织业中以丝织业最为有名，丝织品的产量更有了空前的扩大，缫丝技术有了很大改进，由原来简单的缫丝框，发展成比较完善的手摇缫丝车。

隋代丝织工艺水平较高，丝织品生产遍及全国，官办作坊成为高级织染品的主要生产部门。

隋文帝时，太府寺统左藏、左尚方、内尚方、右尚方、司染、右藏、黄藏、掌冶、甄官等署，掌握着许多重要的手工业部门。

隋炀帝杨广时，从太府寺分置少府监，由少府监统左尚、右尚、内尚、司尚、司染、铠甲、弓弩、掌冶等署。后又废铠甲、弓弩两署，并司织、司染为织染署。在一些地方州县和矿产地区，也设有管理官府手工业作坊的机构。

隋代设有专门的机构来管理染织生产，如隋炀帝时有少府监，下属有司染署和司织署；以后，两署又合并为染织署。隋代的染织多出于染织署，管理制造御用染织品。

隋代丝织品主要产地为今天的河南、河北、山东、江苏、四川等地，所产绫、绢、锦等都很精美。

比如：河南安阳所产绫纹细布都非常精良，是为贡品；四川成都所产绫锦也很著名；江苏苏州等地的丝织业也很发达，缫丝、织锦、织绢者颇多；江西南昌妇女勤于纺绩，技术熟练，夜晚浣纱，早晨就能纺织成布，时人谓之"鸡鸣布"。

当时还采用外来的波斯锦的织造技法，织出了质量很高的仿波斯锦。在今安徽、江苏、浙江、江西等地，麻布的产量很大。

随着手工业的发展，当时专门从事手工业的劳动者日益增多。隋炀帝时，朝廷曾在河北一地，招募"工艺户"三千多家。

少府监 中国古代出现较早、延续时间较长的官职名。历代职掌不一。战国时，始置少府，掌管私人庄园，隋代下属有染织属，管理染织品，唐以后多称少府监，元朝始废。

■ 隋代纺织品

源远流长的历史文化

隋代的丝织遗物，在新疆维吾尔自治区吐鲁番阿斯塔那古墓曾有出土：联珠小花锦，大红地黄色联珠圈中饰八瓣小花图案，这应是唐代最为盛行的联珠纹锦图案的滥觞；棋局锦，是红白两色相间的方格纹；彩条锦，是用菜绿和淡黄两色织成的彩条纹。

这些锦的图案明快大方，别具艺术风格。同时还出土绮多种，有联珠纹套环团花绮、联珠纹套环菱纹绮；另有一种回纹绮，色彩复杂，有紫、绿、大红、茄紫四种颜色，织成回纹图案。

日本法隆寺曾保存了一些隋代的丝织品。其中著名的有《四天王狩猎文锦》，图案以树为中心，配四个骑马的胡人做射狮状。这种图案具有波斯工艺的风格，反映了中国与西域文化交流的影响。

法隆寺还有《白地狩猎文锦》《红地双龙文锦》《红地华文锦》《鸾文锦》等。其中的蜀江锦是四川省成都所产的一种丝织品，它的特点是在几何形的图案组织中饰以联珠文，这幅锦以绯色作为主调，具有独特的艺术效果。

此外还有广东锦，日本称为"太子间道"，或称"间道锦"。在红地上织出不规则的波状纹，看来似用染经的方法织造，这是当时中国南方的特产。唐朝诗人李商隐的《隋宫》曾这样形容道：

春风举国裁宫锦，半作障泥半作帆。
锦帆百幅风力满，连天展尽金芙蓉。

这些诗句除了政治意义外，客观地描述了隋代丝织品产量之大，制作之精。近年在新疆吐鲁番阿斯塔那古墓中均有出土，其中有红白两色相间织成方格纹的《棋局锦》，大红地黄色联珠团花图案的《联珠小花锦》，用菜绿、淡黄两色织成的《彩条锦》，还有《联珠孔雀贵字纹锦》《套环对鸟纹绮》等。这些丝织品简洁质朴，别具一格。

由此证明，隋代丝织品的生产不仅遍及全国，更因较高的丝织工艺水平，成为外贸中的重要产品，远销海外。

阅读链接

隋炀帝迁都洛阳后，为了使长江三角洲地区的丰富物资运往洛阳，于603年下令开凿从洛阳经山东临清至河北涿郡长约1000千米的永济渠，又于605年下令开凿洛阳至江苏清江约1000千米长的通济渠，610年开凿江苏镇江至浙江杭州长约400千米的江南运河，同时对邗沟进行了改造。

这样，隋代总共开凿了全长大约2700千米的河道，它们可以直通船舶。

京杭大运河作为南北的交通大动脉，促进了沿岸城市的迅速发展，也为隋代染织工业的发展注入了无限生机。

唐代印染与刺绣工艺

　　唐代的印染工艺相当发达，主要有夹缬、蜡缬、绞缬、凸版拓印技术和碱印技术等。刺绣在唐代有了飞跃的发展。唐代的刺绣除了作为服饰用品外，还用于绣作佛经或佛像，针法绝妙，效果甚佳，还反映了当时人们的宗教意识。

唐代宫女刺绣图

唐代的印染业相当发达，出现了一些新的印染工艺，比如凸版拓印工艺等。唐代印染工艺还包括夹缬、蜡缬和绞缬，其中的夹缬工艺起源并鼎盛于唐代，以至于成为当时最普通的染色工艺。

我们知道，在染一件衣服之前，一定要把有油污的地方清洗干净。在煮染的过程中，还要不断搅动，防止一些地方打绞成结。因为有油污或纽绞成结的地方容易造成染色不均或染不成色，会使得衣服深一块浅一块，十分难看。

然而，中国古代劳动人民却通过总结这些染色失败的教训，使坏事变好事，创造出独特的印花技术，这就是夹缬、蜡缬和绞缬，我们通常称之为"古代三缬"。现在人们将三者通称为夹染、蜡染、扎染。

夹缬即现代所说的夹染，是一种直接印花法。夹缬是用两块木版，雕镂同样的图案花纹，夹帛而染，印染过后，解开木版，花纹相对，有左右匀整的效果，是比较流行的、最普通的一种印染方式。

日本正仓院迄今还保存着唐代自中国输入的"花树对鹿""花树对鸟"夹缬屏风。

夹缬的工艺种类比较多，有直接印花、碱剂印花，还有防染

拓印 中国古代印刷术语。将石刻或木刻文字，用纸、墨拓印出来，也可用纸紧覆在物体表面，将其纹理结构打拓在纸上。以便保存和传播的工艺方法。拓印方法也被用于印染，是印染工艺的一种。产生于西汉时期。

■ 唐代着彩染服饰的人物

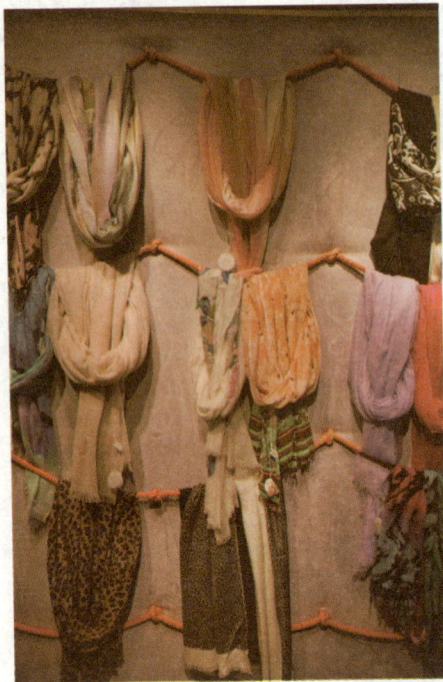
唐代彩染丝绸

源远流长的历史文化

印花，比较传统的是镂空花版，盛唐时期才采用筛网印花，也就是筛罗印花。

镂空花版的制作是在纸上镂刻图案，成花版，而后将染料漏印到织物上的印染工艺。用镂空纸花版印刷的花形，一个显著的特点是线条不能首尾相连，留有缺口。

从1966—1973年吐鲁番出土的一批唐代印染织物的花纹上观察，纱织物花纹均为宽2毫米的间歇线条组成，白地印花罗花纹花瓣叶脉的点线互不相连接，呈间歇状，绢织物花纹均为圆点和鸡冠形组成的团花，皆为互不相连接的洞孔。

这里出土的茶褐地绿、白两套色印花绢中，第一套白色圈点纹，这些小圆圈除一些因拖浆形成的圆点或圆圈外，凡印花清晰的，其圆圈均不闭合，即圈外有一线连接。这些都是镂空纸花版所特有的现象。

特别是这些小圆圈的直径不过3毫米，圈内圆点直径仅1毫米左右，这绝不是用木版所能雕刻出来的。这种印花版，是用一种特别的纸版镂刻成的。

吐鲁番出土的唐代印染标本表明，最迟在盛唐以前，中国丝织印染工人就已经完成了以特别镂空纸花版代替镂空木花版的改革工艺。

蜡缬即现代所说的蜡染。它的制作方法和工艺过程是：把白布平贴在木板或桌面上点蜡花。点蜡的方法是，把蜂蜡放在陶瓷碗或金属罐里，用火盆里的木炭灰或糠壳火使蜡熔化，便可以用铜刀蘸蜡作画。

作画的第一步是确定位置。有的地区是照着纸剪的花样确定大轮廓，然后画出各种图案花纹。另外一些地区则不用花样，只用指甲在白布上勾画出大轮廓，便可以得心应手地画出各种美丽的图案。

浸染的方法，是把画好的蜡片放在蓝靛染缸里，一般每一件需浸泡五六天。第一次浸泡后取出晾干，便得浅蓝色。再放入浸泡数次，便得深蓝色。

如果需要在同一织物上出现深浅两色的图案，便在第一次浸泡后，在浅蓝色上再点绘蜡花浸染，染成以后即现出深浅两种花纹。

当蜡片放进染缸浸染时，有些蜡迹因折叠而损裂，于是便产生天然的裂纹，一般称为冰纹。有时也根据需要做出冰纹。这种冰纹往往会使蜡染图案更加层次丰富，具有自然别致的风味。

蜡染方法在唐代的西南苗、布依等少数民族地区广泛流行。蜡染花布图案生动别致，不仅受到中国人民的喜爱，而且远销国外，颇受

唐代着丝绸的仕女

扎染仿唐女装

欢迎。

日本正仓院藏有唐代《象纹蜡缬屏风》和《羊纹屏风》，纹样十分精美。

绞缬即现代所说的扎染。常见的方法是先将待染的织物根据需要，按一定规格用线缝扎成"十"字形、方格形、条纹等形状，然后染色，染好后晒干，把线结拆去。由于染液不能渗透，形成色地白花，花纹的边缘则产生晕染效果。

还有一种方法是将谷粒包扎在钉扎部分，然后入染，便产生更复杂的花纹变化。

在吐鲁番阿斯塔那古墓中出土了唐代的"绞缬裙"，由绛紫、茄紫等色组成菱形网状图案，精巧美观。

绞缬有一百多种变化技法，各有特色。如其中的"卷上绞"，晕色丰富，变化自然，趣味无穷。更妙的是扎结每种花，即使有成千上万朵，染出后都不会出现相同的。

这种独特的艺术效果是机械印染工艺难以达到的。绞缬产品特别适宜制作妇女的衣裙。

唐代还有凸版拓印技术。特别是在甘肃敦煌出土的唐代用凸版拓印的团窠对禽纹绢，这是自东汉以后隐没了的凸版印花技术的再现。

此外，西汉长沙马王堆出土的印花织物，是用两块凸版套印的灰地银白加金云纹纱。凸版拓印技术发展到唐代，有用凸版拓印的敦煌

源远流长的历史文化

出土的团窠对禽纹绢，这是这种工艺的实物再现。

唐代碱印技术，是用碱为拔染剂在丝罗织品上印花。它是利用碱对织物的化学作用，经染后而产生不同色彩的花纹。

还有用镂空纸板印成的大簇折枝两色印花罗，是更精美的一种。吐鲁番出土的蜡缬烟色地狩猎纹印花绢，上面骑士搭弓射狮，骏马奔驰，犬兔相逐，周围点缀飞鸟花卉，表现出了一派生动紧张的狩猎场面，技艺精湛。

唐代刺绣应用很广，针法也有新的发展。刺绣一般用作服饰用品的装饰，做工精巧，色彩华美，在唐代的文献和诗文中都有所反映。

如李白诗"翡翠黄金缕，绣成歌舞衣"、白居易诗"红楼富家女，金缕刺罗襦"等，都是对刺绣的咏颂。

唐代刺绣的针法，除了运用战国以来传统的辫绣外，还采用了平绣、打点绣、缀裥绣等多种针法。

其中的缀裥绣又称退晕绣，即现代所称的戗针绣，可以表现出具有深浅变化的不同色阶，使描写的对象色彩富丽堂皇，具有浓厚的装饰效果。

唐代学者苏鹗的《杜阳

白居易（772—846），唐代伟大的现实主义诗人，中国文学史上负有盛名且影响深远的诗人和文学家。他的诗歌题材广泛，形式多样，语言平易通俗，有"诗魔"和"诗王"之称。代表作有《长恨歌》《琵琶行》等。

■唐代的对雁纹刺绣

杂编》记载：唐同昌公主出嫁时，有神丝绣被，上绣3000鸳鸯，并间以杂花异草，其精巧华丽无比。唐玄宗时，为杨贵妃一人进行服饰刺绣的绣工就达700余人。

唐代的刺绣除了作为服饰用品外，还用于绣做佛经和佛像，为宗教服务。

《杜阳杂编》记载：805年，南海卢眉娘，在尺绢上绣佛经，绣出的字如粟粒般大小，点画分明，细如毫发，堪称一绝。

随着刺绣范围和题材的扩大，绣做佛经或佛像时又发展了很多新针法，有直针、缠针、齐针、套针、平金等新技术，大大丰富了刺绣的表现力。在色彩的使用上，也有很高的成就，在佛像脸部，能表现颜色晕染的效果。

敦煌发现的《释迦说法图》和日本劝修寺的《释迦说法图》，都是用切针绣轮廓线，而以短套针绣肉体，表现晕染效果。

从释迦说法的场景，今人可以感受到当时人们所憧憬的庄严净土，也可以看出制作者对绣法有深厚的理解及熟练度。

源远流长的历史文化

阅读链接

蜡染是古老的艺术，又是年轻的艺术、现代的艺术，它概括简练的造型，单纯明朗的色彩，夸张变形的装饰纹样，适应了现代生活的需要，适合现代的审美要求。

蜡染图案以写实为基础。艺术语言质朴、天真、粗犷而有力，特别是它的造型不受自然形象细节的约束，进行了大胆的变化和夸张，这种变化和夸张出自天真的想象，含有无穷的魅力。图案纹样十分丰富，有几何形，也有自然形象，一般都来自生活或优美的传说故事，具有浓郁的民族色彩。

近古时期

　　从五代十国至元代是中国历史上的近古时期。经过五代十国的战乱，宋元时期的纺织业取得了长足的发展，很多方面已经达到当时世界上纺织业工艺的先进水平。

　　宋代纺织技术丰富多样，印染及刺绣工艺都达到了新的高度。元代回民族织金锦纳失失以及撒搭剌欺、苏夫等，在中国乃至世界纺织技术史上都占有重要地位。而以"乌泥泾被"为代表的元代棉纺技艺，将中国的棉纺业推向了一个新的历史阶段。

宋代纺织技术水平

宋代的纺织技术在继承前代尤其是汉唐纺织技术的基础上继续进步，无论是丝绸品种的织物组织与结构，或是丝绸服饰的质料品种，都有了重大的发展，达到了高度发展的阶段。

宋代纺织技术丰富多样，纺织工具也很发达，现代织物组织学上所谓"三原组织"，即平纹、斜纹和缎纹至此均已具备。并且将织金、起绒、挖花技术和缎纹组织结合起来，出现了大量的服饰质料新品种，这对现代纺织技术与丝绸服饰质料的进一步发展有着积极意义。

■ 宋代华美的女子服饰

宋太祖赵匡胤结束了五代十国分裂割据的局面，建立了宋王朝，中国纺织工业进入一个新的历史时期。

宋代是中国纺织技术发展的重要时期，纺织业已发展到全国的四十多个州。宋代纺织品有棉织品和丝麻织品。丝织品中以罗居多，尤以花罗最有特色，此外还有绫、缎、印花及彩绘丝织品等。

宋代的棉织业得到迅速发展，棉织品已取代麻织品而成为大众衣料。浙江省兰溪南宋墓内曾出土一条完整的白色棉毯。棉毯两面拉毛，细密厚暖。毯长2.51米，宽1.15米，经鉴定由木棉纱织成。

棉毯是独幅的，从而证明历史上曾存在"广幅布"和阔幅织机。

■宋代女子服饰

从生产形态上看，纺织业在宋代之重大进步，就是机户的大批涌现。所谓机户是指由家庭成员组成的、专以纺织为生的家庭作坊，属小商品生产者范畴。如浙江省金东区，城中居民以织作为生，而且都很富有。更多的机户是在城郊以至乡村地区。

《永乐大典》中有一段关于机户的材料说：南宋孝宗年间有个叫陈泰的人，他原是抚州布商，每年年初，向崇安、乐安、金溪和吉州属县的织户发放生产性贷款，作为其织布的本钱。

到夏秋之间去这些地方讨索麻布，以供贩卖。由于生意越做越大，各地有曾小陆等作为代理人，为陈

赵匡胤（927—976），别名香孩儿、赵九重。出生于洛阳夹马营，祖籍河北涿州。军事家、政治家。他结束了五代十国的战乱局面，建立宋朝，庙号太祖。他在位期间，以文治国，以武安邦，开创了中国的文治盛世，是推动历史发展的杰出人物之一。

黄昇 字叔旸，号玉林，又号花庵词客，福建人。著有《散花庵词》，编有《绝妙词选》20卷，分上下两部分，上部为《唐宋诸贤绝妙词选》，10卷；下部为《中兴以来绝妙词选》，10卷；附词人小传及评语，为宋人词选之善本。后人统称为《花庵词选》。

■ 宋代折枝花绞绫单裙

泰放钱敛布。仅乐安一地就织布数千匹，为建仓库就花去陈泰500贯钱，有一定的规模。

事实上，这种经营方式在淳熙之前就已持续相当时日了，并非偶发事件。

这就是说，布商陈泰的商业资本，通过给织户发放带有定金性质的生产性贷款而进入生产领域，而分散在城镇乡村的细小织户的产品，则先由曾小陆等各地代理商集中起来，再由布商陈泰贩卖到外地而成商品。这种生产形态，是当时情况的真实写照。

宋代丝麻织品出土实物，主要有湖南省衡阳县北宋墓中出土的大量丝麻织物，还有福建省福州出土南宋黄升墓中的遗物，等等。

衡阳县北宋墓中出土的共有大小衣物及服饰残片两百余件，有袍、袄、衣、裙、鞋、帽、被子等，质地有绫、罗、绢、纱、麻等。

纹样丰富，在花纱、花罗、花绫的纹样装饰上，有大小两种提花织物，小提花织物纹样主要由回纹、菱形纹、锯齿纹、连钱纹、几何纹组成，花纹单位较小，还遗留着汉唐提花织物以细小规矩纹为图案的装饰风格。

大提花织物纹样构图复杂，生动流畅，多以动植物为主题，用缠枝藤花、童子为陪衬，并点缀吉祥文字，与宋代建筑、瓷器和铜镜上的装饰作风极为相似，在纱、罗衣襟残片上，还发现圆扣和麻花形扣眼。

身着宽袍的宋人

这丰富了对北宋时期装饰工艺的认识，为研究北宋时期的纺织技术提供了可靠的实物资料。

福州出土南宋黄昇墓中的遗物多达480件，有长袍短衣、裤、裙子、鞋、袜、被衾等，还有大量的丝织品衣物。

集中反映了南宋纺织工业水平和优秀的传统纺织技艺，有平纹组织的纱、绉纱、绢，平纹地起斜纹花的绮，绞经组织的花罗，异向斜纹或变化斜纹组织的花绫和六枚花缎等品种，以罗居多，近200件。绢和绫次之，纱和绉纱数量较少。

罗和绫多是提花，有牡丹、山茶、海棠、百合、月季、菊花、芙蓉等，而以牡丹、芙蓉和山茶花最多，往往以牡丹或芙蓉为主体，伴以其他花卉组成繁簇的花卉图案。

这种写实题材的表现形式，富有生活气息。绢和纱则为素织。该

宋代官员服饰

墓还首次出土了纹纬松竹梅提花缎。

宋代丝麻织品中的丝绸及织造技术，主要反映在纱、罗、绮、绫、缎、锦这几个种类上，它们集中反映出宋代丝织业的发展及工艺水平。

纱是平纹素织、组织稀疏、方孔透亮的丝织物，具有纤细、方孔、轻盈等特点。

在宋代，南方及江浙地区上贡的纱有素纱、天净纱、暗花纱、粟地纱、葺纱等名贵产品。当时有代表性的轻纱为江西省德安周氏墓出土的黄褐色素纱以及褐色素纱，其边部加密是为了便于织造生产，也是为保持布面的幅度，以利于裁剪成衣，其透孔率较高。

绉是从纱中分化出来的，也称为绉纱，因此具有轻纱的特征，而且在织物表面起皱纹。

绉纱一般都用于袍、衣的面料，南宋的绉在服饰外观上效果尤佳，能很明显地看出绉纱韧性很好，质地细软轻薄，富有弹性，足见其当时织造技术达到了相当高的水平。

罗是质地轻薄、丝缕纤细，经丝互相绞缠后呈椒孔的丝织物。换句话说，凡是应用绞纱组织的织物统称为"罗"。

其实，早在殷商时期就有了利用简单纱罗组织织制的绞纱织物，在唐代官府还专门设立了罗作。后来经过不同时期的发展，在宋代其

源远流长的历史文化

织造技术已经达到较高的水平，其罗更是风靡一时，新品种大量出现，深受宋人青睐。

罗一般分为素罗与花罗。素罗是指经丝起绞的素组织罗，经丝一般弱捻，纬丝无捻，根据其特点分为二经绞罗和四经绞罗两种；花罗是罗地出各种花纹图案的罗织物的总称，也叫"提花罗"，花罗有二经绞罗、三经绞罗和四经绞罗三种。

从大量出土的服饰来看，大部分是用绞纱做原料裁制的。如江西德安周氏墓有罗襟如意花纹纱衫，是一种亮地平纹纱，由于其经纬较稀疏，经线纤细，因此具有良好的透明和轻柔的特点，经浮所起花纹若隐若现，明暗相间，风格独特。

此外，在宋墓中出现了大量带有图案花纹的罗，如缠枝牡丹、芍药、山茶、蔷薇罗等。这种花卉的写实题材，不仅生动活泼，而且装饰花纹花回循环较大，更增添了服饰的装饰艺术效果并给人以清新的美感。

这种花罗织造技术较一般提花织物复杂，需要一人坐在花楼上掌

■宋代宽袍

花楼 旧时织锦机上张景花本的地方，也是拽花工操作的地方。因其隆起像楼，故名"花楼"。此外，花楼也可以指提花织机上用人力按花纹样稿控制经线起落的部分。

握提花工序，一人在下专司投梭、打纬，两人协同操作，通丝数相应地增加。

由此可见，这种复杂的提花工艺在当时的手工织机条件下显得十分费时，也体现了宋代织造提花技术上的杰出成就。

两宋最有名的罗当属婺州和润州的花罗以及常州织罗署出产的云纹罗。

此外，方幅紫罗是当时的杭州土产之一，为市民妇女所欢迎，妇女出门时常常以方幅紫罗障蔽半身，俗称"盖头"。

绮是平纹地起斜纹花的提花织物，最早流行于汉代，唐代时绮仍为丝绸服饰质料中之佳品，唐代织染署就有专业的工场来生产绮。

■ 宋代节日服饰

至宋代，绮仍受欢迎，如出土丝织品中的"吉祥如意"花绮、穿枝杂花绮、菱纹菊花、香色折枝梅纹绮、酱色松竹梅纹绮及球路印金罗襟宝纹绮衫等。

这些绮的总体特点为单色、素地、生织、炼染，使用一组经线和纬丝交织而成，质地松软，光泽柔和，色调匀称。

"米"字纹绮为宋代绮的代表品种之一，江苏武进宋墓及中"米"字纹，就是采用了由三上一下斜纹和五上一下斜纹组织显花技术，用浮长不等的斜纹组织组成的"米"字方格纹绮，质地纹样非常清晰，对比强烈，地暗花明。

绫是斜纹地上起斜纹花的丝织物，其花纹看似冰凌的纹理。因此，在织物表面呈现出叠山形的斜纹形态成为绫的主要特征。

■ 宋代官员礼服

绫是在绮的基础上发展起来的，可见绫的出现比绮要相对晚些。从史籍记载来看，绫在汉代才出现，经过了三国两晋南北朝与隋的大发展，绫盛极一时。

至唐代，绫发展到了新的高峰，当时官服采用不同花纹和规格的绫来制作，以区别等级，致使唐代成为绫织物的全盛时期。

北宋时期也将绫作为官服之用。由于当时朝廷内部大量的需求以及馈赠辽、金、西夏等贵族的绫绢需要，各地设立专门的织造作坊，大大推动了绫织物及技术的发展。

如宋墓出土了大量的异向绫，采用地纹与花纹的变化组织结构，摆脱了一般绫织物单向左斜或右斜的

织染署 中国古代的官署名。唐承隋制，置织染署，属少府监。掌织纴组绶、绫锦冠帻，并染锦罗绢布等。宋分置绫锦院与染院，金沿置织染署。元以后废。

宋代年轻女子服饰

规律，把左斜和右斜对称地结合起来。

由于经向和纬向的浮长基本一致，配置比较得当，因此左右斜纹的纹路清晰可辨，质料手感良好，光泽柔润，别具一种雅朴的风格。可见，织绫技术之精巧。

缎是在绫的基础上发展起来的，是用缎纹组织作地组织的丝织物，它是中国古代最为华丽和最细致的丝织物。南宋临安的织缎，有织金、闪褐、闲道等品种。

用缎织成的织品，一般比平纹组织、斜纹组织的织品显得更为平滑而有光泽，其织物的立体感很强。特别是运用织缎技术将不同颜色的丝线作纬丝时，底色不会显得混浊，使花纹更加清晰美观。

如福州宋墓中的棕黄色地松竹梅纹缎夹衣，虽然纬缎组织还不是很规则，但在宋墓中是第一次发现，也证明了缎组织织物的出现。

锦是以彩色的丝线用平纹或斜纹的多重组织的多彩织物。作为豪华贵重的丝帛，其用料上乘，做工精细繁多，因此在古代只有贵人才穿得起它。

锦也成为中国古代丝帛织造技术最高水平的代表。

据文献记载，北宋时出现了四十多种彩锦，至南宋时发展到百余种，并且产生了在缎纹底子上再织花纹图案的织锦缎，这就成为名副其实的锦上添花了。苏州宋锦、南京云锦及四川蜀锦等在当时中原地区都极负盛名。

宋锦是在宋代开始盛行的纬三重起花的重纬织锦，是唐代纬起花锦的发展，宋锦往往以用色典雅沉重见长。云锦基本是重纬组织而又兼用唐以前织成的织制方法，用色浓艳厚重，别具一格。

蜀锦提花准确，锦面平整细密，色调淡雅柔和，独具特色。

如出土的茂花闪色锦，经纬组织结构和织制方法都比较奇特，一组组先染色金黄、黄绿、翠绿等经丝，显出层次丰富的闪色效果。

总之，宋代纺织技术达到了高度发展的阶段。织造技术的丰富，使得丰富多彩的棉麻织品与富丽堂皇的丝织品得到了空前的发展，为宋代服饰的多样化发展提供了条件。

阅读链接

宋代织造工艺技术在花纹图案、组织结构等方面都有所发展。据说，著名的壮锦也是起源于宋代。

宋代给官吏分七个等级发给"臣僚袄子锦"作为官服，分为翠毛、宜男、云雁细锦、狮子、练鹊、宝照大花锦及宝熙中花锦七种。另外，还有倒仙、球路、柿红龟背等。

如新疆维吾尔自治区阿拉尔出土的一件北宋时代织制的灵鹫双羊纹锦袍，袍上的灵鹫双羊纹样，组织排列带有波斯图案的风格，这是宋代东西文化交流影响的结果。

元代乌泥泾棉纺技艺

　　乌泥泾手工棉纺织技艺，源于黄道婆自崖州带回的纺织技艺。元代劳动妇女黄道婆，把在崖州学到的纺织技术带回故乡并进行改革，提高了纺纱效率，也使棉布成为广大人民普遍使用的衣料。

　　黄道婆对棉纺织工具进行了全面的改革，制造了新的擀、弹、纺、织等工具，刷新了棉纺业的旧面貌，促进了元代棉纺织业的发展。黄道婆对纺织业的贡献为后世所赞誉。

■ 黄道婆纺织蜡像

元代乌泥泾棉纺技艺，是通过黄道婆的推广和传授，在乌泥泾形成的织被方法。当时的"乌泥泾被"工艺精湛，广泛受到人们的喜爱。

黄道婆的辛勤劳动推动了当地棉纺织业的迅速发展，乌泥泾所在的地松江一带，也成了元代全国的棉织业中心。

黄道婆是元代松江府乌泥泾镇人，出生于贫苦的农民家庭，在生活的重压下，十二三岁就被送给富贵人家当童养媳。白天她下地干活，晚上纺纱织布到深夜，还要遭受公婆、丈夫的非人虐待。沉重的苦难摧残着她的身体，也磨炼了她的意志。

衣被天下

■黄道婆纺线蜡像

有一次，黄道婆被公婆、丈夫一顿毒打后，又被关在柴房不准吃饭，也不准睡觉。她再也忍受不住这种非人的折磨，决心逃出去另寻生路。

半夜，她在房顶上掏洞逃了出来，躲在一条停泊在黄浦江边的海船上。后来就随船到了海南岛的崖州，就是现在的海南省崖县。

在封建社会，一个从未出过远门的年轻妇女只身流落异乡，人生地疏，无依无靠，面临的困难可想而知。但是淳朴热情的黎族同胞十分同情黄道婆的不幸遭遇，接受了她，让她有了安身之所，并且在共同的劳动生活中，还把本民族的纺织技术毫无保留地传授给她。

当时黎族人民生产的黎单、黎幕等闻名海内外，棉纺织技术比较先进。黎单是一种用作卧具的杂色织品，黎幕是一种可做幛幕的精致

■ 黄道婆向黎族同
胞学习纺织铜像

原棉 中国纺织行
业的用语。原棉
也称"皮棉"，
纺纱原料。籽棉
经过轧棉使纤维
与棉籽分离，轧
下纤维可用作纺
纱原料的，称为
原棉。

纺织品。

　　黄道婆聪明勤奋，虚心向黎族同胞学习纺织技术，并且融合黎汉两族人民的纺织技术的长处，逐渐成为一个出色的纺织能手，在当地大受欢迎，和黎族人民结下了深厚的情谊。

　　元仁宗年间，黄道婆从崖州返回故乡，回到了乌泥泾。当时，中国的植棉业已经在长江流域普及，但纺织技术仍然很落后。松江一带使用的都是旧式单锭手摇纺车，功效很低，要三四个人纺纱才能供上一架织布机的需要。

　　黄道婆看到家乡棉花纺织的现状，决心致力于改革家乡落后的棉纺织生产工具。她跟木工师傅一起，经过反复试验，把用于纺麻的脚踏纺车改成三锭棉纺车，使纺纱效率一下子提高了两三倍，而且操作也很省力。

这种新式纺车很容易被大家接受，在松江一带很快推广开来。

在黄道婆之前，脱棉籽是棉纺织进程中的一道难关。棉籽粘生于棉桃内部，很不好剥。

13世纪后期以前，脱棉籽有的地方用手推铁棍碾去籽，有的地方直接用手剥去籽，效率相当低，以致原棉常常积压在脱棉籽这道工序上。黄道婆推广了轧棉的搅车之后，工效大为提高。

黄道婆除了在改革棉纺工具方面做出重要贡献以外，她还把从黎族人民那里学来的织造技术，结合自己的实践经验，总结成一套比较先进的"错纱、配色、综线、絜花"等织造技术，热心向人们传授。

黄道婆在棉纺织工艺上的贡献，总结起来主要体现在捍、弹、纺、织几个方面：

捍的工艺，废除了用手剥棉籽的原始方法，改用搅车，进入了半机械化作业。

弹的工艺，废除了此前效率很低的1.5尺长弹棉弓，改用4尺长装绳弦的大弹弓，敲击振幅大，强劲有力。

431

锦上添花

近古时期

■ 黄道婆的纺织工具

源
远
流
长
的
历
史
文
化

■ 黄道婆发明的纺织工具

王祯 （1271—1368），字伯善，元代东平（今山东东平）人。元代农学、农业机械学家。著成《王祯农书》或《农书》，全面系统地论述了广义的农业，对南北农业的异同进行了分析和比较，有比较完备的《农器图谱》，在《百谷谱》中还有对植物性状的描述。

纺的工艺，改革单锭手摇纺车为三锭脚踏棉纺车，生产效率大大提高。

织的工艺，发展了棉织的提花方法，能够织造出呈现各种花纹图案的棉布。

中国元代农学家、农业机械学家王祯在他的《农书》中记载了当时的棉纺织工具。其中有手摇两轴轧挤棉籽的搅车，有竹身绳弦的4尺多长的弹弓，有同时可纺三锭的脚踏纺车，有同时可绕八个棉纤的手摇轩车等。

这些工具的制作和运用，说明黄道婆在提花技术方面已能熟练地使用花楼。

黄道婆在实践中改进了捍、弹、纺、织手工棉纺织技术和工具，形成了由碾籽、弹花、纺纱到织布最先进的手工棉纺织技术的工序。从此，她的家乡松江一跃而成为全国最大的棉纺织中心。

当时乌泥泾出产的被、褥、带、帨等棉织物，上有折枝、团凤、棋局、字样等各种美丽的图案，鲜艳如画。一时间，"乌泥泾被"不胫而走，附近上海、太仓等地竞相仿效。这些纺织品远销各地，很受欢迎，历经几百年久而不衰。

乌泥泾的印染技艺也很著名。当地出产的扣布、稀布、标布、丁娘子布、高丽布、斜纹布、斗布、紫花布、刮成布、踏光布等，还有印染的云青布、毛宝蓝、灰色布、彩印花布、蓝印花布等，都和"乌泥泾被"一样享有盛誉。

棉花种植的推广和棉纺织技术的改进是13—14世纪中国经济生活中的一件大事。它是当时社会生产力发展的一个标记，改变了中国广大人口衣着的物质内容，改变了中国农村家庭手工业的物质内容。

黄道婆的棉纺织技艺改变了上千年来以丝、麻为主要衣料的传统，改变了江南的经济结构，催生出一个新兴的棉纺织产业，江南地区的生活风俗和传统婚娶习俗也因之有所改变。

这件事对14世纪以后中国社会经济的发展和变

松江 上海历史文化的发祥地。松江古称华亭，别称有云间、茸城、谷水等，是江南著名的鱼米之乡。松江历史悠久，自古经济发达，文化兴盛，人才荟萃。据考古发现，距今约六千年，先民们就在九峰一带劳动生息，创造了崧泽型和良渚型等古文化。元代时成为当时全国最大的棉纺织中心。

■ 乌泥泾花布服饰

黄道婆教民纺织蜡像

源远流长的历史文化

化具有重大的影响，乌泥泾手工棉纺织技艺是中国纺织技术的核心内容之一。黄道婆及手工棉纺织技术，是不断发展中的中国纺织技术的一个缩影。不仅体现了汉、黎两族的劳动智慧结晶，而且促进了各民族之间的交往。

阅读链接

在黄道婆的故乡上海市华泾镇北面的东湾村，有一座黄道婆墓。始建于元代，几度沧桑。

1957年，由上海市人民政府修复，并立碑，碑正面题"元代纺织家黄道婆之墓"，反面墓志详述其一生事迹。

在黄道婆故乡的一座黄母祠里，有一尊黄道婆的塑像：一位辛劳而慈祥的农村妇女，手持棉花，头扎布巾，凝视端坐，朴素而又庄重。

那一带的民谣唱道："黄婆婆，黄婆婆！教我纱，教我布，两只筒子两匹布。"

近世时期

明清两代是中国历史上的近世时期。这一时期，中国的印纺业有了长足发展，取得了令人瞩目的成绩。

明代织染工艺从技术到工具都达到了新的高度，清代丝织品云锦、棉纺品紫花布和毛纺品氆氇都驰名中外。

而被称为"中国四大名绣"的苏绣、湘绣、粤绣、蜀绣以其本身所具有的鲜明艺术特色，向世人显示出中国刺绣工艺独特的魅力，享誉海内外。

明代纺织印染工艺

明代的纺织业，无论是纺织工具还是纺织技术都达到了新的高度，织物的品种较之元代更加丰富，涌现了许多色彩和图案独具特色的极具审美价值的产品。

明代的染织工艺，除了传统的丝、麻、毛等染原料仍被广泛应用外，棉花在这时期已经取代了丝、麻的地位，成为人们服饰的主要染织品。

■ 穿着各种服饰的明代人

明代纺织品种极为丰富，包括丝、麻、毛、棉几种，其中尤其以丝织工艺为最高。

明代丝织品中的锦缎，纹样一般单纯明快，气魄豪放，色彩饱满，讲究对比。江浙一带出产的明锦，以缎地起花，质地较厚，图案花头大，造型饱满苗壮，故名"大锦"；其色彩瑰丽多姿，对比强烈，尤多使用金线，辉煌灿烂犹如天空之云霞，故又称"云锦"。

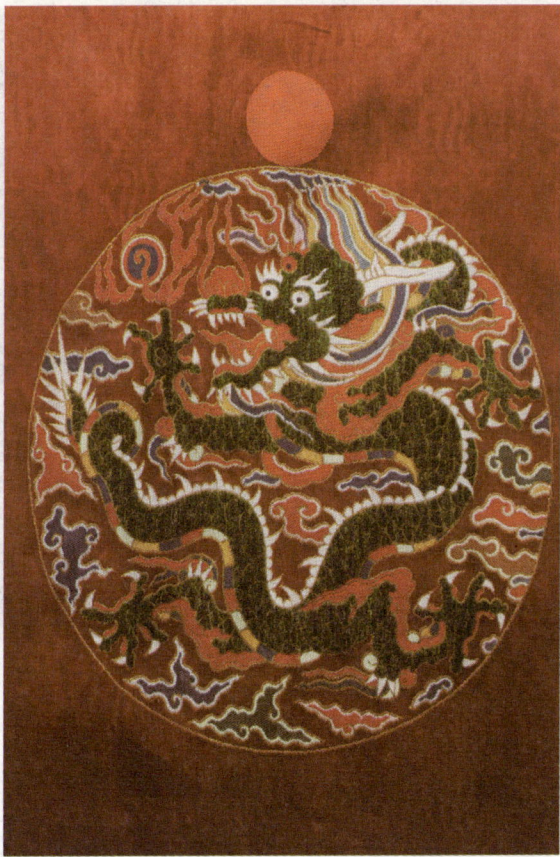

■ 明代罗袍

江浙出产的明锦是明朝宫廷的专用织品，多用于制作帐幔、铺垫、服装和装裱等。其中，以织金缎和妆花缎最为名贵。

织金缎是从元代的"纳失失"发展而来的。它的图案设计花满地少，花纹全用金线织就，充分利用金线材料达到显金的效果。

妆花缎为明初新创，它将一般通梭织彩改成分段换色，以各色彩纬用"通经断纬"的方法在缎地上妆花。它是明代织造工艺中最为复杂的品种，特点是用色多，可以无限制地配色，一件织物可以织出十种乃至二三十种颜色。

通经断纬 一般是以生丝做经线，熟丝做纬线。缂丝之高贵，首先因其耗费工时巨大，以万缕千丝成其工巧。其次，缂丝技易学难精，需要纯熟的工艺技巧和相当高的书画艺术修养，许多缂丝书画具有很高的艺术鉴赏价值。

明代汉服

妆花 织锦中云锦的品种之一。明代妆花织物的纹饰图案多选取寓意吉祥如意的花卉、翎毛、鱼虫、走兽、祥云、八仙、八宝等；色彩以红、黄、蓝、白、黑、绿、紫等为基本色，并用晕色法配色，色调浓艳鲜亮，绚丽而协调。

而图案的主体花纹又往往是通过两个层次或三个层次的颜色来表现，色彩的变化十分丰富，非常精美富丽，艺术性也最高。

明代苏州产的锦缎是在唐代纬锦织造技术的基础上发展起来的，是一种纬三重起花的重纬织锦。它质地薄，花纹细，多仿宋锦图案和宋代建筑的彩绘图案，用色古雅，故称"宋式锦"。

主要图案是在几何纹骨架中添加各种团花或折枝小花，花头较小，故又称"小锦"。这种锦缎图案古朴规整，色彩柔和文雅，常用于装潢书画，故又有"匣饰"之称。

明代在福州出现的一种丝织品，名为"改机"。它将原先与苏州相同的两层锦改为四层经线、两层纬线的平纹提花织物。

这种织物不仅质薄柔软，色彩沉稳淡雅，而且两面花纹相同。它有妆花、织金、两色、闪色等各种品种，多用来做衣服与书画的装潢。

绒是指表面带有毛绒的一类丝织物。明代已有织绒、妆花绒、缂丝绒、漳绒等品类。

其中妆花绒又名"漳缎"，原产于福建省漳州，它以贡缎的织物作地，多为杏黄、蓝、紫色，而以妆花锦的图案起绒，绒花则多为黑色、蓝色。漳绒又名"天鹅绒"，明代大量生产，有暗花、五彩、金地等各种品种，常用来做炕毯和垫子。

明代缂丝技术有了进一步发展，不仅大量采用金线和孔雀羽毛，而且出现了双子母经缂丝法，可以随织者的意图安排画面的粗细疏密，也可以随题材内容的不同而变换织法，使织物更加层次分明，疏密有致，而富于装饰性。

缂丝的应用范围也更加广泛，除去传统的画轴、书法、册页、卷首、佛像、裱首之外，袍服、幛幔、

双子母经缂丝法 即用一根纬线在两根经线上缠绕，其特点是在织造时可以随作者的意图安排画面的粗细疏密，也可以随题材内容的不同而变换织法，采用这种技法，能使缂丝制品更加层次分明，疏密均匀而富于装饰性。

■ 明代祝寿图妆花缎

明代贵族服饰

椅披、桌围、挂屏、坐垫、装裱书画等也无不采用，并出现了一些前所未见的巨幅制作。

如《瑶池集庆》图高达2.6米，宽2.05米；《赵昌花卉》图卷也长达2.44米，宽0.44米。

明锦纹样丰富多彩。内容有四类：云龙凤鹤类、花鸟草芥类、吉祥博古类、几何文字纹类。

云龙凤鹤类比重大、变化多。云纹有四合云、如意形组合、七巧云、鱼形云兼水波变化，还有树形云、花形云等。

龙纹由牛头猫耳、虾目、狮鼻、驴口、蛇身、鹰爪、鱼尾等构成，有云龙、行龙、团龙、坐龙、升龙、降龙等；凤纹有云凤、翔凤、丹凤朝阳、凤穿花枝等；鹤纹有云鹤、团鹤、松鹤延年等。

花鸟草芥类受绘画影响。有"岁寒三友"松竹梅，梅兰竹菊"四君子"，"富贵万年"芙蓉、桂花万年青，"盛世三多"佛手、仙桃、石榴，"宜男多子"萱草、石榴，"喜上眉梢"喜鹊登梅，"青鸾献寿"鸾凤衔桃，"灵知增禄"鹿衔灵芝，"福从天来"蝙蝠祥云，"连年有余"莲花金鱼，"金玉满堂"金鱼海棠等。

吉祥博古类多以器物喻义，有"平升三级"瓶插三戟。

"八宝"指的是宝珠、方胜、玉磬、犀角、金钱、菱镜、书本、艾叶等；

"八仙"指的是扇、剑、葫芦拐杖、道情筒拂尘、花篮、云板、笛、荷花等；

"八吉"是舍利壶、法轮、宝伞、莲花、金鱼法螺、天盘长等。

多与儒、道、释三教有关。

几何文字纹类发展传统，有万字格、锁子、回纹、龟背、盘绦、如意、樗蒲、八达晕等。

字有福、寿、禄、禧、万、吉、双喜，五福寿字团花（五福捧寿），"吉祥如意"篆书吉语等。

图案组织有：

"团花"，有团龙、图鹤、云纹、牡丹、灯笼、鱼纹、樗蒲等，图案规范化；

"折枝"有鸳鸯戏水、瑞鹊衔花、干枝梅、秋葵等。

取绘画形式：缠枝最为流行，连续波伏骨架间列花朵卷叶，早期花叶相称协调，晚期叶小花大显枝茎，承传统发展。几何形规则而程式化。

明代的麻织工艺，在中国的东海地区有很大的发展。麻布的品类也比较多，有麻布、苎布、葛布、蕉布等。生产最著名

明代女子服饰

的地区有江苏省的太仓、镇江，福建省的惠安，广西壮族自治区的新会等地。

此外，在中国西南少数民族地区，还生产一种著名的绒锦。它是用麻做经，用丝做纬，织成无色绒。出产在贵州省等地。

明代毛织品较少，主要是地毯，多为白地蓝色花纹，而以黑色为边，毛散而短。明清时期以后，中原内地和边疆生产的毛毯，除供达官贵人们享用外，也开始向欧洲出口。

明代的棉织工艺，在元代发展的基础上，特别是黄道婆对棉织技术传播后广泛发展的基础上，有了迅速的提高，生产几乎遍及全国。最著名的仍为江南一带，其中特别是江苏省产量很大，质地优美，成为全国棉织工艺的中心。

棉布的品种不断增加，仅江苏省一地所产的布就有龙墩、三棱、飞花、荣斑、紫花、眉织、番布、锦布、标布、扣布、稀布、云布、丝布、浆纱布、衲布等多种。

明代官服

其中，龙墩布轻薄细软，经过改进的云布精美如花绒，三棱布薄而软，丁娘子布光如银，都是很受欢迎的精美织品。

苏州产的有药斑、刮白、官机、缣丝、斜纹等品种。当地的织工，将不少丝织物的织造方法引入到了棉纺织中，使工艺更加精进。

明代染织品的用途，主要分为三种：一是作为冠服；二是制帛；三是诰敕。明代设有颜料局，掌管颜料。由于配色、拼色工艺方法的进一步发展，颜料和染剂的品种也较以前有显著的增加。

据宋应星《天工开物·彰施》记载，当时已能染制大红、莲红、桃红、银红、水红、木红、紫色、赭黄、金黄、茶褐、大红官绿、豆绿、油绿、天青、葡萄青、毛青、翠蓝、天蓝、玄色、月白、草白、象牙、藕荷等四五十种颜色，色彩经久不变，鲜艳如新。不仅普遍流行单色浇花布，还能制作各色浆印花布。

当时用猪胰等进行脱胶练帛和精炼棉布的方法，使得织物外观的色泽更加柔和明亮。这是在印染工艺中首次运用的生物化学技术。

此外，边陲地区的少数民族在纺织和印染技术方面也有相当的发展。如西北少数民族的地毯、壁毯、回回锦、和田绸，西南少数民族的苗锦、侗锦、壮锦、土锦，苗族、布依族、土家族的蜡染等，均具有浓郁的地方风味和鲜明的民族审美特点，拥有强大的生命力。

阅读链接

《金瓶梅》以宋代徽宗当政时期为故事背景，实际上写的是明代嘉靖年间发生在古大运河山东境内一带的社会故事。书中最引人注意而饶有兴趣的是所写到的各种各样的丝、棉、绒织品，真是令人眼花缭乱，难以计数。

例如，纺织品有鹦哥绿纻丝衬袄、玄色纻丝道衣、白鸥纻丝、青织金陵绫纻等；棉布有毛青布大袖衫、好三梭布、大布、白布裙、玄色焦布织金边五彩蟒衣等。此外还有很多，可见当年国内纺织业之兴盛繁荣。

清代丝织云锦工艺

在古代丝织物中，锦是代表最高技术水平的织物。而江宁织造局纺织的云锦集历代织锦工艺艺术之大成，与四川成都的蜀锦、江苏苏州的宋锦、广西壮族自治区的壮锦并称"中国四大名锦"。

江苏南京云锦具有丰富的文化和科技内涵，被专家称作中国古代织锦工艺史上的最后一座里程碑，公认为"东方瑰宝""中华一绝"。也是汉民族和全世界最珍贵的历史文化遗产之一。

南京龙纹云锦

■ 南京云锦孔雀开屏

　　清代，江南成为最为重要的丝织业中心。清朝朝廷在江南设立三个织造局，史称"江南三纺造"，负责织制皇帝所用、官员所用、赏赐以及祭祀礼仪等所需的丝绸。其中以江宁织造局所织的云锦成就最高。

　　因为清代的江宁就是现在的南京，故被后人称为南京云锦。

　　南京云锦工艺独特，用老式的提花木机织造，必须由提花工和织造工两人配合完成，两个人一天只能生产五六厘米，这种工艺至今仍无法用机器替代。

　　其主要特点是逐花异色，通经断纬，挖花盘织，从云锦的不同角度观察，绣品上花卉的色彩是不同的。由于被用于皇家服饰，所以云锦在织造中往往用料考究、不惜工本、精益求精。

　　南京云锦是用金线、银线、铜线及长丝、绢丝，

江宁织造局 清朝的行走机构，重要的织造中心，位于如今南京的市中心大行宫地区，为清代专门制造御用和官用缎匹的官办织局，丝绸产品只供皇帝和亲王大臣使用。为《红楼梦》作者曹雪芹之曾祖父曹玺，祖父曹寅，父辈曹颙、曹頫三代袭官居住地。

各种鸟兽羽毛等来织造的，比如皇家云锦绣品上的绿色是用孔雀羽毛织就的，每个云锦的纹样都有其特定的含义。

如果要织一幅0.78米宽的锦缎，在它的织面上就有1.4万根丝线，所有花朵图案的组成就要在这1.4万根线上穿梭，从确立丝线的经纬线到最后织造完成，整个过程如同给

■ 南京云锦作品

计算机编程一样复杂而艰苦。

南京云锦，技艺精绝，文化艺术含义博大精深。皇帝御用龙袍上的正座团龙、行龙、降龙形态，代表"天子""帝王"神化权力的象征性。

与此相配的"日、月、星辰、山、龙、华虫、宗彝、藻、火、粉米、黼、黻"的章纹，均有"普天之下，莫非皇土，统领四方，至高无上"的皇权象征性。

祥禽、瑞兽、如意云霞的仿真写实和写意相结合的纹饰，以及纹样的象形、谐音、喻义、假借等文化艺术造型的吉祥寓意纹样、组合图案等也无一例外。

这些纹样图案，表达了中国吉祥文化的核心主题的设计思想，这就是"权、福、禄、寿、喜、财"要素，表达了人们对幸福的热情向往。

南京云锦图案的配色，主调鲜明强烈，具有一种庄重、典雅、明

快、轩昂的气势，这种配色手法与中国宫殿建筑的彩绘装饰艺术是一脉相承的。

就"妆花缎"织物的地色而言，浅色是很少应用的。除黄色是特用的底色外，多是用大红、深蓝、宝蓝、墨绿等深色作为底色。而主体花纹的配色，也多用红、蓝、绿、紫、古铜、鼻烟、藏驼等深色装饰。

由于运用了色晕和色彩调和的处理手法，使得深色地上的重彩花，获得了良好的艺术效果，形成了整体配色的庄重、典丽的主调，非常协调于宫廷里辉煌豪华和庄严肃穆的气氛，并对封建帝王的黄色御服起着对比衬托的效果。

云锦图案的配色，多是根据纹样的特定需要，运用浪漫主义的手法进行处理的。如天上的云，就有白云、灰云、乌云等。

在云锦纹样设计上，艺人们把云纹设计为四合云、如意云、七巧云、行云、勾云等造型，是根据不同云势的特征，运用形式美的法则，把它理想化、典型化了。这是艺术创造上典型化、理想化所取得的动人效果。

云锦妆花云纹的配色，大多用红、蓝、绿三种色彩来装饰，并以浅

彩绘　中国最古老的漆器工艺品种，秦汉时期就已有很高的制作水平。其工艺采用中国大漆与入漆色调制成的各种色彩，按画面及工艺要求绘制在髹好的漆面上，装饰在各类壁画、屏风、家具和各种礼品、纪念品上，图案纹样优美，栩栩如生，可反映古今不同时代的画面，色彩雅致，气韵生动，具有中国工笔重彩画的特色。

■ 南京云锦凤凰

■ 南京云锦仙鹤

红、浅蓝、浅绿三色作为外晕，或通以白色作为外晕，以丰富色彩层次的变化，来增加其色彩节奏的美感。

云锦妆花织物上云纹的这种配色，也是这个道理。它不仅丰富了整个纹样色彩的变化，而且加以金线绞边，这就更符合人们对祥云、瑞气和神仙境界的想象与描绘。

五彩祥云和金龙组合在一起，表现出龙翱翔于九天之上，就更符合于封建帝王的心理，为统治者所喜爱。

在云锦图案的配色中，还大量地使用了金、银这两种光泽色。金、银两种色，可以与任何色彩相调和。"妆花"织物中的全部花纹是用片金绞边，部分花纹还用金线、银线装饰。

金银在设色对比强烈的云锦图案中，不仅起着调和统一全局色彩的作用，同时还使整个织物增添了辉煌的富丽感，让人感到更加绚丽悦目。这种金彩交辉、富丽辉煌的色彩装饰效果，是云锦特有的艺术特色。

云锦使用的色彩，名目非常丰富。如把明清两代江宁官办织局使用的色彩名目，从有关的档案材料中去发掘，再结合传世的实物材料去对照鉴别，定可整理出一份名目极为丰富并具有民族传统特色的云锦配色色谱来。包括赤橙色系、黄绿色系和青紫色系。

属于赤色和橙色系统的有大红、正红、朱红、银红、水红、粉红、美人脸、南红、桃红、柿红、妃红、印红、蜜红、豆灰、珊瑚、红酱等。

属于黄色和绿色系统的有正黄、明黄、槐黄、金黄、葵黄、杏黄、鹅黄、沉香、香色、古铜、栗壳、鼻烟、藏驼、广绿、油绿、芽绿、松绿、果绿、墨绿、秋香等。

属于青色和紫色系统的有海蓝、宝蓝、品蓝、翠蓝、孔雀蓝、藏青、蟹青、石青、古月、正月、皎月、湖色、铁灰、瓦灰、银灰、鸽灰、葡灰、藕荷、青莲、紫酱、芦酱、枣酱、京酱、墨酱等。

云锦图案常用的图案格式有团花、散花、满花、缠枝、串枝、折枝几种。

团花就是圆形的团纹，民间机坊的术语叫"光"。如四则花纹单位的团花图案，就叫"四则光"；二则单位的，叫"二则光"。团花图案，一般是用于衣料的设计上。

设计团花纹样，是按织料的门幅宽度和团花则数的多少来进行布局。则数少，团纹就大；则数多，团纹就小。比如一则团花是直径40～46厘米，而八则团花则是直径4.6～6.6厘米，相比之下显然差很多。

团花纹样，有带边的和不带边的两种。带边的团花，要求中心花纹与边纹有适度的间距，并有粗细的区别，使中心主花突出，达到主宾分明、疏密有致的效果。

散花主要用于库

南京云锦祥兽

■ 南京云锦仙人图

库缎 又名"花缎",或者"摹本缎",用全真丝色织的传统缎类丝织物。库缎原是清代的御用贡品,以织成后输入内务府的缎四库而得名。库缎包括起本色花库缎、地花两色库缎、妆金库缎、金银点库缎和妆彩库缎几种。晚清乃至民国初年,一般士绅常用作袍服、马褂的面料。直到现在,蒙、藏等少数民族仍然十分喜爱。

缎设计上。散花的排列方法有:丁字形连锁法、推磨式连续法、幺二三连续法,也称幺二三皮球、二二连续法、三三连续法等。也有以丁字形排列与推磨法结合运用的。

以上各种布列方法,并没有刻板的定式,都是设计时根据实际需要灵活地变化运用。

满花多用于镶边用的小花纹的库锦设计上。满花花纹的布列方法有散点法和连缀法两种。散点法排列比散花排列要紧密。

用连缀法构成的满花,多用于二色金库锦和彩花库锦上,设计时必须掌握托地显花的效果。

缠枝是云锦图案中应用较多的格式。缠枝花图案在唐代非常流行,最早多用于佛帔幛幔、袈裟金襕上。后来一直被承袭应用,成为中国锦缎图案常用的表现形式。

云锦图案中常用的缠枝花式有缠枝牡丹和缠枝莲。婉转流畅的缠枝,盘绕着敦厚饱满的主题花朵,缠枝有如月晕,也好似光环。

再加以灵巧的枝藤、叶芽和秀美的花苞穿插其间,形成一种韵律、节奏非常优美的图案效果。整件织品看起来，花清地白，锦空匀齐，具有浓郁的装饰风格。

串枝是云锦花卉图案中常用的一种格式。串枝图案的效果乍看起来与缠枝图案似无多大区别；但仔细分辨，两者还是有不同的地方。

缠枝，它的主要枝梗必须对主题花的花头，做环形的缠绕。

串枝，它是用主要枝梗把主题花的花头串联起来，在单位纹样中，看不出这种明显的效果，当单位纹样循环连续后，枝梗贯串相连的气势便明显地显示出来。

折枝，是一种花纹较为写实的图案格式。"折枝"，顾名思义就是折断的一枝花，上面有花头、花苞和叶子。在折枝纹样的安排处理上，要求布局匀称，穿插自如，折枝花与折枝花之间的枝梗无须相连，应保持彼此间的间断与空地。

单位纹样循环连续后，富有一种疏密有致、均匀和谐的美感。这种构图方法，多用于彻幅纹样或二则大花纹单位的妆花缎设计上，整

■南京云锦花开图

南京云锦麒麟

幅的织成效果非常富有气派。

　　总之，南京云锦历史悠久，纹样精美，配色典雅，织造细致，是纺织品中的集大成者。它不但具有珍稀、昂贵的历史文物价值，而且是典藏吉祥如意、雅俗共赏的民族文化象征。

阅读链接

　　相传，古南京城内有一位替财主干活的老艺人，有一次为财主赶织一块"松龄鹤寿"的云锦挂屏。可他一夜才织出五寸半，眼看要交货的时间到了，老人急得晕倒在织机旁。

　　就在这时，天空闪出万道金光，接着浮云翩翩，两个姑娘奉云锦娘娘之命，来到老艺人家。

　　她们把老艺人扶上床，自己就坐到机坑里面熟练地织起云锦来。霎时间，织机声响连连，花纹现锦上。花纹好像仙境一样，青松苍郁，泉水清澈，两只栩栩如生的仙鹤丹顶血红，非常耀眼。

明清时期的苏绣

苏州刺绣的发源地在苏州吴县一带，这是狭义的苏绣，而广义的苏绣是以苏州为集散中心，遍及江苏全境的一种著名手工艺品。明清时期，苏绣与湘绣、粤绣、蜀绣合称为"中国四大名绣"。

明代时，江苏已成为全国的丝织手工业中心，与此同时，绘画艺术方面的发展也推动了苏绣的发展。清代是苏绣的全盛时期，真可谓流派竞秀，名手辈出。皇室享用的大量纺织品，几乎全出于艺人之手。

■ 苏州刺绣龙袍

■ 苏绣荷花白露

苏绣历史悠久，据西汉刘向《说苑》记载，早在两千多年前的春秋时期，吴国已将刺绣用于服饰上。三国时期，吴王孙权曾命赵达丞相之妹手绣《列国图》。

《清秘藏》叙述苏绣"宋人之绣，针线细密，用线一二丝，用针如发细者为之。设色精妙，光彩射目"。可见在宋代苏绣艺术已具有相当高的水平。

据有关史料记载，自宋代以后，苏州刺绣之技术十分兴盛，工艺也日臻成熟。

苏绣用于装饰室内，馈赠亲友，同时也是收藏精品和外贸工艺品。

苏绣在分类上主要有人物肖像类、山水风景类、动物类、各种花卉类、油画静物及其他分类。

苏绣在品质上主要分为：精品刺绣，包括人物肖像及高档风景刺绣；中档刺绣，主要是以乱针绣为主的精品人物类和风景类；还有普通刺绣及低档刺绣。

苏绣具有图案秀丽、构思巧妙、绣工细致、针法活泼、色彩清雅的独特风格，地方特色浓郁。苏绣以其逼真的艺术效果名满天下，其绣技具有"平、齐、和、光、顺、匀"的特点。

刘向（约前77—前6），西汉经学家、目录学家、文学家。刘向的散文主要是奏疏和校雠古书的"叙录"，较有名的有《谏营昌陵疏》和《战国策叙录》，叙事简约、理论畅达、舒缓平易是其主要特色。此外，他还著有《楚辞》《别录》《列女传》《战国策》等。

"平"指绣面平展；"齐"指图案边缘齐整；"细"指用针细巧，绣线精细；"密"指线条排列紧凑，不露针迹；"和"指设色适宜；"光"指光彩夺目，色泽鲜明；"顺"指丝理圆转自如；"匀"指线条精细均匀，疏密一致。

明代，苏州的丝织业日趋发达，苏州城东成为苏州丝织业的中心。与此同时，刺绣也随之兴起，家家养蚕，户户刺绣。豪门贵族的小姐做女红，以此消磨时光，陶冶性情。这时苏绣已经形成了独特的风格。

这说明，经过两千多年历史的发展，苏绣的技艺至明代便进入了成熟时期，形成了自己的风格。精细雅致的苏绣深得人们的喜爱。

明代洪武年间，朝廷复建织造局于苏州天心桥东。永乐年间，始派京官来苏州督造，设制造府，总管苏绣宫货的采办。有设制造馆，集中若干机户、绣工进行专业生产。

明代嘉靖年间上海"露香园顾绣"的出现，对苏绣风格的形成有举足轻重的影响。

顾绣代表人物韩希孟，是"露香园"主人顾名世的孙媳，她的艺术特点，在于利用绘画为基础，尽力发挥刺绣针法与调和色彩的表现能力，使

韩希孟 生活于明代万历、崇祯年间。出身湖南武陵书香门第，嘉靖进士顾名世次子顾振海的二儿媳顾寿潜妻。善画花卉，工刺绣，多用朱绣名款，传世作品较多，为世所珍，也称"韩媛绣"。因其为顾寿潜之妻，而且顾家有露香园，故又称其刺绣为露香园绣，简称"顾绣"。

■ 苏州织绣

■ 苏绣冬景戏婴图

德龄（约1886—1944），汉军正白旗人，德龄的祖先本是汉人姓徐，入旗后称名而不称姓，自称德龄公主或德龄郡主。因曾担任慈禧的御前女官并用英文写作了这段经历而闻名。

绣品效果达到淋漓尽致、相得益彰。

明代苏绣在吸取韩希孟的长处后，无论在原料、针法还是绣工上，与当时的鲁绣、东北的缉线绣、北京的洒线绣截然不同，形成了图案秀丽、色彩文雅、针法活泼多变、绣工精细的特有风格，称誉全国。可以说，明代刺绣中最著名的是顾绣。

清代宫廷内的帘、垫、罩、衣之类，无不用绣。

据清代贵族德龄郡主所写的《回忆录》说，慈禧太后用大量的刺绣品来装饰和打扮自己。皇宫中专门有一处地方供刺绣宫女居住，形成一个规模很大的丝绣工场。宫女们从养蚕缫丝开始，到染线、设计绘作，一应俱全。

年龄大而有经验的宫女专门设计、绘画，几乎每天都能设计出一两套，交绣作的宫女绣制。完成后就送给慈禧太后以备使用。数量之多，使太后来不及一一穿用。

民间更是丰富多彩，广泛用于服饰、戏衣、被面、枕袋帐幔、靠垫、鞋面、香包、扇袋等方面。

这些苏绣生活用品不仅针法多样、绣工精细、配色秀雅，而且图案花纹含有喜庆、长寿、吉祥之意，深受群众喜爱。

苏绣在清代已成为苏州地区分布很广的家庭手工业，从事凤冠、霞帔、补子、官服、被面、枕套、鞋面、手帕、扇袋、挂件、荷包、帐帷、椅披、戏剧行头等各种各样绣品的制作。

为营销绣品，各种绣庄应运而生，甚至出现了有关刺绣的专业坊巷，如"绣线巷""绣花弄"等，苏州被称为"绣市"。苏州地区还出现了双面绣，标志着苏绣有了高度的艺术技巧。

在当时，皇室的日用绣品或艺术绣品，多出自苏绣艺人之手。在民间，如蔡群秀、沈英、沈立、朱心柏、徐志勤、钱蕙、林抒、赵慧君、沈关关、杨和、金采兰、江缪贞、潘志玉、张元芷、郭桐先等一大批苏绣艺人脱颖而出，成为当时的著名绣家。

最杰出的则首推清末苏绣艺术家沈寿，她吸收了西洋画中的明暗原理，十分注重物象的逼真，首创了"仿真绣"，对苏绣技艺的改进、发展、推广、传播，起到了积极的作用，在中国刺绣史上具有划时代的意义。

总之，明清两代苏绣工艺发达，承继宋代优良基础的刺绣，顺应时代的热烈风气，继续蓬勃昌盛，而且更上一层楼。

阅读链接

清代光绪年间，苏州绣坛的沈云芝，融西画肖神仿真的特点于刺绣之中，新创了"仿真绣"。曾在慈禧七十岁寿辰时绣了佛像等八幅作品祝寿，慈禧倍加赞赏，书写"寿""福"两字赐之。从此沈云芝改名"沈寿"。

沈寿的作品《意大利皇后爱丽娜像》，曾作为国家礼品赠送给意大利，轰动了意国朝野；《耶稣像》1915年在美国举办的"巴拿马——太平洋国际博览会"上获一等大奖，售价高达1.3万美元。

沈寿的"仿真绣"享誉中外，开创了苏绣崭新的一页。

明清时期的湘绣

　　湘绣是以湖南长沙为中心的有鲜明湘楚文化特色的刺绣的总称，是勤劳智慧的湖南人民在人类文明史的发展过程中，创造的一种具有湘楚地域特色的民间工艺。

　　明清时期，湘绣与苏绣、粤绣、蜀绣并称为"中国四大名绣"。

　　明清时期，随着艺术的发展，湘绣还吸收了中国古老文化中绘画、诗词、书法、金石等多种艺术的精华，其技艺和生产都获得了前所未有的活力，达到了空前的繁荣。

■ 湘绣精美饰品

湘绣的发源地是长沙。长沙自古为文化名城，也是中南地区的重镇。

长沙地处湘江尾闾，奔腾的湘江纵贯其间，西依岳麓山，东北则是济阳河冲积平原，境内江湖密织，山岳连绵，山川形胜，四通八达，地理位置可谓得天独厚，历来为蕴秀滋华之地。

湘绣艺术起源于湖南民间刺绣，历史悠久，源远流长。从1958年长沙战国楚墓中出土的绣品看，早在2500多年前的春秋时期，湖南地方刺绣就已有一定的发展。

■ 湘绣水乡出游

1972年又在长沙马王堆西汉古墓中出土了40件刺绣衣物，说明远在2100多年前的西汉时期，湖南地方刺绣已发展到了较高的水平。

从长沙战国楚墓和马王堆西汉古墓出土的大量绣品中，可以窥见当时的湖南地方刺绣技艺已经达到令人惊讶的高度。在此后漫长的发展过程中，湖南刺绣艺术逐渐培养了质朴而优美的艺术风格。

湘绣作品是室内装点的高贵饰品，是馈赠宾朋的高档礼物，是个人收藏的高尚选择，同时也是外贸工艺品。

湘绣品种分类，有按针法类别分类、按工艺分类、按产品形式分类几种形式。

湘绣的针法类别有单面绣和双面绣。单面绣是只呈现一张绣面，绣工用精湛的针法，令人眼花缭乱的200多种颜色的丝线，再辅以稿工的呕

源远流长的历史文化

木雕 雕塑的一种，是从木工中分离出来的一个工种，一般称之为民间工艺。可分为立体圆雕、根雕、浮雕三大类。多选用质地细密坚韧，不易变形的树种，如楠木、紫檀、红木等。采用自然形态的树根雕刻艺术品则为树根雕刻。有的还涂色施彩，用以保护木质和美化。

血力作才绣出完美的绣片。

绣片经过平烫后，让丝线的光泽和色彩融合到一起，工匠用画框装裱起来，正面用玻璃镶好，背面用防潮且坚固的纸板卡好，以便存放或收藏。

双面绣即正反两面都是相同的绣面，上面绝对找不出半点瑕疵，哪怕是一个不起眼的线头，这是中国四大名绣中绝无仅有的高超绣法。它不但绣工精湛，而且有些框架也绝对称得上是一件木雕精品，它采用原木雕刻再上朱漆。充分展现了湘绣的高雅与别致的韵味。

湘绣中的极品和精品，用的丝线以及绣工都是高级别的，比普通的湘绣制品更加细致。绣制一幅精品耗时比较长，其中融入了绣工的很多体力与时间。

根据丝线绣的疏密程度、丝线颜色是否亮丽、缎面是否光滑亮泽，可以看出绣品的等级，同一种图案绣工不同，质量也就不同，价格也随之而异。

湘绣按产品形式，主要品种有条屏、画片、被面、枕套、床罩、靠垫、桌布、手帕及各种绣衣。屏风分为小型屏风、挂屏和座屏。

湘绣以独特的针法绣出的绣虎、绣狮等动物毛丝根根刚健直竖，眼球有神，几可乱真。其特点是色彩鲜艳，形象逼真，构图章法严谨，画面质感强。

湘绣的特点是丝细如发，被称为"羊毛细绣"；在配色上善于运用深浅灰及黑白色，增强质感和立体感；结构上虚实结合，善于利用空白，突出主题；构图严谨，色彩鲜明，各种针法富于表现力。

明清时期，随着湘绣商品生产的发展，经过广大刺绣艺人的辛勤创造和一些优秀画家参与湘绣技艺的改革提高，把中国画的许多优良传统移植到绣品上，巧妙地将中国传统的绘画、刺绣、诗词、书法、金石各种艺术融为一体，从而形成了湘绣以中国画为基础，运用七十多种针法和一百多种颜色的绣线，充分发挥针法的表现力，精细入微地刻画物象外形内质的特点。

明代商品经济的发展促进了民间手工业的发展。商业性作坊的专业化生产，加上唐宋期间文人艺人的结合，对刺绣工艺品产生了巨大的影响，刺绣技术和生产获得了前所未有的活力，达到了空前的繁荣，进入了中国传统刺绣的巅峰时期。

明代湘绣工艺在用途方面，广泛流行于社会各阶层，制作无所不有，与后来的清代，成为中国历史上刺绣流行风气最盛的时期。一般实用绣作，品质普遍提高，材料改进精良，技巧娴熟洗练。

明代刺绣已成为一种极具表现力的艺术品，其中的湘绣工艺在承袭宋绣优秀传统的同时，能够推陈出新，有新发明。

■ 形象逼真的湘绣作品

用线主要仍多数用平线，有时也用捻线，丝细如发，针脚平整，而所用色线种类之多，则非宋绣所能比拟。同时又使用中间色线，借色与补色，绣绘并用，力求逼真原稿，极尽巧妙精微的湘绣技术。

清代初、中时期，国家繁荣，百姓生活安定，刺绣工艺得到了进一步的发展和提高，所绣物像变化较大，富于很高的写实性和装饰效果。

同时，由于清代刺绣用色和谐和喜用金针及垫绣技法，故使绣品纹饰具有题材广泛、造型生动、形象传神、独具异彩、秀丽典雅、沉稳庄重的艺术效果。

折射出设计者及使用者的巧思和品位，体现了清代刺绣所具有的丰富内涵和艺术价值。

■ 湘绣孔雀开屏

湘绣吸取了苏绣、粤绣、京绣等绣系的优点，发展成为刺绣艺苑的后起之秀。清代湘绣早期以绣制日用装饰品为主，以后逐渐增加绘画性题材的作品。

清代嘉庆年间，优秀绣工胡莲仙的儿子吴汉臣，在长沙开设第一家自绣自销的"吴彩霞绣坊"，作品精良，流传各地，湘绣从而闻名全国，标志着湘绣正式走向商品化的道路。

清光绪年间，宁乡画家杨世焯倡导湖南民间刺绣，长期深入绣坊，绘制绣稿，还创造了多种针法，提高了湘绣的艺术水平。

至光绪末年，湖南的民间刺绣已经发展成为一种独特的刺绣工艺系统，成为一种具有独立风格和浓厚地方色彩的手工艺商品走进市场。这时，"湘绣"这样一个专门称谓才应运而生。

此后，湘绣在技艺上不断提高，并成为蜚声中外的刺绣名品，远销海内外。

清代湘绣的特点是用丝绒线绣花，劈丝细致，绣件绒面花型具有真实感。常以中国画为蓝本，色彩丰富鲜艳，十分强调颜色的阴阳浓淡，形态生动逼真，风格豪放，曾有"绣花能生香，绣鸟能听声，绣虎能奔跑，绣人能传神"的美誉。

以特殊的鬅毛针绣出的狮、虎等动物，毛丝有力，威武雄健。

总之，湘绣作为中国四大名绣之一，吸取了中国传统刺绣艺术的精华，在明清时期形成了自己独特的风格，无愧于"远观气势宏伟，近看出神入化"的艺术效果。

阅读链接

清代末期艺术家杨世焯珍爱民间艺术。他中年后研究刺绣，积极扶持刺绣艺术的发展。他曾在他的家乡广收门徒，开馆传授绣艺，培养了大批的刺绣能手。

1898年，杨世焯带领一批宁乡绣工离开家乡，先后在宁乡县城及善化县荣湾市和长沙市贡院东街的杨氏试馆开设绣庄，推销绣品。

1904年，年逾六旬的杨世焯在长沙市鸡公坡五圣祠开设了春红簃湘绣庄，专门绣制供士大夫阶层欣赏的各种字画屏联，从来不制作小日用品和椅披堂彩之类的生活用物。

明清时期的粤绣

粤绣是指以广东广州为中心生产的手工丝线刺绣的总称，它包括以广州为代表的广绣和以潮州为代表的潮绣两大流派。粤绣凝聚着历代岭南艺人的天才与智慧，从艺术风格到创作思维都充满了岭南特色。

明清时期，粤绣与苏绣、湘绣、蜀绣合称为"中国四大名绣"。

明清时期，粤绣进入新的发展时期。当时的广州和潮汕，家家户户都会纺织刺绣。从婚嫁、祭祀、戏装，至枕巾、荷包，粤人用针线织造出了他们对生活的热情和深藏于心的真挚情感。

■ 粤绣梅凤图

■ 粤绣

粤绣历史悠久，始于一千余年前的唐代。

在唐代至五代十国期间，由于广州属于边疆地区未受到战乱的影响，刺绣与农业、手工业一样得到长足的发展。

关于粤绣有一段真实的故事。据唐代苏鄂在《杜阳杂记》中记载，唐代一个叫卢媚娘的14岁广东姑娘，纤巧无比，能在一幅一尺见方的丝绢上绣出7卷佛经《法华经》，字体比粟米还小，而且点画分明。

她又绣制了五彩丝缕结成的3米多长的伞盖"飞仙盖"，上面绣有山水、神仙、童子等不下千人。唐顺宗李诵曾嘉奖其工，并把卢媚娘称为"神姑"。

这个故事说明粤绣的历史是多么悠久绵长，技艺是多么卓越超群。

粤绣按刺绣技艺分，有丝线绣、金银线绣、双面绣、垫绣等；按欣赏品分，有条屏、座屏、屏风等。

按日用品分其品种很多，主要有服装、鞋、帽、

唐顺宗（761—806），名李诵，德宗的长子，居储位二十余年。即位后，锐意改革，采取了一系列有利民生的措施，整顿吏治，史称"永贞革新"。

苏鄂 唐玄宗时期宰相苏颋的同族。由于他居住在武功杜阳川，故书名题作《杜阳杂编》，共三卷，杂记唐代宗至唐懿宗十朝事，尤多关于海外珍奇宝物的叙述，叙事颇荒诞。它的语言特色对后世文人创作有一定影响。

质感 多指某物品的材质、质量带给人的感觉。一般指雕塑、绘画等艺术品所表现的物体的物质真实感。它是人的视觉或触觉对不同物态如固态、液态、气态的特质的感觉。在造型艺术中则把对不同物象用不同技巧所表现把握的真实感称为质感，又因媒介不同分为天然质感和人工质感。

头巾、被面、枕套、靠垫、披巾、门帘、台布、床罩等。此外还有用于宗教的绣品，大多为袍、服及寺庙内的装饰品。

粤绣具有独特的工艺，它构针法多样、善于变化，图案工整、富于夸张，题材广泛、繁而不乱。

粤绣用线多样化，除丝线、绒线外，也用孔雀毛绩做线，或用马尾缠绒做线。针法十分丰富，把针线起落、用力轻重、丝理走向、排列疏密、丝结卷曲形态等因素都用来强化图像的表现力。

粤绣主要针法有直扭针、捆咬针、续插针、辅助针、编绣、绕绣、变体绣等七大类二十八种。另有金银线绣针法，如平绣、织锦、编绣、绕绣、凸绣、贴花绣等六类十二种。

绣制时，根据设计意图及物像形状、质感和神

■ 粤绣松鹤延年

潮绣九龙屏风

态，巧妙地将各种针法互相配合和转换，以求达到良好的艺术效果。

钉金绣是粤绣的传统技法，又称"金银线绣"，针法复杂、繁多。它是颇具特色的粤绣工艺。

粤绣运用"水路"的独特技法，使绣出的图案层次分明，和谐统一。"水路"即在每一相邻近的刺绣面积之间，在起针和落针点之间留出约0.5毫米的等距离，从而在绣面形成空白的线条。

例如，在花卉的每朵花瓣、鸟禽的鸟羽之间，都留有一条清晰而均齐的"水路"，使形象更加醒目。

粤绣的题材比较广泛，有"三羊开泰"、孔雀开屏、百鸟朝凤、杏林春燕、松鹤猿鹿、公鸡牡丹、金狮银兔、龙飞凤舞、佛手瓜果等民间喜爱的题材，构图繁密，色彩浓重。鸟、龙、凤、古器则是最具传统特色的题材。

粤绣咏鹅

明代正德年间，粤绣经由欧洲商舶出口到葡萄牙、英国、法国等，成为朝廷和皇室、贵族们宠爱的服饰品。

明代粤绣还以国外进口的孔雀尾羽织成丝缕，绣制成服装和日用品等，金翠夺目，富丽华贵。

据中国营造学社创始人朱启钤的《存素堂丝绣录》记载，清代宫廷曾收藏有明代粤绣古器等八幅，被称为"博古围屏"。

上面绣制古鼎、玉器等95件，件件铺针细于毫发，下针中规中矩，有的以马尾缠作勒线勾勒轮廓，图案工整，针眼掩藏，天衣无缝，充分显示出了明代粤绣的高超技艺。

清初的对外贸易，促进了粤绣的发展，使粤绣名扬国外。清朝朝廷经广州海关出口的粤绣，高峰的一年出口价值曾经达到50两白银。

清代粤绣主要出口商品为衣料、被面、枕套、挂屏、屏心及小件扇套、裙裤、团扇、鞋帽、荷包等。

为了鼓励对外贸易，清廷于1793年在广州成立了刺绣行会"锦绣行"和专营刺绣出口的洋行，对于绣品的工时、用料、图案、色彩、规格、绣工价格等，都有具体的规定。

清乾隆年间，广东潮州也成为粤绣的主要产地，有绣庄二十多家，绣品通过汕头出口泰国、新加坡和马来西亚等国。

清光绪年间，广东工艺局在广州举办缤华艺术学校，专设刺绣科，致力于提高刺绣技艺，培养人才。

自清代中期，粤绣分为绒绣、线绣、钉金绣、金绒绣等四种类型，其中尤以加衬浮垫的钉金绣最著名。钉金绣以潮州最有名，绒绣以广州最有名。

潮绣以金碧、粗犷、雄浑的垫凸浮雕效果的"钉金绣"为特色，在其他绣种中标新立异。

潮州钉金绣是在绣面上，按照形象中需要隆起的部分，用较粗的丝线或棉线一层层地叠绣至一定的高度，并做到外表匀滑、整齐，然后在其上施绣。或以棉絮做垫底，在面层以丝线满铺绣制，然后在面层上施绣。或以棉絮做垫底，覆盖以丝绸，并将丝绸周围钉牢，然后在上面施绣。

潮州刺绣"九龙屏风"，画面上为九条动态不同的蛟龙腾空飞舞，又以旭日、海水、祥云相连，组成九龙闹海、旭日

■ 粤绣红莲与鹤

锦绣时代

近世时期

东升、霞光万道的壮丽场面。绣品采用了金银线垫绣的技法，龙头、龙身下铺垫棉絮，高出绣面两三厘米，充分表现了蛟龙丰满的肌肉、善舞的躯体及闪闪发光的鳞片，富于质感和立体感。

钉金绣题材有人物、龙凤、博古、动物、花卉等，以饱满、匀称的构图和热烈喜庆的色彩，气氛鲜明、生动地表现题材，使潮绣产生了丰富瑰丽的艺术效果。

广州绒绣称为"广绣"，是产于广东地区的手工刺绣。据传创始于少数民族，明代中后期形成特色。

广绣的特色：一是用线多样，除丝线、绒线外，也用孔雀毛捻搂作为线，或用马尾缠绒作为线；二是用色明快，对比强烈，讲求华丽效果；三是多用金线作为刺绣花纹的轮廓线；四是装饰花纹繁缛丰满，热闹欢快。常用百鸟朝凤、海产鱼虾、佛手瓜果一类有地方特色的题材；五是绣工多为男工所任。

广州绒绣的品种十分丰富，有被面、枕套、床楣、披巾、头巾、台帷、绣服、鞋帽、戏衣等，也有镜屏、挂幛、条幅等。

自清代以来，粤绣艺术被广泛应用于日常生活的实用装饰品上。清代粤绣工人大多是广州、潮州人，特别是潮州绣工技巧更高。

源远流长的历史文化

阅读链接

据《太平广记》记载，唐代绣女卢媚娘在一尺绢上绣《法华经》和绣成"飞仙盖"后，被唐顺宗皇帝欣赏，留于宫中。

唐宪宗李纯即位后，赐她金凤环戴于腕上。卢媚娘不愿在宫中受到束缚，于是自度为道士，皇帝只好放她归南海，并赐号"逍遥"。

传说卢媚娘去世时，满堂都是香气。她的弟子准备给她安葬，在抬棺时竟然觉得没有了重量，弟子赶忙撤其棺盖，只看到卢媚娘曾经穿过的一双旧履。

据说后来有人见卢媚娘常常乘紫云游于海上。